29°57

TRAITÉ
DU CONTRAT
DE MARIAGE,

Par M. P.-H. BELLOT DES MINIÈRES,

AVOCAT PRÈS LA COUR ROYALE DE POITIERS.

TOME TROISIÈME.

A POITIERS,

CHEZ É.-P.-J. CATINEAU, IMPRIMEUR-LIBRAIRE.

1825.

TRAITÉ

DU CONTRAT

DE MARIAGE.

DEUXIÈME PARTIE.

De la Communauté conventionnelle, et des Conventions qui peuvent modifier ou même exclure la Communauté légale.

12.ᵉ LEÇON.

C'EST la loi écrite dans le Code qui régit la communauté légale; c'est la loi du contrat qui régit la communauté conventionnelle : les seules conventions des parties forment cette loi ; mais les principes généraux de la communauté légale n'en doivent pas moins être invoqués toutes les fois qu'il s'agit de quelques cas sur lesquels les parties ne se sont pas expliquées en établissant leur communauté convéntionnélle. V. l'art. 1528. La communauté conventionnelle n'est en effet que la communauté légale modifiée; ce sont des exceptions que les parties elles-mêmes ont apportées à la communauté légale, et des exceptions ne devant point s'étendre d'un cas à un autre, il résulte que, l'exception appliquée, on rentre dans les termes du droit commun, c'est-à-dire dans les règles générales qui appartiennent à la communauté légale. Il est inutile d'observer que cette communauté commence, comme la communauté légale, du jour de la célébration du mariage devant l'officier de l'état civil. C'est à cette époque qu'il fallait s'arrêter sous les coutumes pour déterminer si les effets appartenans aux époux devaient entrer dans la communauté. Par exemple, si le mari allait épouser une femme qui demeurait dans un pays où les rentes perpétuelles étaient meubles, et qu'il se proposât de revenir dans le sien où ces rentes étaient immeubles, les rentes de la femme devenaient immeubles au moment du mariage, sauf stipulation contraire, parce que la femme perdait son domicile pour acquérir celui de son mari qu'elle suivait.

Si, au contraire, un homme d'un pays
où les rentes étaient meubles, épousait
une femme d'un pays où elles étaient immeubles, avec intention de revenir dans son
pays, les rentes constituées qui appartenaient à la femme, devenaient meubles
d'immeubles qu'elles étaient.

Cette jurisprudence n'existe plus; mais
le principe subsiste encore pour le cas où
un individu d'un pays étranger où les rentes
seraient réputées meubles, se marierait à
une personne française.

Ces principes peuvent encore être invoqués lorsqu'il s'agit d'exécuter des contrats
de mariage antérieurs au Code. On ne peut
mieux faire que de renvoyer à la coutume
à laquelle appartenait l'exécution du contrat, c'est-à-dire à celle à laquelle les époux
s'étaient soumis. On fera bien aussi de
consulter le Traité de la Communauté de
Pothier.

L'article 1497 énumère les différentes
modifications que peut subir la communauté légale. Il les porte au nombre de
huit; mais ce ne sont pas les seules, les
parties peuvent modifier cette communauté
de beaucoup d'autres manières: le Code

I.

n'a prévu que les cas les plus ordinaires,
les clauses qui sont d'un usage fréquent ;
mais, lorsque les parties s'éloignent des cas
prévus par cet article, ils doivent prendre
garde à ne pas insérer des clauses que la
loi, la morale et l'intérêt public désapprou-
vent. A cet égard il faut se rappeler ce que
nous avons dit sur les articles 1387 et suivans. Il est assez facile de savoir si une
clause blesse le respect dû aux mœurs, à
la loi et à l'honnêteté publique. Cependant
il est certaines clauses dont, au premier
abord, on n'aperçoit pas ce qu'elles ont de
contraire à l'intention du législateur ; ce
sont alors des questions en général aban-
données à la sagesse des tribunaux. Autrefois
on pouvait apposer des conditions à l'existence de la communauté ; par exemple, on
pouvait stipuler qu'elle n'aurait lieu qu'au
cas qu'il y aurait des enfans du mariage.
Cette stipulation n'a rien qui semble blesser
ni la loi ni les mœurs ; cependant il faut
la proscrire, parce que l'intention du législateur a été que les droits des époux
se trouvassent réglés au moment de la célébration, sans les subordonner à aucune
condition, à aucun terme. Ce serait per-

mettre que le contrat de mariage pût varier après la célébration, ce que certes le législateur n'a pas voulu. La communauté doit commencer à la célébration du mariage, que cette communauté soit légale ou conventionnelle, et dans aucun cas on ne peut stipuler qu'elle commencera à une autre époque. L'article 1399 le dit formellement; peu importe même que la condition soit potestative ou casuelle. Nous ne sommes pas dans les cas ordinaires. Le contrat de mariage a ses règles particulières.

Nous avons dit également dans notre premier volume que les époux ne pouvaient stipuler une communauté conditionnelle; nous avons dit qu'une pareille clause serait bizarre, et qu'il fallait la proscrire; mais nous avons également annoncé que des auteurs d'un très-grand mérite soutenaient qu'elle pouvait être établie. Ils prétendent que ce n'est point déroger à la règle qui veut que la communauté commence à l'époque du mariage; car si la condition s'accomplit, comme elle a une effet rétroactif, les parties seront censées l'avoir établie dès le jour du mariage. Cette raison est forte sans doute, mais elle ne doit pas nous séduire.

Si l'on admet que les époux peuvent
établir une communauté subordonnée à
l'accomplissement d'une condition, il faut
dire aussi qu'ils établiront sous condition
une séparation de biens, et que sous la
même condition ils pourront se soumettre
au régime dotal. Ils diront encore : Si tel
événement arrive, nous serons soumis au
régime exclusif de communauté; si l'événe-
n'arrive pas, nous serons soumis au régime
dotal.

Lorsque deux particuliers font un contrat, lorsqu'il s'agit d'un échange, d'une
vente, d'une hypothèque, d'une obligation
de faire ou de ne pas faire, rien de plus
simple que de subordonner la convention
à une condition, soit suspensive, soit résolutoire. Les tiers, prévenus de la condition, n'ont pas à s'en plaindre. Lors même
qu'il n'en seraient pas prévenus, d'après
la maxime *nemo plus juris in alium trans-
ferre potest quàm ipse debet*, celui en faveur
duquel la condition se sera accomplie,
pourra toujours revendiquer son droit malgré le contrat de celui qui avait traité
touchant la chose grevée de la condition.
Mais, dans tous les cas, cela s'opére sans

inconvénient, parce qu'il ne s'agit jamais que d'une chose particulière ; que la condition ne porte pas sur une universalité de droits, de prérogatives, et nous pouvons dire même sur *l'état et la condition de la personne ; sur sa capacité ou son incapacité.* En effet, je suppose que les époux aient dit qu'il y aurait communauté entre eux, s'il y avait des enfans du mariage. Ces enfans ne naissent que dix ans, douze ans, quinze ans, vingt ans après le mariage, comme cela s'est vu plusieurs fois ; pendant tout ce temps quel sera le régime sous lequel les époux se trouveront? Quel sera la condition de la femme? Quel sera la condition elle-même? Sera-t-elle suspensive ou résolutoire? Jusqu'à l'accomplissement de la condition il n'y a pas de communauté, parce qu'elle ne doit exister que dans le cas où il y aura des enfans ; alors quand les époux disent qu'il n'y aura pas de communauté entre eux, ils sont soumis au régime exclusif de communauté. Les époux seront donc provisoirement sous ce régime; or, quand il y a exclusion de communauté, le mari n'a pas le droit de vendre le mobilier de sa femme. Voyez l'article 1531.

Il en résulte donc que pendant tout ce temps il ne saura pas s'il est ou non propriétaire de ce mobilier ; les créanciers du mari ne sauront donc pas si ces objets sont affectés à leur garantie ? L'exclusion de communauté emporte séparation de dettes. Hé bien ! les créanciers, soit du mari, soit de la femme, ne sauront donc pas, pendant tout ce temps, si les objets mobiliers appartenans à l'époux non débiteur pourront être saisis par eux ? Mais c'est là un des moindres inconvéniens.

Supposons que les époux aient dit qu'ils se soumettaient au régime de la communauté s'il y avait des enfans du mariage, et dans le cas où il n'y en aurait pas à la séparation de biens. Tant qu'il n'y aura pas d'enfans on ne saura à quel régime appartiennent les époux; quel sera donc l'état de la femme pendant tout ce temps ? *Pendente conditione*, devra-t-on considérer les époux comme séparés de biens ? On n'en sait trop rien. Cependant il faut croire qu'ils seront séparés de biens ; car quand est-ce qu'ils sauraient s'ils sont séparés de biens ? D'ailleurs on peut admettre qu'ils ont dit qu'ils seraient séparés de biens.

jusqu'à l'accomplissement de la condition.
Mais la condition s'accomplit, voilà bien
les époux sous le régime de la communauté légale; plus de séparation; et comme
la condition rétroagit au jour du contrat,
c'est comme s'il n'y avait jamais eu de séparation de biens. S'il n'y a jamais eu de
séparation de biens, tout ce que la femme
aura fait pendant ce temps sera donc nul?
On le croirait; car une pareille condition paraît être résolutoire. Supposons que la condition soit suspensive. Si elle est suspensive,
si la communauté est suspendue pendant
tout ce temps, il n'y a pas de doute que
la femme aura eu le droit de faire tous
les actes qui lui sont permis quand elle
est séparée de biens, et il serait même
ridicule et injuste d'annuler ces mêmes
actes. Il est à croire qu'elle doit être considérée comme étant séparée de biens; car
il faut bien qu'elle soit sous un régime
quelconque. Mais comment concilier cela
avec l'effet de la rétroactivité de la condition? Si cet effet est de considérer la
communauté comme existante du jour du
mariage, le mari peut n'avoir plus une
communauté telle que celle qui aurait existé

dès le jour du mariage. En effet la femme
en se mariant sous le régime de la communauté est censée avoir donné à cette
même communauté tous ses meubles corporels et incorporels. Voyez l'article 1401 ;
mais comme elle ne les donne que conditionnellement, elle les garde provisoirement.
Elle pourra donc vendre son mobilier ,
recevoir ses capitaux mobiliers , etc. , etc.
La condition arrive, elle n'a pu en disposer.
La condition détruit tous les actes d'aliénation qu'elle en aura faits ; car elle n'a pu
transmettre que les droits qu'elle avait. Dira-t-on que les époux ayant provisoirement
établi une séparation de biens , le mari est
présumé avoir donné pouvoir à sa femme
de faire tous les actes permis à une telle
femme ? Qu'elle est dans le même cas que
celle qui ayant obtenu une séparation en
justice la rétablit ensuite conformément à
l'article 1451 ; lequel rétablissement a bien
aussi un effet rétroactif , mais n'empêche
pas le maintien des actes que la femme a
faits ? Je vois une différence entre ces deux
femmes. Dans le cas de la séparation judiciaire, le rétablissement de la communauté
est volontaire ; le mari n'a pas le droit de

demander que la communauté soit rétablie
sur le pied où elle était lors de la dissolution qui a eu lieu par le fait du jugement
de séparation. Le rétablissement n'était pas
nécessaire ; mais dans l'autre cas il faut nécessairement que les choses soient rétablies
dans cet état. Vainement dira-t-on que le
mari est censé l'avoir autorisée à vendre
son mobilier ; il faudra toujours que la communauté soit telle qu'elle aurait été si elle eût
été établie dès le jour du mariage ; autrement
la rétroactivité de la condition n'aurait qu'une
partie de ses effets. Si, contrairement aux
principes sur les conditions, on maintient
dans l'intérêt des tiers tous les actes, il faut
toujours que la femme trouve son mobilier,
ses rentes et ses capitaux aliénés, et soit débitrice d'autant envers son mari. Dira-t-on
qu'il est aussi censé l'avoir autorisée à dissiper ces mêmes capitaux ? On ne peut le
croire, car le mari en a été propriétaire sous
condition ; si la condition s'accomplit, il faut
qu'il les recouvre, autrement la condition
n'en est plus une ; la rétroactivité ne produit
plus tous ses effets : alors combien d'inconvéniens ! Dans le cas de l'article 1451 il
n'en est pas ainsi ; le rétablissement de la

communauté n'était pas *nécessaire*, forcé;
la rétroactivité qui a lieu se règle d'après
l'intention présumée des parties par suite
d'un contrat actuel, contrat qui est pour
ainsi dire tout dans l'avenir. Le mari ne
peut demander compte à sa femme de ses
capitaux sur lesquels il n'avait aucun droit
à l'instant qui a précédé le fait qui donne
lieu à la rétroactivité et au rétablissement
de la communauté.

Maintenant, pendant tout le temps que
cette condition s'accomplira, faites attention à l'incertitude des droits des tiers. Les
créanciers de la femme ou les créanciers du
mari seront donc un temps considérable
sans savoir s'ils ont le mari et la femme pour
obligés, c'est-à-dire les effets mobiliers de
l'un et de l'autre? Et lorsque cette condition sera accomplie, comment en seront-
ils instruits? Il faudra donc à chaque acte
qu'ils passeront, soit avec le mari, soit avec
le femme, qu'ils s'assurent si la condition s'est
ou non accomplie? Lorsque, suivant l'article
1451, les époux rétablissent la communauté,
ils sont obligés de rendre public l'acte qui
la constate. Où est la loi qui prescrit cette
formalité pour le cas qui nous occupe? Si

la loi ne l'ordonne pas, les époux en sont dispensés ; mais quel inconvénient à cacher cet événement ?

Veut-on maintenant des raisons morales ? nous en donnerons. La femme a vécu sous le régime de la séparation de biens ; elle a administré les biens, touché ses revenus ; elle a joui d'un état d'indépendance ; elle a des enfans, son sort est changé, elle est tout entière sous la tutelle de son mari : elle a des regrets. Son état à venir est si différent de son état passé, que le mariage est pour elle un fardeau pénible : de là des dissentions domestiques ; car, quand l'état d'une personne change, son caractère change également. Son mari exigera plus de soumission, et elle sera moins disposée à en faire preuve.

Mais elle n'a pas encore eu d'enfans ; elle sait combien leur survenance apporterait de changemens à son état, elle fuit cette même fécondité qu'elle redoute ; la crainte qui l'inspire l'éloigne de celui qui peut la réaliser.

Supposons le cas inverse ; les époux ont dit que s'ils avaient des enfans ils seraient séparés de biens. Le mariage est stérile ;

cette communauté sous laquelle la femme
gémit lui est insupportable : il lui serait si
agréable d'avoir la liberté de ses biens, du
moins de les administrer et d'avoir des capitaux à sa disposition.... Cette cruelle sté-
lité elle l'attribue à son mari ;.... à quels excès une vaine ambition ne peut-elle pas porter ! à quels travers une femme ne peut-elle
pas se livrer pour secouer un joug qui l'im-
portune, et pour entrer dans une indépendance dont son contrat de mariage lui offre
l'espoir !

Achevons de prouver qu'une pareille condition ne peut être insérée. Supposons maintenant le cas où les conjoints disent qu'ils
seront mariés sous le régime de la communauté dans le cas où ils auraient des enfans, et sous le régime dotal s'il n'y en a
pas ; mais, en attendant l'accomplissement
de la condition, qu'ils resteront soumis au
régime de la communauté. On aura bien été
obligé de dire quels seront les biens dotaux ; il faudra bien désigner ceux qui seront aliénables et ceux qui ne le seront pas ;
il faudra bien qu'on sache quels sont ceux
qui seront dotaux et ceux qui seront paraphernaux. Pendant l'avénement de la con-

dition, le mari les régira tous; et si le fonds
dotal est vendu et que la condition arrive,
quid juris? Dira-t-on que la vente sera valable, que la condition n'aura pas pour effet
de la résoudre? Non sans doute ; l'acquéreur n'a pu être propriétaire que sous condition, puisque le bien n'était aliénable que
sous condition; ce qui prouve bien que
nous avons eu raison de dire plus haut
que si les époux avaient ainsi stipulé une
séparation de biens, la femme n'aurait pu, au
préjudice de son mari, recevoir ses capitaux,
vendre son mobilier et ses rentes ; car, si
dans un cas il y a un effet rétroactif tel
qu'il fasse considérer les époux comme ayant
été mariés sous le régime dotal dès le jour
du mariage, il en doit être de même dans
les autres cas. On dira qu'il n'y a pas même
raison ; on invoquera la maxime qu'en fait
de meubles possession vaut titre ; qu'il faut
que le débiteur puisse se libérer. Sans doute
il faut qu'il puisse se libérer ; mais il faut
qu'il se libère entre les mains de son créancier ; il faut qu'il achète d'une personne capable; et par le fait de la rétroactivité la
femme se trouvera avoir été incapable, puisqu'elle sera toujours censée avoir été en

communauté, et n'avoir eu qu'un droit ré-
soluble. Dira-t-on qu'il ne tenait qu'à lui
d'appeler le mari? Sans doute; mais c'est
déjà un inconvénient; d'ailleurs n'est-il pas
possible qu'il ait ignoré la condition, et
que voyant la femme agir comme femme
séparée, il ait été induit en erreur? Le
mari, par hasard, aurait-il été obligé de
lui signifier son contrat de mariage? Cela
serait prudent.

Le même inconvénient aura lieu, si les
époux se sont soumis conditionnellement
au régime dotal, mais provisoirement au
régime de communauté. Le mari touchera
des sommes paraphernales; certes le débiteur doit aussi pouvoir se libérer : la condition s'accomplit, le mari est censé n'avoir
jamais eu droit aux sommes paraphernales
de la femme. S'il a négligé de faire signifier
son contrat de mariage aux débiteurs, cela
ne doit pas nuire à la femme; elle est dans
le même cas que celui qui a vendu sous
condition résolutoire une créance, une rente
à un tiers; le débiteur ne paiera pas valablement au cessionnaire conditionnel.

Nous en concluons que les époux ne peuvent se soumettre conditionnellement à ces

régimes; qu'ils doivent purement et simplement se soumettre à l'un d'eux; qu'un contrat de mariage n'intéresse pas seulement les
deux époux et quelques particuliers, qu'il intéresse la société entière, qu'il est pour ainsi
dire d'ordre public : il est d'ordre public
en ce sens qu'il fixe l'état et la condition
des époux ; qu'il rend ou non la femme incapable; or l'état et la condition d'une personne ne peuvent être soumis à une condition, à un événement futur et incertain :
cet état de la femme et du mari doit être
fixé dès le jour du mariage, il ne doit plus
varier que dans les cas spécialement prévus
par la loi. Sans doute qu'en général on peut
soumettre des conventions à l'effet des
conditions, mais non lorsqu'il s'agit de contrats où il est de l'intérêt public qu'on ne
les y soumette pas ; autrement la condition
est nulle.

D'ailleurs, quand la raison ne proscrirait
pas la condition dont on vient de parler, il
suffit de combiner quelques dispositions du
Code, et l'on verra s'il est permis de l'insérer. L'article 1394 veut que les conditions
soient rédigées avant le mariage. L'article
1395 veut qu'elles ne puissent recevoir au-

cun changement après la célébration du
mariage. L'article 1395 ne veut même pas
que le changement puisse produire effet
entre les parties; l'article 1399 ne veut pas
que la communauté puisse commencer à
une autre époque que celle du mariage.
Nous le demandons, de l'ensemble de ces dispositions ne faut-il pas conclure que le législateur a voulu que, le jour même du mariage,
les droits des parties fussent réglés, fixés, dé-
terminés ? Ne voit-on pas que ce législateur
a voulu proscrire l'ancienne législation qui,
dans mille et un cas , permettait des dispositions réellement bizarres , et qui laissaient
l'état des époux dans une incertitude cho-
quante et nuisible à leurs intérêts? S'il n'a
pas voulu que de leur propre mouvement et
par l'effet de leur caprice ils pussent changer
leur contrat de mariage , pourquoi leur per-
mettrait-il de subordonner le changement à
l'effet d'une condition future et incertaine?
Sans doute il ne pouvait leur permettre de
détruire le contrat, en ce sens que cela por-
terait préjudice à des tiers; mais encore il
ne le permet pas, lors même que cela ne
nuit à personne, *et que ce changement n'intéresse qu'eux seuls;* c'est donc parce qu'il veut

que leur état et leur condition soient inva-
riables. Autrement, pourquoi par exemple
n'aurait-il pas permis que les époux, assistés
des personnes dont parle l'article 1396 ,
opérassent un changement à leur contrat?
Certes il n'y aurait aucun inconvénient : il
n'y aurait pas d'avantages indirects à craindre. La loi nouvelle a donc voulu abroger la
loi ancienne; elle l'a voulu du moins en tout
ce que celle-ci avait de mauvais, de bizarre
et d'inconvenant; or la condition dont il
s'agit est remplie d'inconvéniens, et nous
en avons signalé une partie. Son principe,
en fait de contrats de mariage, de conventions matrimoniales, c'est l'immutabilité; la
condition dont on parle renverse ce principe
de fond en comble. Il en résulterait que tel
bien qui serait propre deviendrait un conquêt;
que tel bien qui serait conquêt deviendrait un
propre; que tel bien qui serait dotal deviendrait un bien libre; et *vice versâ* que tel bien
qui serait libre à l'époque du mariage, serait
asservi; du moins on serait dans cette al-
ternative qu'on ne saurait s'il l'est ou s'il
ne l'est pas. Il en résulterait que telle femme
aurait aujourd'hui le droit de passer tel ou
tel acte, de vendre telle ou telle chose,

que demain elle ne l'aurait pas; il en résulterait que pendant long-temps on ne saurait sous quel régime sont les époux et quelle
est la capacité future de l'un d'eux; il en résulterait que la communauté légale aurait
pu commencer à une autre époque que celle
du mariage; en voici un exemple : Les époux
stipulent qu'ils seront séparés de biens, mais
qu'il y aura communauté s'ils ont des enfans. Les enfans ne naissent qu'après cinq
ans ; jusque là la femme a administré les
biens, a vendu ses meubles; la communauté
n'a pas commencé du jour du mariage, puisque la puissance du mari, ses droits comme
chef, n'étaient rien et ne pouvaient être rien
pendant tout le temps de l'événement. Il
n'avait aucun droit en propriété sur les
meubles de sa femme , elle a pu les vendre
malgré lui, et même en dissiper le prix. Par
le fait c'est donc pour lui comme si la communauté n'eût pas existé du jour du mariage. Les époux disent qu'il y aura communauté dans le cas où il n'y aura pas d'enfans; que s'il en naît, les époux seront séparés de biens : s'il y avait communauté pure
et simple, le mari pourrait disposer des meubles, effets mobiliers corporels ou incorpo-

rels de la femme, son droit de propriété
sur eux commencerait dès le jour du mariage, dès ce jour-là il aurait le *jus uti et
abuttendi* : on est cinq ans sans avoir d'enfans, il en survient; dès-lors le mari doit ré-
tablir les choses dans l'état où elles étaient
à l'époque du mariage ; il perd sur les effets
mobiliers de sa femme le droit qu'il y avait
au commencement du mariage ; il faut qu'il
lui rende compte, qu'ils fassent une espèce
de liquidation: voilà donc une communauté
qui est pour ainsi dire dissoute autrement
que de l'une des manières indiquées par l'article 1442. On dira qu'elle est censée n'a-
voir jamais existé. Cela ne peut être; car
pendant cinq ans le mari a eu toute la puissance d'un chef de communauté ; c'est lui
qui représentait sa femme dans tous les actes
où il la représente quand ils sont sous une
communauté contractée purement et simplement. Il passe pour elle des baux, per-
çoit ses revenus, vend ses récoltes, ses meubles, procède aux partages mobiliers qui
l'intéressent. Voilà que tout-à-coup, et parce
qu'un événement est arrivé, lequel peut
rester long-temps inconnu des tiers, que
tous ses droits ont cessé ; qu'il n'a plus celui

même de recevoir les revenus des baux qu'il
a contractés, et que le paiement que lui fait
le preneur est nul; qu'on peut attaquer le
partage qu'il a fait d'une succession mobilière échue à sa femme, et cela par une
raison qui peut être inconnue aux tiers qui
auront contracté de bonne foi, et qui, voyant
pendant plusieurs années le mari chef de
l'administration des biens de la femme, auront de justes motifs de croire que ce n'é-
tait qu'avec lui qu'ils devaient traiter. Si encore on exigeait qu'un tel contrat de mariage
fût rendu public! Mais non, la loi n'en dit
pas un mot. Mille raisons nous portent
donc à croire que la condition dont il s'agit
ne peut entrer dans un contrat de mariage.

C'est avec confiance que nous émettons
cette opinion. Sans doute on peut alléguer
des raisons contre; mais en y réfléchissant
on est bientôt convaincu que l'intention de
notre nouveau législateur n'a pas été que
les époux pussent faire un contrat de mariage conditionnel. Il n'a pu vouloir que les
époux eussent aujourd'hui des droits qu'ils
n'auraient pas à la dissolution du mariage ;
il n'a pu vouloir qu'aujourd'hui le mari fût
chef d'une communauté et que dans un an

il ne le fût plus. Ce n'est point ici le cas
d'appliquer l'effet de la rétroactivité des
conditions ; celle-ci serait contraire à la loi :
à cet égard l'ancienne législation était très-
vicieuse. Les auteurs ont voulu trop décider
de notre droit actuel par l'ancien ; c'est par
le Code même qu'il faut décider les qué-
stions qui naissent du Code.

Nous allons parcourir successivement les
différentes modifications dont parle l'article
1497 que nous vous engageons à lire ; et
nous commencerons, comme le Code, par
la communauté réduite aux acquêts.

Cette section, avec la suivante, sera l'objet de cette leçon.

SECTION I.re

De la Communauté réduite aux Acquêts.

QUAND la communauté est réduite aux acquêts, elle ne se compose alors que des acquisitions mobilières et immobilières faites durant la communauté, de tout ce qui provient de l'industrie et économie des époux, et des fruits et revenus de leurs biens propres.

Une telle communauté était connue dans plusieurs pays de coutume, et même dans ceux de droit écrit. Souvent on ne réduisait la communauté aux acquêts qu'à l'égard de la femme, pour l'affranchir des dettes, et l'on bornait la clause aux seuls acquêts immeubles. Les meubles acquis durant le mariage appartenaient au mari. Il est facile de sentir qu'on ne pourrait aujourd'hui stipuler que la communauté serait réduite aux seuls acquêts immeubles ; le mari aurait trop de facilité pour s'avantager aux dépens de la femme, en plaçant

les deniers de la communauté dans du mobilier seulement. Aussi nous n'adoptons
point l'opinion des auteurs des Pandectes
qui pensent que cette clause serait valable.

Nul doute que tout ce que les époux
acquièrent à titre onéreux durant leur mariage, tombe dans la communauté ; mais
il n'en est pas ainsi de ce qu'ils acquièrent
à titre gratuit. Tout ce qui leur advient
par succession, don ou legs, tant en meubles qu'en immeubles, en est exclu de plein
droit, art. 1498. L'article ne parle que du
mobilier ; mais à plus forte raison les immeubles en sont-ils exclus. Si les époux
y fesaient tomber ce qui pourrait ainsi leur
advenir, ce ne serait plus alors une communauté réduite aux acquêts : d'ailleurs
voyez l'article 1528.

Il n'y a pas que le mobilier et les immeubles futurs qui soient exclus de cette
communauté ; tout ce que les époux possèdent
activement l'est aussi ; si même les fruits
de leurs propres y tombent, ainsi que les
arrérages des rentes et l'intérêt des créances, ce n'est qu'à partir du jour où la
communauté a commencé ; et si, dans le
temps intermédiaire du contrat à la célé-

bration, l'un d'eux acquiert un immeuble, il lui est propre ; car alors il ne fait aucun tort à la communauté, n'ayant pas acquis avec des deniers destinés à lui appartenir.

Les dettes antérieures au mariage, pas plus que celles qui sont des charges des successions, donations ou legs, ne sont au compte de la communauté, quand même ces dettes seraient mobilières ; les meubles n'y tombant pas, les dettes qui en sont des charges, n'y doivent pas tomber non plus, art. 1498. Mais, quoique cet article n'en dise rien, les dettes contractées par le mari durant la communauté et pour le fait de la communauté, sont à la charge de celle-ci.

D'après ce que nous venons de dire, il est facile de voir que la clause dont il s'agit est composée de deux autres clauses, celle de réalisation et celle de séparation de dettes : clauses dont nous ne tarderons pas à parler. Aussi rien n'empêche que les époux ne mettent dans une telle communauté une certaine somme, de certaines choses, même quelques immeubles.

Quand les époux stipulent une telle communauté, la première précaution que la loi

leur recommande c'est de faire un inventaire
exact de tout le mobilier qu'ils possèdent
au jour du mariage et de celui qui leur
échoit durant le mariage. Voyez les articles
1499, 1504 et 1415 ; car tous les meubles
sont censés appartenir à la communauté,
et ce principe ne cède qu'à la preuve contraire. Cette preuve ne peut en général résulter que d'un inventaire. A cet égard
l'article 1499 semble en désaccord avec les
articles 1504 et 1415. Nous voyons bien
dans ces deux derniers articles que le mari
est toujours puni de n'avoir pas fait inventaire, mais que la femme ne l'est pas toujours, puisqu'ils lui permettent de prouver
tant par titre que par témoins et commune
renommée la consistance de son mobilier ;
mais cette faculté ne lui est pas donnée par
l'article 1499 ; d'où naît la question de savoir si cependant cette preuve lui est permise. Ce qui fait pencher pour l'affirmative,
ce sont ces expressions de l'article 1415 :
*Toutes les fois que ce défaut préjudicie à la
femme*, et celle-ci de l'article 1499 : *Il est
réputé acquêt ;* si ce mobilier est seulement
réputé acquêt, cela veut dire sauf preuve
contraire. Voyez encore l'article 1528.

Ce qui fait pencher pour la négative, c'est que les articles 1415 et 1504 ne disposent que pour le cas où le mobilier est échu à la femme durant la communauté ; ces deux articles supposent nécessairement que la communauté existe déjà. Il faut bien, dans le cas de ces deux articles, permettre à la femme de suppléer au défaut d'inventaire : elle est sous l'empire de son mari ; elle ne fait rien que par sa volonté et par ses ordres. La priver de suppléer au défaut d'inventaire ce serait permettre au mari d'abuser de son autorité et de s'enrichir aux dépens de son épouse ; mais dans le cas de l'article 1499 la femme n'est pas encore sous la dépendance de son mari , elle est libre comme lui de faire inventaire, et si elle ne le fait, rien ne la rend excusable. Si dans le cas des articles 1415 et 1504 elle mérite quelque faveur , dans celui de l'article 1499 elle n'en mérite pas plus que son mari ; elle est en égalité de position avec lui. Si la femme peut invoquer la preuve par enquête ou commune renommée , le mari doit aussi pouvoir l'invoquer, et c'est l'opinion de Pothier en matière de réalisation. L'article 1528 *ne dit rien ; car il ne peut*

ajouter à l'article 1415 *qui raisonne toujours*
dans l'hypothèse d'un inventaire qui devait
être fait durant le mariage. Vis-à-vis les
tiers l'inventaire dont il s'agit dans l'article
1499 doit être authentique ; à l'égard des
époux entre eux , nous pensons bien qu'un
seul état suffirait s'il était signé d'eux , fût-
il sous seing privé. S'il y avait des enfans
d'un précédent mariage , nous croyons bien
également qu'on ne pourrait leur refuser
la faculté de prouver de la manière indiquée
par les articles 1415 et 1504 quelle était la
consistance du mobilier appartenant non-
seulement à la femme, mais encore au mari;
autrement ce serait rendre illusoires les
articles 1098 , 1496 et 1527 ; mais cela ne
prouve rien quant aux époux entre eux. La
question suivante nous aidera peut-être à
décider celle-ci.

La voilà : Si les époux ont omis de faire
l'inventaire ou l'état que prescrit l'article
1499 , peuvent-ils y suppléer par un acte,
postérieurement au mariage? Cette question
peut se faire par rapport aux époux entre
eux, par rapport aux héritiers à réserve,
par rapport aux héritiers collatéraux.

Par rapport aux époux entre eux. L'article

1499 semble impératif. L'état qu'ils feraient et qui serait isolé de toute autre preuve, ne doit pas pouvoir détruire la présomption qui naît de cet article; d'un autre côté la femme peut se plaindre de l'influence que son mari est susceptible d'exercer sur elle. L'un ou l'autre époux peut dire que cet état est une donation déguisée, un avantage indirect, prohibé aux termes de l'article 1099; qu'ils ont pris cette voie, d'un côté, pour éviter les frais; d'un autre côté, parce que la libéralité que cet acte contient n'est pas susceptible de révocation par changement de volonté. Voilà ce que les époux pourront dire, du moins celui qui demanderait l'annulation de cet acte.

Par rapport aux héritiers à réserve. Lors même que l'acte serait valable entre les époux, ils pourraient l'attaquer parce que, quoiqu'en général, les enfans soient aux lieu et place de leur auteur, les héritiers à réserve sont considérés comme des créanciers de la succession de leur père; c'est précisément contre eux que l'acte frauduleux a été fait; par conséquent il doivent pouvoir l'attaquer.

Par rapport aux héritiers collatéraux. Si

les avantages indirects sont prohibés entre
époux, l'époux donateur pouvant lui-même
demander la nullité de la donation, ses héritiers ont le même droit; ils trouvent cette
action dans la succession. Enfin chacun se
prévaudra de la disposition de l'article 1499,
et même de l'article 1395.

Ces objections sont fortes; mais cependant il est une chose qui frappe tout le
monde, c'est que les époux, ayant réduit
leur communauté aux acquêts, ils sont censés avoir exclu de cette même communauté
tout leur mobilier présent, et qu'il n'est pas
à présumer qu'ils n'en eussent pas, sur-tout si
ce sont des personnes jouissant d'une certaine fortune. Qu'est-ce que cet état qu'ils
dressent pendant le mariage? Sans doute
qu'il peut renfermer un avantage indirect;
mais il est possible qu'il n'en renferme pas,
et la question nous semble facile à décider,
parce que les juges verront aisément si le
mobilier que l'état donne à chacun des époux
est celui qu'il est présumé avoir apporté.
C'est déroger à l'article 1499!... Cet article
établit-il une *présomption juris et de jure?*
Non, puisqu'il dit *est réputé acquêt.* La preuve
contraire est donc admise? Et quelle plus

grande preuve que la déclaration unanime des deux époux!

C'est déroger à l'article 1395! Non. Ce n'est point là changer les conventions du mariage ; c'est plutôt les expliquer. Ce serait les changer, si les époux eussent mis leur mobilier présent dans la communauté d'acquêt : l'état qu'ils feraient fesant sortir le mobilier de la communauté, ce serait véritablement déroger au contrat; mais les parties l'ont exclu, alors l'acte qu'ils font n'est que l'exécution de cette convention ; c'est comme une quittance respective que se donne chacun des époux. Or cela est-il défendu ? Non. Lisez l'article 1503, et vous verrez que pendant le mariage le mari peut donner une quittance à sa femme du mobilier qu'elle avait avant son mariage. Cette quittance n'est donc point considérée comme un avantage indirect. Pourquoi considérer comme tel l'acte dont nous parlons? N'y a-t-il pas identité de raisons ? Il semble qu'il ne doit être attaqué qu'autant qu'on allègue la fraude, et qu'il ne peut être annulé qu'autant que cette fraude est prouvée; mais par lui-même il n'est pas nul, parce qu'il est en quelque sorte un acte *nécessaire*.

On peut néanmoins répondre à ces objections : L'article 1502 suppose que le mari
donne quittance après le mariage, parce qu'il
ne peut la donner qu'après avoir reçu le
mobilier de sa femme. D'un autre côté, vis-
à-vis les créanciers des époux vous convenez que cet état ne vaudrait pas ; s'il ne
vaut que lorsqu'il est authentique et dressé
avant le mariage, lorsqu'il est sous seing privé
et postérieur au mariage, il ne vaut donc
pas ? Or, vis-à-vis ces créanciers, les époux
devraient donc être également présumés
avoir apporté du mobilier ; vis-à-vis ces
créanciers, l'état dont il s'agit devrait donc
être aussi l'exécution d'une convention antérieure. Néanmoins cet état est nul à leur
encontre ; pourquoi le valider à l'égard des
époux et de leurs héritiers ? C'est distinguer
où la loi ne distingue pas.

La dernière réponse est beaucoup plus
forte que la première. En effet, l'article
1502 suppose, non-seulement que la quittance est donnée pendant le mariage, mais
encore qu'il n'a pas été fait d'état ou inventaire du mobilier de la femme avant le mariage : cependant la quittance en tient lieu ;
on ne la considère point comme donation

déguisée. Il en doit donc être de même dans le cas de l'article 1499; car, dans l'un comme dans l'autre cas, la femme comme le mari étaient libres de faire un inventaire.

La dernière réponse n'est pas aussi facile à combattre; car la prohibition de s'avantager indirectement et l'intérêt des héritiers à réserve ne sont pas moins à considérer que l'intérêt des créanciers. Néanmoins, si l'on y fait attention, une fois le mobilier des époux confondu, comme l'identité n'en peut pas être reconnue facilement, la loi ne veut pas qu'on puisse arrêter l'action des créanciers. L'article 1510, 2.e disposition, ne laisse pas de doute à cet égard; mais, dans le cas de cet article comme dans le cas de l'article 1502, le législateur ne défend pas que les époux, dans leur intérêt privé, ne réparent l'omission de l'inventaire. Vis-à-vis l'un de l'autre, il n'y a pas de fraude à redouter. Pothier dit même que lorsqu'il y a clause de réalisation, les époux peuvent réparer le défaut d'inventaire par la preuve de la commune renommée. Voyez son n.º 300. Dans son n.º 298 il dit formellement que lorsque le mobilier que chacun des époux avait lors du mariage, s'il n'a pas été déclaré par le contrat de mariage, peut se justifier par un état fait entre les conjoints, même depuis le mariage, et sous leurs signatures privées, qui en contienne le détail et la prisée. Il admet dans son n.º 299 que les héritiers peuvent l'attaquer, s'il y a fraude. Nous voilà ramenés à notre question primitive. La loi s'opposerait-elle à ce que les époux prouvassent par témoins et commune renommée, quelle était la consistance du mobilier qu'ils avaient avant de se marier, soit en matière de société d'acquêt, soit en matière de réalisation ? Si cette preuve est permise, à plus forte raison l'état fait pas les époux devrat-il en servir, la preuve étant bien moins douteuse. Si on consulte la seconde disposition de l'article 1504, le mari ne peut prouver par témoins ; mais cet article prévoit un cas particulier qui est celui de mobilier échu au mari pendant le mariage: Ici la loi n'a pu le mettre sur la même ligne que la femme ; il faut qu'il soit puni pour le rendre attentif aux intérêts de son épouse : cet article est pour empêcher qu'il ne la trompe. Mais, quand il s'agit du mobilier existant à l'époque du mariage, il ne peut y avoir de différence entre eux ; ils doivent

3.

être punis de la même manière, ou jouir de
la même faveur. La preuve par témoins et
commune renommée, d'après l'article 1341,
ne peut être ordonnée dans l'espèce présente, s'il s'agit d'une valeur excédant 150
fr. C'est par exception à la règle tracée dans
cet article qu'a été faite la disposition de
l'article 1415 ; elle ne doit donc pas être
étendue au-delà de son cas. Cependant, s'il
s'agissait d'une valeur moindre de 150 fr.,
ou s'il avait été fait un état entre les époux
postérieurement au mariage, nous n'hésitons pas à croire que la preuve par témoins
pourrait être admise, cet état devant au moins
servir de commencement de preuve, art. 1347.
Les enfans d'un premier lit n'auraient pas
besoin de ce commencement de preuve,
parce qu'il leur a été impossible de se procurer une preuve écrite : ils se trouvent dans
le cas de la disposition de l'article 1348.
Les héritiers collatéraux ne pouvant être
considérés comme des tiers, mais seulement
comme étant aux droits des époux, ne peuvent invoquer une preuve que les époux
ne pourraient invoquer eux-mêmes. Les
héritiers à réserve méritent beaucoup plus
de faveur. Néanmoins, lorsqu'il s'agit des

mises en communauté des père et mère communs, comme elles sont réputées des conventions de mariage, elles ne sont pas, comme des donations, sujettes à réduction. Or, si le mobilier apporté par les père et mère est vis-à-vis eux-mêmes réputé apparte- nir à la communauté, quand il n'en a pas été fait d'état, il en doit être de même à l'égard de leurs enfans; ils n'ont pas plus de droits qu'eux.

S'il était fait par les époux un état de leur mobilier depuis le mariage, je pense qu'entre eux il doit faire foi, sur-tout s'il est voisin de la célébration du mariage; car alors on ne suppose pas qu'ils aient voulu se faire des avantages indirects; on voit que leur intention n'a pas été que le mo- bilier qu'ils ont apporté fût conquêt. C'est donc d'après les circonstances que nous pensons que le juge maintiendra ou an- nulera cet état. Il le maintiendra quand il lui trouvera un air de sincérité. Aucune des parties n'a le droit, en général, de s'en plaindre, puisqu'il est son ouvrage. Elle peut rejeter la preuve testimoniale comme dan- gereuse; mais cet état étant l'expression de sa propre volonté, il doit faire foi con-

tre lui. Mais, si l'un d'eux alléguait qu'il y
a eu erreur ou omission , il ne serait
point lié par cet acte. S'il alléguait qu'il
contient un avantage indirect, il alléguerait
sa propre turpitude, il est vrai ; mais toujours est-il que l'avantage indirect est prohibé. Qu'on ne dise pas que personne n'est
recevable à dire qu'il a contrevenu à la loi ;
tant qu'il n'a pas exécuté la convention ,
il peut opposer l'exception. Par exemple ,
aux termes de l'article 1097, il n'est pas permis aux époux de se donner par un seul et
même acte ; est-ce que chacun des époux
n'est pas recevable à demander l'annullation
de la donation qu'il a faite ? Sans doute.
Pourquoi dans le cas de l'article 1099 ne
serait-on pas également admis à demander
la nullité ? Si donc d'après les circonstances
le juge s'aperçoit qu'il y a de violentes
présomptions d'avantage indirect , si l'on
pose des faits pertinens, admissibles et propres à justifier l'allégation du demandeur ;
nous ne voyons pas pourquoi ils seraient
rejetés, sur-tout d'après l'article 1499 ; mais
il faudrait une preuve autre que celle par
témoins, ou du moins un commencement
de preuve écrite pour faire admettre celle

par témoins. A l'égard des héritiers à réserve, comme ils ont des droits acquis par
le fait du mariage, et que les avantages faits
durant le mariage ne sont plus des conventions de mariage, ils peuvent invoquer la
preuve testimoniale, parce qu'ils viennent
par l'action de fraude et de dol ; ils sont
alors des tiers. Les collatéraux n'ont d'autre
droit que celui de leur auteur.

Il est inutile de dire que s'il existait un
acte, tel qu'un partage par exemple, une
donation, un testament, où seraient constatés les meubles que chacun des époux
avait en se mariant, il tiendrait lieu d'inventaire et servirait de preuve. Cela ne fait
pas de doute, si l'acte de partage, ou la
donation ou testament est postérieur au
mariage ; mais, s'il est antérieur, comme
rien ne prouverait que l'époux avait encore
ce mobilier lors du mariage, l'acte ne sup-
pléerait point au défaut d'inventaire, à moins
que cet inventaire fût assez rapproché du
mariage. Comment concevoir, par exemple,
qu'un inventaire qui aurait vingt ans de date
pût suppléer celui que la loi prescrit?

On doit dans l'inventaire porter aussi les
sommes d'argent que chacun des époux

peut avoir par-devers lui, afin d'en exercer
la reprise à la dissolution de la communauté ; quand les titres de créances et les
rentes n'y seraient point portées, il serait
toujours facile de voir si elles existaient
avant le mariage. La cause qui y serait ex-
primée déciderait dans tous les cas si elles
sont propres à l'époux, sauf le cas de fraude.
On fait bien également de faire un état des
dettes.

Les créanciers de chacun des époux pourront agir ; mais comment ? Ceux du mari
le pourront sur les biens meubles de la
communauté et sur les siens propres ; mais
le pourront-ils sur ceux de la femme ? La
femme pourra-t-elle intervenir pour empêcher que son mobilier ne soit vendu ? Cette
question dépend de celle de savoir si cette
clause rend le mari propriétaire du mobilier
de sa femme, comme lorsqu'il y a clause
de réalisation, et s'il n'est débiteur envers sa
femme que du montant de son inventaire.
Il semble qu'il n'y à pas de différence ; que
ces meubles sont, par le fait, réalisés et deviennent des propres fictifs ; que le mari en
est le maître durant la communauté ; que
s'il les vend, la vente est valable ; que sa

femme ne peut en empêcher qu'en obte-
nant une séparation ou de biens ou de
corps. En effet, quoique ces meubles soient
des propres, ils n'ont cependant pas le
même caractère que les propres réels. La
loi d'ailleurs, en ce qui les concerne, n'a
pas dérogé à la communauté légale ; or
l'article 1528 devient donc applicable. Si le
mari a le droit de les vendre, ses créanciers ont le même droit aux termes de l'article 1166.

Telle ne paraît pas être l'opinion de M.
Delvincourt; voyez ses notes sur la communauté *réduite acquêts*. Il semble décider
que s'il y a eu *inventaire authentique,* les créanciers du mari ne peuvent saisir les meubles
que la femme justifiera lui appartenir. L'article 1499 prête en effet à cette induction.
L'article 1510 paraît encore plus formel ;
et si dans le cas de cet article les créanciers
du mari, comme il en est qui le pensent,
ne peuvent saisir le mobilier appartenant à
la femme et constaté par un inventaire, il
doit en être de même quand il y a communauté *réduite aux acquêts*, puisqu'elle
emporte séparation des dettes. Par conséquent il faut dire également que la femme

peut s'opposer à la vente que son mari voudrait faire de son mobilier; et quoiqu'en fait de meubles possession vaille titre, s'il y avait eu mauvaise foi de la part de celui qui aurait acheté du mari à l'insu de la femme, elle aurait action contre lui. Si le prix n'en était pas encore payé, elle pourrait le saisir entre les mains de l'acquéreur, parce qu'il lui est permis de faire un acte con-servatoire; elle pourrait même faire ordon-ner l'emploi des deniers.

Si ce sont des créanciers de la femme qui se présentent, c'est leur gage naturel.

Il faut néanmoins observer que ce n'est pas à la femme qu'appartient la possession de son mobilier, elle n'a pas le droit d'en disposer sans le consentement de son mari. Ce dernier a le droit d'en user; il pourrait même en retirer des bénéfices, par exem-ple, le louer; mais pour en faire seulement l'usage auquel il est naturellement destiné.

Rien n'empêche qu'avec les deniers qui appartiennent à l'un ou à l'autre des époux, on ne fasse un emploi en immeubles; mais il faut se conformer aux articles 1433 et suivans.

Il est temps de parler de la dissolution

d'une telle communauté. Les règles concernant la communauté légale y sont entièrement applicables. En conséquence il faut
voir ce que nous avons dit sur les prélève-
mens à faire, sur les récompenses, sur les
dettes personnelles des époux, sur l'accé-
ptation et répudiation de la communauté.
S'il a été fait quelques remplois, voyez ce
qu'on a dit sur les articles 1433, 1434, 1435:
toutes les acquisitions sont censées appartenir à la communauté, à moins qu'on ait
exprimé qu'elles ont eu lieu pour tenir lieu
de remploi.

Dans cette communauté comme dans
l'autre, la femme n'est tenue des dettes
contractées par la communauté que pour
la moitié et jusqu'à concurrence seulement
de son émolument.

A l'article 1581 nous verrons encore une
société d'acquêts. Nous y traiterons quelques questions qui pourraient trouver ici
leur place, mais que nous aimons mieux
traiter à l'article 1581.

Pour terminer cette matière, nous cite-
rons un arrêt de la Cour de cassation du
22 ventôse an 9, Sirey, t. 1.er, 1.re p., p.
418, qui sans être aujourd'hui d'une très-

grande importance mérite cependant d'être connu. Cet arrêt décide que la société d'acquêts des pays de droit écrit n'était point régie par les mêmes principes que la communauté des pays coutumiers; que ni le laps de temps, ni le défaut d'inventaire authentique ne pouvaient être opposés à la renonciation de la veuve, parce qu'il est d'usage certain *dans le ressort du ci-devant parlement de Bordeaux*, que la veuve associée aux acquêts, avec son mari, peut renoncer à la société pendant les trente années qui suivent le décès du mari; que quoique la veuve ait traité et administré pour des objets de la société, avant sa renonciation, elle n'a pu par ce fait perdre le droit de la faire; qu'elle n'était seulement tenue que de fournir et affirmer l'état de la succession.

On voit qu'il s'agit ici de la jurisprudence du parlement de Bordeaux. Sous notre Code, qu'on stipule une communauté d'acquêts, « art. 1498 », ou une société telle que celle dont parle l'article 1581, la jurisprudence du parlement de Bordeaux, pas plus que celle des autres pays de droit écrit, ne doit servir de règle; c'est le Code civil; la veuve est tenue de faire inventaire dans les délais ordinaires, et ce que nous avons dit en parlant de la dissolution de la communauté lui est applicable. Mais supposons qu'une femme de Bordeaux, par exemple, se soit mariée sous l'empire de la coutume de Bordeaux et que son mariage se soit dissous depuis l'émission du Code civil, pourra-t-elle, relativement à la question décidée par l'arrêt que nous venons de citer, se prévaloir de la loi de son contrat? On peut sans hésiter décider négativement.

Cependant il n'en serait pas ainsi du droit de rétention qui était également accordé à la femme mariée sous l'empire de la coutume de Bordeaux. La Cour de cassation, par arrêt du 23 mars 1819, Sirey, t. 19, p. 354, a décidé que la femme mariée sous cette coutume peut aujourd'hui, comme avant la loi du 11 brumaire an 7, se faire répartir à titre de rétention, une partie des biens du mari, égale au montant de sa dot; qu'elle n'est point soumise à figurer comme créancière dans l'ordre et la distribution du prix sans autre préférence que celle qui résulte de son hypothèque contractuelle.

Le même arrêt décide que le droit de

rétention établi par l'article 54 de la coutume de Bordeaux, appartient à la femme
séparée de biens, comme à la femme survivante.

Cette espèce est bien différente de l'autre; la femme dont il s'agit dans l'arrêt cité
en premier lieu, est dans une position toute
différente de l'autre.

La loi nouvelle, sans rétroagir, a pu pré-
scrire certaine formalité que la veuve a été
libre d'observer ou de ne pas observer;
cette loi nouvelle l'a constituée en demeure
de les remplir, c'est sa faute si elle ne l'a
pas fait.

A l'égard de la femme dont est question
dans l'arrêt de 1819, la loi nouvelle n'a rien
prescrit pour qu'elle pût conserver son
droit; il n'y a aucune raison à le lui enle-
ver. Il a fait partie de ses conventions matrimoniales.

SECTION II.

De la Clause qui exclut de la Communauté le mobilier en tout et en partie.

Il est permis par l'article 1500 aux futurs époux d'exclure de leur communauté tout leur mobilier présent et futur. Si même ils stipulent qu'ils en mettront réciproquement en communauté jusqu'à concurrence d'une certaine somme, ou d'une valeur déterminée, par cela seul ils sont censés se réserver le surplus.

La clause par laquelle les futurs excluent tout ou partie de leur mobilier s'appelle *réalisation*, ou *stipulation de propre* ; car le mobilier exclu devient un propre *fictif* pour l'époux à qui il appartient. On appellera, si l'on veut encore, ce mobilier *propre conventionnel*, pour le distinguer des *propres réels* qui se composent de choses immobilières. En effet il n'est pas besoin de convention pour que les immeubles soient propres, ils le sont de plein droit; mais ce n'est que par l'effet d'une convention que des meubles, qui de droit tombent dans la communauté, peuvent devenir des propres; voilà la raison pour laquelle les uns sont des propres réels et les autres des *propres conventionnels.*

L'article 1500 prévoit deux sortes de réalisations : l'une expresse, l'autre tacite. Expresse, lorsqu'il est dit que tout le mobilier du conjoint ou le surplus lui sera propre, s'il n'en a mis qu'une certaine portion ; tacite, lorsque l'un des conjoints met son mobilier jusqu'à concurrence d'une valeur ou d'une somme déterminée. L'article 1511 a une disposition à-peu-près semblable : c'est cette clause que nous appelons *convention d'apport.* L'apport fixé à cette certaine somme renferme la convention que le surplus est propre, lors même qu'il n'en a été rien dit. S'il arrive que le futur n'ait actuellement aucun mobilier, il peut convenir qu'il en mettra en communauté au fur et mesure qu'il lui en échéra, jusqu'à concurrence de... Cette clause revient au même que celles dont on vient de parler ; il se rend débiteur de cette promesse, et le surplus se trouve tacitement réalisé. S'il lui

en échoit réellement , la communauté en
prendra jusqu'à concurrence de la somme
convenue ; s'il ne lui en advient pas, il devra à la communauté ladite somme. Ainsi,
comme il revient au même de mettre en
communauté son mobilier, jusqu'à concurrence d'une somme , ou promettre une
somme ou un corps certain, ce que nous
allons dire des articles 1500, 1501, s'applique
également à l'article 1511. Ces différentes
clauses produisent les mêmes effets et sont
soumises aux mêmes principes.

Rien ne s'oppose à ce que la réalisation
se fasse par les deux conjoints, de même
que rien ne s'oppose à ce qu'elle se fasse
par un seul.

Il est bon de remarquer que si je donnais
une certaine somme par contrat de mariage,
soit à mon héritier , soit à tout autre, pour
lui acquérir un héritage , il n'y aurait ni
clause de réalisation, ni convention d'apport
proprement dites; la somme ne serait point
destinée à tomber dans la communauté ,
elle serait réalisée, et deviendrait propre.
Si l'immeuble est acheté , il devient propre
réel, et non conquêt de communauté; mais
pour cela il faut que dans l'acte d'acquisi-

tion on ait déclaré que l'acquisition est faite en exécution de telle clause portée au contrat de mariage, et que si elle est faite au nom de la femme, elle soit acceptée par elle. En un mot, il faut se conformer aux articles 1433, 1434, 1435.

. Si les époux ont dit qu'ils seraient communs en biens meubles et immeubles qu'ils acquerront, Pothier dit qu'ils seront soumis au régime de la communauté légale; que cette clause ne renferme point de réalisation et n'exclut point de la communauté les meubles qu'ils avaient en se mariant; que s'il était dit que les époux seront communs en tous les biens qu'ils acquerront, il y aurait une tacite réalisation : dire que la communauté sera composée des biens que les époux acquerront, c'est dire que ceux qu'ils possèdent actuellement n'y entreront pas; *qui dicit de uno, negat de altero.* Mais nous observons que de pareilles clauses ne sont pas assez clairement exprimées: on ne sait pas si l'on n'a eu en vue qu'une simple clause de réalisation, ou si l'on s'est soumis au régime de la communauté simple. L'opinion de Pothier que nous venons de citer est très-contestable; M. Merlin)

combat d'une manière qui semble victo-
rieuse. Voyez son Répertoire au mot réalisation.

On ne sait pas non plus si les époux ont
eu l'intention de réduire leur communauté
aux acquêts, clause bien différente ; car,
lorsque la communauté est réduite aux acquêts, nous avons vu que tout le mobilier
présent et futur se trouve exclu de la communauté, et nous allons voir qu'il n'en est
pas ainsi en matière de réalisation.

En effet on peut réaliser son mobilier
présent seulement ou son mobilier futur ;
mais de telles stipulations étant de droit
étroit, on les exécute à la rigueur ; jamais
on ne les étend d'un cas à un autre. Si donc
dans mon contrat j'ai promis d'apporter
une certaine somme, et que j'aie dit que le
surplus de mes biens me serait propre, la
clause ne comprend seulement que mon
mobilier actuel : lui seul sera réalisé. Bien
entendu qu'on y comprendra aussi les sommes et les choses qui m'adviendront durant
mon mariage, en vertu d'un titre antérieur
à l'existence de ma communauté ; ayant le
droit avant mon mariage, je suis censé avoir
eu la chose à cette même époque.

4.

Mais quand les époux veulent exclure
leur mobilier présent et futur, il faut qu'ils
le déclarent expressément. Si même je dis
que j'exclus mon mobilier, cela ne s'entend
que de mon mobilier présent ; et *vice versâ*,
si je dis que j'exclus mon mobilier futur ,
sans parler du présent, il n'y aura que le
futur d'exclus ; mais par cette expression ,
mobilier futur, il faut entendre le mobilier
qui adviendra de quelque manière que ce
soit, ou à quelque titre que ce soit.

Si au contraire il est dit que j'exclus les
biens qui m'adviendront par succession, je
ne suis point censé avoir exclu ceux qui
m'adviendront par donation; si j'ai dit que
j'excluais ceux qui m'adviendraient par donation, je ne suis point censé avoir exclu
ceux qui me proviendraient de succession.
De même que si j'ai exclu ceux qui m'adviendraient par testament, je ne suis point
censé avoir exclu ceux qui proviendraient
par succession; en un mot la clause ne s'é-
tend point d'un cas à un autre. Néanmoins,
si j'ai exclu ce qui m'adviendrait par donation , je suis censé avoir également exclu
ce qui m'adviendrait par legs; le terme de
donation étant un terme général qui com-

prend les donations testamentaires comme celles entre vifs, *et vice versâ.* En se servant de l'expression de donation ou testament, on a entendu exclure tout ce qui pouvait parvenir aux époux à titre de libéralité.

Cependant il y a une remarque à faire : sans doute que si vous avez exclu seulement les biens qui vous adviendraient par succession, ceux qui vous adviendront par donation ne seront point exclus et tomberont dans la communauté ; mais si ces donations étaient faites par des ascendans, il faudrait considérer les biens comme venant de la succession même de ces personnes ; de telles donations sont toujours censées faites en avancement de succession. Supposons néanmoins que l'avantage qui est fait par cet ascendant au conjoint excède la portion héréditaire de ce dernier dans la succession de cet ascendant, le surplus de cette portion sera-t-il considéré purement et simplement comme une donation, et comme tel tombant dans la communauté, parce que les donations n'en ont pas été exceptées ? C'est-à-dire, ce surplus de la portion héréditaire devra-t-il être considéré comme une donation faite à un étranger ?

Nous ne le pensons pas: tout sort du patrimoine du défunt; il n'appartient point à
l'autre époux de pénétrer dans les secrets
de la famille de son conjoint, ou du moins
d'expliquer en sa faveur une sorte de partage qui est à l'avantage de ce dernier. Ce
qui lui est donné libéralement doit à ses
yeux ne faire qu'un avec sa portion héréditaire. Le cas doit être le même que celui
où sa portion héréditaire se trouverait augmentée par la renonciation de quelques-
uns de ses cohéritiers; or, que sa portion
soit augmentée par le défunt lui-même ou
par ses cohéritiers, n'est-ce pas la même
chose? Les biens sortent toujours du même
patrimoine; ils font partie de la même succession. On peut même tirer argument de
l'article 1406; dans lequel article on voit
que les biens donnés par ascendant sont
considérés comme biens successifs, sans
distinguer s'ils excèdent ou non la portion
héréditaire.

Les seuls cohéritiers du conjoint peuvent
attaquer la donation, la faire réduire ou
faire rapporter, s'il y a lieu. Cependant s'il
eût été donné par préciput, *quid juris?* Si
le préciput empêche que le don ne soit

fait en avancement de succession, point de doute; mais s'il est également fait en avancement de succession, la communauté ne profite pas de l'excédant de la portion héréditaire; ce qui est, selon nous, incontestable; car une donation faite par un ascendant, quelle qu'elle soit, est toujours une sorte de succession.

Bien entendu qu'il en serait autrement si un des cohéritiers eût accepté la succession, et qu'ensuite il abandonnât sa portion héréditaire au conjoint; tout le mobilier qui s'y trouverait tomberait dans la communauté, car ce serait une donation faite par ce cohéritier. Le fait de son acceptation a rangé dans son patrimoine cette portion héréditaire; les biens ne viennent plus du défunt.

Si la donation eût été faite par un étranger, nul doute que le mobilier qui en ferait partie tomberait dans la communauté, puisqu'il n'y a eu d'exclu que le mobilier provenant de succession; mais si la donation était faite par un collatéral dont le conjoint serait le successible, cette donation serait-elle censée faite en avancement de succession? Non; car si les donations en ligne directe sont un titre qui équipolle à une succession, il n'en est pas ainsi des donations en ligne collatérale. Ici le donateur ne doit rien au donataire; le seul titre qu'il a, est la donation, et n'ayant pas prévu ce cas, les meubles donnés ne seront pas compris dans la clause. Il résulte en effet de l'article 1406 que le conjoint n'est censé posséder à titre successif que les biens qui lui sont donnés par un ascendant; par argument encore de cet article, on peut donc décider la question dans le sens que nous venons de le faire.

Nous voyons donc qu'il faut nécessairement que le donateur soit un ascendant; que s'il était collatéral ou même descendant, les biens meubles qu'il aurait donnés à son parent collatéral ou ascendant, ne seraient point exclus de la communauté de ce dernier, s'il n'avait exclu que les biens provenans de successions. Cependant un ascendant donataire peut être un héritier à réservé; il a un droit à la succession de son descendant que celui-ci ne peut lui ravir; ce qui ferait croire que la donation devrait être considérée aussi comme faite en avancement de succession. Ici l'article 1406 ne fournit aucun argument; puis il n'y a pas

même motif de décider : les ascendans, aux
yeux de la loi, doivent plus à leurs descendans que les descendans ne doivent à leurs
ascendans ; les descendans doivent toujours
compter sur la succession de leurs ascendans, et c'est pourquoi l'on considère les
donations qu'ils leur font comme un avancement de succession ; mais les ascendans
ne doivent pas compter sur la succession
de leurs descendans, car ils peuvent être
exclus, ou par des enfans, ou par dés frères
ou sœurs des descendans. L'on ne doit donc
pas considérer ces donations comme un
avancement de succession.

Nous avons dit que, lorsque le conjoint
n'a pas stipulé propre ce qui lui advient
par testament, quand même il eût stipulé
propre ce qui lui advient par succession,
les legs tombaient dans la communauté.
Cela ne fait pas de doute lorsque le legs
est fait par un étranger ; mais, s'il est fait
par un ascendant ou par un collatéral dont
le conjoint est héritier, *quid juris?* Si le
legs est fait par un ascendant et à titre particulier, on pourrait dire qu'il tombe dans
la communauté ; qu'en général tout legs
particulier, fait à un héritier, est consi-

déré comme s'il était fait à un étranger : l'héritier légataire, en ce qui touche ce legs particulier, est considéré comme étranger; ce que nous avons dit de la donation, ne peut point ici recevoir d'application en ce qui concerne les legs faits à des descendans: des legs ne sont jamais censés faits en avancement de succession, puisqu'elle est ouverte, présomption qui a lieu en matière de donation. De ce que le testateur a donné par préciput et hors part, il a certainement bien manifesté son intention que cela ne serait point à compte de la succession; et en vain dirait-on qu'il a voulu augmenter sa part héréditaire, le legs est toujours distinct de la portion héréditaire; ce qu'on ne peut dire de la donation qui est toujours un avancement de succession, lors même qu'elle est par préciput et hors part. Il existe toujours des différences entre la donation et le legs, et c'est cette différence qui doit faire décider la question autrement dans un cas que dans l'autre. Tout cela ne dit rien; tout ce qui est donné ou légué par des ascendans est regardé comme une espèce de succession, qu'il y ait préciput ou non. Si ce n'est pas en avancement de succession que le don est fait, il est toujours pris dans la succession. Mais cela ne peut s'appliquer au cas où le legs est fait par un collatéral.

Cependant supposons que le legs soit universel ou à titre universel. Le mettrons-nous sur la même ligne que les successions, en sorte que si les successions sont exclues, les legs universels le seront également? Il est vrai que nous avons trois sortes de successions, les légitimes, les contractuelles et les testamentaires. Un donataire contractuel et un légataire à titre universel sont bien des héritiers, et, sous ce rapport, si les successions ont été exclues de la communauté, il semble qu'on devrait en exclure également les successions contractuelles et les testamentaires. Néanmoins les successions contractuelles et testamentaires sont différentes des successions légitimes, et sont soumises à des règles différentes. Si l'auteur de la disposition est un ascendant, point de doute qu'on mettra ces successions sur la même ligne que les successions légitimes; mais si elles sont faites par d'autres, elles doivent conserver leur dénomination de donation ou de testament: le donateur

ou testateur ne devait point ces succes-
sions-là, ce qui suffit. Il est vrai qu'en réalité ce sont de véritables successions; car,
lorsqu'il n'y a point d'héritier à réserve, le
légataire universel et le donataire contractuel
de tous biens présens et à venir recueille
toute la succession du défunt, et se trouve
être à son lieu et place, comme s'il était l'héritier légitime. Le legataire universel n'a point
alors de délivrance à demander ; c'est un
héritier. De tels héritiers sont assujettis au
paiement des dettes. Le légataire universel,
qui n'a pas fait inventaire, est même tenu
ultrà vires, quand il a la qualité d'héritier,
quand il a la saisine. Les héritiers contractuels ont même de plein droit cette saisine,
quoiqu'il y ait des héritiers à réserve. On
répond que nous ne devons reconnaître
qu'un véritable héritier ; c'est celui du sang.
Les autres ne le sont que par accident, et
ils ne sont jamais que des donataires ou des
légataires, ou si l'on veut des successeurs. Si
on les assimile parfois aux héritiers du
sang, c'est pour l'acquittement des dettes
auxquelles ils doivent contribuer, attendu
leur qualité de successeurs. Néanmoins nous
tenons à l'autre opinion, car c'est une vé-

ritable succession qui est déférée. Par-tout
où un individu est pouillé de plein droit
d'une succession, je vois un héritier.

S'il s'agissait d'un enfant naturel qui eût
fait la clause dont nous parlons, comme
on lui refuse la qualité d'héritier, on pourrait croire que ce qui lui revient de la
succession de son père, ne lui revient pas
à titre de succession. On se tromperait.

Très - souvent on ajoute à la clause dont
nous venons de parler, c'est-à-dire après
la clause par laquelle on a dit qu'on excluait de la communauté le mobilier qui
proviendra des succession, donation; on
ajoute, disons-nous, les mots *ou autrement.*
Ces expressions, *ou autrement,* sont des
expressions générales qui comprennent
tous les titres lucratifs par lesquels des
biens peuvent nous parvenir durant notre
mariage; elles comprennent même les bon-
nes fortunes, pour nous servir des paroles
de Pothier, qui peuvent arriver à l'un ou
à l'autre des époux. Par exemple, si l'un
d'eux a trouvé un trésor, la totalité ou la
moitié de ce trésor lui sera propre, et sera
exclue de la communauté par ces expressions, *ou autrement.*

Si l'un des conjoints gagnait à la loterie, il faut distinguer si le billet a été acheté des deniers de la communauté, ou s'il a été payé avec des deniers donnés ou appartenans au conjoint; au premier cas, le lot ou gain est le prix du risque qu'a couru la communauté, et le produit en tombe dans la communauté; dans le second cas, le lot sera propre au conjoint comme une acquisition de bonne fortune, excluc de la clause dont nous venons de parler.

Mais fesons bien attention que par ces termes: *donation*, *legs*, *ou autrement*, nous ne devons entendre que les titres lucratifs. Si l'un des conjoints avait acquis un héritage moyennant une rente viagère et durant la communauté, l'héritage appartiendrait à la communauté, malgré la clause par laquelle on aurait exclu tout *ce qui adviendrait par succession*, *don*, *legs*, *ou autrement*. Cependant ne doit-on point distinguer si la rente est assez forte pour pouvoir être considérée comme le prix de l'héritage, du cas où cette rente serait tellement modique qu'on ne dût pas la considérer comme le prix de l'héritage, mais comme une faible charge de la donation? Nous savons bien qu'il y a toujours quelque chose d'aléatoire dans une rente viagère ; mais de ce qu'un héritage est transporté , soit moyennant une rente , soit moyennant telle autre charge , ce n'est pas une raison pour que ce ne soit pas une donation. Il est des donations à titre onéreux, comme il en est à titre gratuit, et elles n'en sont pas moins des donations. Une vente moyennant une rente viagère est bien sujette à être rescindée pour lésion, quoiqu'on ne sache au juste ce que peut valoir une rente viagère, et que le contrat soit aléatoire ; pourquoi une vente moyennant une rente viagère ne pourrait-elle pas être considérée comme une donation ? Tout dépend du prix de la rente, des circonstances, et de la qualité sur-tout des parties ; cela doit être une question abandonnée à la prudence des magistrats. On consulte d'abord le titre de l'acte , on voit s'il est qualifié donation ou vente ; non que ce soit par le nom de l'acte qu'il faille le juger, mais bien plutôt par sa substance. Mais nous ne pensons pas qu'un contrat soit toujours à titre onéreux, par cela seul qu'il y a quelque chose d'aléatoire ; par exemple , je vous donne ou vends le fonds cornélien , qui

vaut 100,000 fr., à la condition que vous paie-
rez une rénte viagère de 300 fr. à mon frère; ou bien je vous vends le fonds cornélien, dont vous jouirez de suite, moyennant
une rente viagère de 1,000 fr., et le fonds
rapporte 4 et 5,000 fr. Dans tous ces cas,
c'est une donation et non une vente véritable.

Nous pensons bien comme les auteurs
des Pandectes que le gain que l'un des conjoints aurait fait par suite d'un contrat
aléatoire qu'il aurait fait depuis le mariage,
entrerait dans la communauté; mais ce n'est
pas parce qu'un contrat aléatoire doit être
toujours considéré comme à titre onéreux.
De ce qu'il y a quelque chose d'aléatoire
dans ce contrat, il n'est pas suffisant du
moins pour, dans tous les cas, le faire considérer comme à titre onérenx, et l'exemple qu'on vient de donner le démontre.

Mais si j'entreprends à mes frais un voyage
pour Pierre, afin de recueillir pour lui une
succession qui lui est échue dans les îles,
à la condition que j'en aurai la moitié, c'est
là un véritable contrat aléatoire, et qui est
véritablement à titre onéreux. Il n'y a rien
qui puisse y être considéré comme une li-

béralité. Aussi, si je recueille la succession, la moitié que j'en aurai tombera dans ma communauté, quand même la clause de réalisation comprendrait les successions et les donations, y eût-on ajouté le mot *autrement;* car ce n'est pas là une bonne fortune, c'est le prix d'un risque et d'un danger.

Il est inutile de répéter que la clause de réalisation ne comprend pas les fruits des biens propres des conjoints ; qu'ils appartiennent à la communauté, *ad sustinenda onera matrimonii.* Mais devons-nous considérer comme des fruits les bénéfices qui nous proviennent des intérêts que nous pouvons avoir dans une société, entreprise ou compagnie de finance ? Ou doit-on les considérer comme des sommes capitales sujettes à reprises, quand il y a clause de réalisation ?

Les auteurs des Pandectes distinguent si l'intéressé a dans l'entreprise ou la société une mise qu'il a droit de reprendre lors de la dissolution de la société ou de la fin de l'entreprise. La clause de réalisation ne doit dans ce cas frapper que cette mise; les produits ne sont alors considérés que comme des fruits auxquels ce fonds ou mise a donné naissance, de même que le capital d'une rente donne naissance à des fruits qui tombent dans la communauté, malgré la clause de réalisation ; les bénéfices des actions ne sont donc que des fruits ; la réalisation n'affecte alors que le fonds ou la mise. C'est en vertu de ces principes que le parlement de Paris, 9 mai 1781, a jugé que les bénéfices de la place du fermier général Baudon étant des fruits, tombent dans la communauté ; en effet les fermiers généraux fournissaient des fonds d'avance qui leur étaient restitués à la fin du bail.

Mais, s'il n'y avait ni mise ni fonds que l'intéressé dût reprendre en définitif, chaque répartition formerait un capital qu'affecterait la clause de réalisation. Cette distinction est-elle bonne dans tous les cas ? Quand il n'y a aucune mise que l'intéressé doive reprendre, il nous semble qu'alors cet associé fournit ses soins, son industrie, ce qui est déjà une mise. On ne reçoit personne dans une société ou compagnie sans quelques conditions onéreuses. Lors même que le conjoint se trouverait donataire ou cessionnaire à titre gratuit d'une action, il

serait censé au lieu et place du cédant qui
ne s'y est trouvé qu'à titre onéreux. Je vais
plus loin; je suppose que l'actionnaire eût
promis quatre, cinq ou dix ans de son industrie; qu'il ne dût que fournir ce temps,
et qu'il l'eût accompli avant de se marier,
il ne serait point considéré comme associé
gratuit. Pour tout ce qui serait gain avant
le mariage serait capital réalisé par la clause
dont il s'agit; mais tout ce qui serait gain
après le mariage semblerait devoir être considéré comme fruits; nous considérons tels
en effet toute espèce de bénéfice, intérêt ou
produit qui a sa cause, sa source, soit dans
un capital, soit dans notre industrie, soit
dans notre travail, quel qu'il soit cependant.
Voyez *infrà*, section 5.

Pour que la distinction des auteurs des
Pandectes pût se faire, il faudrait imaginer
une société où le conjoint qui en ferait
partie, qui en serait membre, actionnaire,
etc., etc., n'eût fourni ni avances, ni soins,
ni industrie, ni travail, et qu'il ne fût point
aux droits de celui qui aurait fourni l'une
ou l'autre de ces choses.

Nous avons maintenant deux choses à
examiner : 1.º l'effet de la convention d'ap-

5.

port ; 2.º l'effet de la clause de réalisation.

Des Effets de la Convention d'apport.

La convention d'apport est d'un usage très-fréquent ; c'est pourquoi il faut se pénétrer des règles qui la régissent. Un de ses effets est de rendre le conjoint qui l'a faite débiteur de la somme qu'il a promise, et c'est à la communauté qu'il la doit, 1501. A la dissolution de la communauté, il doit lui faire raison de cette somme, ou justifier qu'il a fait son apport.

Mais de quelle manière justifie-t-on de l'apport? C'est l'article 1502 qu'il faut consulter en ce cas ; il faut comme lui distinguer. De la part du mari, il suffit d'une déclaration portée au contrat de mariage que son mobilier est de tant. Le mari étant le chef de la communauté et celui entre les mains duquel l'apport doit être fait, il ne peut ni payer à lui-même ni se donner quittance ; c'est à la future ou à ses parens de se convaincre de la vérité du fait.

Rien ne s'oppose à ce que la femme fasse une pareille déclaration dans le contrat de mariage ; mais le mari doit-il de son côté

déclarer qu'il tient le fait pour reconnu ?
La loi n'exige point que la déclaration que
fait le mari soit tenue pour reconnue de
la part de la femme; ... c'est, dit-on, parce
qu'il ne peut se donner quittance à lui-
même, et qu'on présume facilement qu'il
avait encore ce mobilier à l'époque du mariage. Pourquoi d'ailleurs la femme ne s'en
est-elle pas assurée ? Nous en convenons ;
mais, à la manière dont l'article est rédigé,
on croirait que si la femme a fait la même
déclaration dans le contrat de mariage,
cela n'est pas suffisant ; qu'il faut encore
une quittance du mari. Il semble qu'on ne
pourrait opposer l'article 1320. Quel pourrait donc être le motif de la loi ? Est - ce
parce que le mari est le chef du mariage;
qu'il en doit supporter les charges ? Est-ce
parce que la femme pourrait faire une fausse
déclaration que le mari n'oserait pas contester par respect ou par crainte ? Nous ne
pensons pas que ce soit là le motif de la loi;
car on pourrait dire que, quoique la femme
ne soit pas tenue des charges du ménage,
elle a cependant intérêt à critiquer la déclaration du futur, puisque de cette déclaration dépendra la reprise de celui-ci lors

de la dissolution de la communauté ; d'ailleurs aussi, elle, pourrait n'oser contester
la déclaration de son futur ; ils sont donc,
sous ces rapports, tous deux en égalité de
position. Nous ne voyons point jusque là
que la déclaration faite par la femme ne
doive pas suffire ; et, selon nous, ce n'est pas
non plus ce que le législateur a voulu dire.
Il a voulu dire seulement que la quittance que
la femme donnerait à son mari pendant le mariage ne justifierait pas suffisamment de l'apport de celui-ci. Et pourquoi ? Parce qu'on
présume que cette quittance serait le fruit
de la complaisance ou de la crainte ; placée
sous la dépendance de son mari, on pense
qu'elle aura été forcée d'accepter la quittance qu'il aura voulu lui donner. Jusque
là la loi est sage ; mais l'est-elle lorsqu'elle
dispose que l'apport de la femme est suffisamment justifié par la quittance que son
mari lui donne ? Ne peut-il pas aussi la
forcer d'accepter la quittance qu'il vou-
dra lui donner ? Ne critiquons pas la loi.
D'abord, si la loi ne reconnaît pas la quittance que la femme donne à son mari, ce
n'est pas par le seul motif qu'elle est sous
la puissance de son mari ; il y en a un autre ;

comme on l'a dit : c'est que ce ne serait
pas à la femme de donner la quittance, ce
serait la faire participer au droit de chef
de la communauté, et le mari l'est seul :
ce serait donc à lui de se donner quittance,
et il ne le peut. Maintenant la quittance que
le mari donne à sa femme est-elle d'un si
grand inconvénient ? Ou elle est sous seing
privé, ou elle est par-devant notaire. Dans
ce dernier cas, le notaire aura pu s'apercevoir que le mari trompait sa femme, et
empêcher le mal. Au premier cas, si elle
est par trop contraire à la femme, il ne
tient qu'à elle de ne pas la représenter et
de prouver son apport d'une autre manière.
Dira-t-on qu'elle sera bien forcée de la représenter, si elle n'a pas d'autres preuves ?
Mais ne peut-on pas répondre à la femme :
Pourquoi n'avez-vous pas fait inventaire
avant votre mariage ? la loi vous le disait,
la loi vous en prévenait ; vous étiez censée
la connaître, vous ne devez donc pas vous
plaindre, vous êtes encore heureuse que
votre mari ait bien voulu vous donner la
quittance que vous représentez.

Vous voyez que nous admettons que la
quittance que le mari donne à sa femme

tient lieu entre eux de l'inventaire prescrit
par l'article 1499 ; de même que la déclaration des deux époux, ou de l'un d'eux,
suffit , si elle est faite dans le contrat de
mariage. Lorsque le mari donne quittance
à sa femme , il peut non-seulement reconnaître qu'elle lui a donné la somme qu'elle
a promise à la communauté ; mais encore il
peut reconnaître le mobilier qu'elle a apporté de surplus. Nous pensons qu'il est
inutile de répéter ici ce que nous avons
dit sur l'article 1499 ; savoir, que si le
mobilier de chacun des époux n'a pas été
constaté avant le mariage , ils ne peuvent
prouver par témoins quelle était la consistance de ce mobilier. Nous avons dit que
la femme ne pouvait invoquer l'article 1415 ;
que l'article 1528 ne pouvait l'être non
plus ; que sa généralité doit s'arrêter devant
l'article 1499. En effet, malgré que l'article
1415 dise , *Toutes les fois que ce défaut préjudicie à la femme ,* etc. , etc. , il est évident
qu'il ne parle que pour le cas d'un inventaire qui doit être fait durant le mariage.
L'inventaire qui doit se faire avant mariage
est régi par l'article 1499 , qui, bien différent de l'article 1415 , répute acquêt le

mobilier même de la femme. Ces expressions ne laissent pas à douter que cet article n'a point voulu faire de distinction
entre le mari et la femme ; s'il eût été dans
l'intention du législateur d'en établir , il
n'eût pas manqué de le faire ; et cela eût
été bien plus important que dans l'article
1504 où il en fait une bien inutile , l'article
1415 pouvant alors être invoqué par la
femme , sur-tout d'après l'article 1528. D'ailleurs n'y a-t-il pas un but moral dans l'article 1499, ainsi que dans l'article 1502 ?
N'est-il pas à présumer que le législateur a
voulu que le mobilier des époux fût constaté
avant le mariage , afin d'éviter des contestations qui ne manqueraient jamais d'arriver ?
L'époux négligent sera dupe , j'en conviens ;
mais c'est là une considération qui n'étant
que d'ordre privé doit céder devant une
considération qui est d'ordre public.

S'il n'a point été fait de déclaration dans
le contrat que la femme avait la somme ou
la chose promise ; et, à défaut de cette déclaration , si le mari ne lui a pas donné de
quittance, elle restera débitrice de sa promesse, jusqu'à ce qu'il soit prouvé qu'il lui
est advenu pendant le mariage des choses

mobilières sur lesquelles la dette qu'elle a
contractée aura dû s'imputer. Il en devra
être de même à l'égard du mari; il faudra
d'une manière ou d'autre qu'il prouve qu'il
a satisfait à sa promesse; c'est ce que nous
allons voir à l'instant; mais il importe de
remarquer ici une différence essentielle entre la communauté légale et la communauté
conventionnelle. La communauté légale acquiert à titre universel tout le mobilier de
chacun des époux, et la communauté est
tenue de toutes les charges qui y sont attachées.

Au contraire, par la convention d'apport,
la communauté conventionnelle acquiert à
titre particulier les effets de chacun des
époux, en paiement de la somme promise
et jusqu'à concurrence de cette somme. S'il
y a plus de mobilier qu'il en faut pour
payer la communauté, l'excédant n'y entre
pas et chacun des époux a le droit de le
reprendre lors de la dissolution de la communauté; non pas en nature, mais le conjoint se trouve être créancier du montant
de ce surplus, et en fait la reprise à la dissolution de la communauté.

D'après ce principe, s'il y avait éviction

de quelques-uns des effets promis ou apportés, elle serait supportée par l'époux
qui aurait promis. Le cas est le même
lorsqu'au lieu d'une somme promise, on
donne en paiement un corps certain. Si,
au lieu d'un corps certain, on d'une valeur
déterminée, l'époux avait mis en communauté tout son mobilier présent, sans le
désigner et sans en déterminer la valeur,
c'est la communauté qui supporterait l'é-
viction, parce qu'elle aurait acquis à titre
universel. L'époux, dans ce cas, met son
mobilier tel qu'il est ; il en rend la communauté propriétaire, laquelle lui succédant
à titre universel, se trouve subrogée, quant
à ce, dans tous ses droits. Le cas est le
même que s'il s'agissait d'un cessionnaire
de droits successifs, ou de tout autre suc-
cesseur à titre universel qui prend es
choses dans l'état où elles sont, et qui
n'en devient propriétaire incommutable,
qu'autant que son auteur l'était.

Mais quand il s'agit de coprs certains
dont on se rend débiteur, on ne s'acquitte
de la dette qu'en en assurant la propriété
au créancier. Si le créancier ou la communauté, qui fait ici les fonctions de créan-

cière, en est évincée, c'est comme si le
paiement ne lui en avait pas été fait; on
n'est plus alors censé n'avoir transféré que
le droit qu'on y avait; c'est le corps certain
lui-même. Le cas est le même que celui
où deux personnes auraient établi une société: si ce sont des corps certains qu'ils ont
promis d'y mettre, ils en seront garans, savoir: de la perte, jusqu'au jour de l'apport,
et de l'éviction, en tout temps. Mais s'ils y
avaient mis une universalité de choses, il n'y
aurait aucune garantie de plein droit; il
faudrait une stipulation expresse pour que
l'époux fût garant. En assimilant la communauté à la société, nous dirons aussi
que, si le corps certain périt avant d'être
apporté, *id est* avant la célébration du
mariage; car l'apport est censé fait de ce
jour, s'il est en la possession de l'époux;
s'il périt avant d'être apporté, il périt,
disons-nous, pour le conjoint, et cela par
argument de l'article 1867. Après l'apport on
applique la maxime *res périt domino*, *id est*
pour le propriétaire, qui est la communauté.

Si c'est une certaine somme qui a été
promise, et qu'on donne en paiement une

certaine quantité de mobilier, il est inutile d'essayer à prouver que l'époux doit
encore garantie; c'est une dation en paiement qu'il a faite; il n'a dû payer qu'avec
des choses qui existaient et qui lui appartenaient. Si ces choses périssent avant l'apport à la communauté, *id est* avant qu'elle
fût propriétaire, ou s'il y a éviction, et que
la cause de cette éviction soit antérieure
à l'existence de la communauté, il doit
garantie.

Un autre effet de la convention d'apport
est d'exclure de la communauté toutes les
dettes présentes des époux; et cela parce
que la communauté n'en peut être tenue
que comme acquéreur à titre universel du
mobilier; car si l'on avait mis tout son
mobilier présent, ou la moitié, ou tout
autre quotité, la communauté devrait, soit
la totalité, soit la moitié, soit toute autre
quotité de dettes.

Nous avons dit que la somme promise
par le conjoint s'impute de plein droit sur
le mobilier des époux. Il faut donc faire
une estimation de ce mobilier, et c'est d'a-
près sa valeur au jour où la communauté
a commencé, pour les objets apportés en

mariage, et d'après sa valeur au jour de
l'inventaire des successions, donations, etc.,
etc., pour celui échu durant le mariage,
que l'imputation dont il s'agit doit être faite.
Remarquez cependant que l'imputation de
la somme promise ne se fait sur le mobilier qui advient durant le mariage, qu'autant
qu'il a été réalisé par une clause expresse,
et qu'il est propre de communauté, puisque
sans cette clause expresse, malgré la convention d'apport, il tombe de droit dans la
communauté. Par conséquent la communauté ne peut se payer sur lui, puisqu'il
lui appartient. Si l'imputation se fait sur le
mobilier présent, remarquez aussi que c'est
sur le mobilier présent au jour du mariage,
et non du contrat de mariage, parce que
c'est à cette époque que commence la communauté. Il est possible en effet que le
conjoint ait beaucoup de mobilier au jour
du contrat, et qu'il n'en ait plus au jour du
mariage.

Si l'inventaire en est fait, ce sera probablement à l'époque du contrat de mariage.
S'il s'est écoulé peu de temps entre le contrat et la célébration, nul doute que cet inventaire fera foi; sauf à l'autre conjoint de

prouver que le mobilier n'existait plus ou était considérablement diminué au jour du mariage , parce que , par exemple , l'époux qui en était propriétaire l'avait vendu.

Le mari pourra même opposer cet inventaire, s'il y a lieu, aux créanciers de la femme, sauf à ces derniers à prouver que dans cet intervalle le mobilier de la femme a augmenté.

Si l'intervalle du contrat à la célébration est long et qu'il y ait eu inventaire à l'époque du contrat, il serait prudent d'en faire le récollement.

Il en serait de même, si des effets mobiliers se trouvaient constatés par des actes authentiques, tels que des obligations , des actes de partage qui seraient déjà anciens. L'article 1510 exigeant seulement que cet inventaire ou actes authentiques soient antérieurs au mariage, et ne distinguant point, il faut croire qu'ils peuvent servir tant aux époux qu'aux créanciers dont nous avons parlé; mais toujours est-il que ces créanciers peuvent prouver que ce mobilier a augmenté, soit par suite d'une succession , soit par suite d'un testament; de même que le conjoint du conjoint qui a réalisé ou fait la promesse d'apport, peut prouver que, depuis, le mobilier a diminué, soit parce qu'il l'a vendu, soit parce qu'il l'a donné; de même que ce dernier peut prouver qu'il a augmenté. Mais comment se fera cette preuve? Certainement le conjoint qui a réalisé ne pourra invoquer la commune renommée ni la preuve testimoniale; mais tout autre genre de preuves lui sera permis. Voyez ce que nous avons dit plus haut, touchant cette question.

Supposons que dans le même temps, c'est-à-dire dans le temps intermédiaire du contrat à la célébration, le futur qui a fait la promesse d'apport, ou qui a réalisé, ait acquis un immeuble avec le prix ou avec les objets mobiliers mêmes qu'il possédait au jour du contrat, cet héritage sera-t-il substitué aux choses mobilières qu'il avait, et entrera-t-il en communauté, soit parce que c'est une acquisition, soit parce que ce mobilier devait venir en déduction de son apport? Deux choses le feraient croire, d'abord l'article 1404, ensuite parce que le mobilier réalisé appartient toujours à la communauté, sauf à l'époux le prélèvement du montant. Or l'immeuble qui en a été acheté doit donc appartenir à la communauté. On peut ré-

pondre que les raisons qui ont dicté l'article
1404 sont que tous les meubles tombent
dans la communauté ; que le conjoint ne
peut augmenter ses propres au préjudice
de celle-ci. Dans notre espèce, au contraire,
il s'est constitué seulement débiteur de la
somme promise, sans s'obliger à mettre en
communauté tout son mobilier. Il a donc
le droit d'en disposer. Son obligation restant
la même, il n'a fait aucun tort à la communauté, qui jouira des fruits de l'immeuble.

Il est vrai que ce mobilier appartenait à la
communauté, ou devait lui appartenir,
puisque la clause de réalisation ne donne
droit à l'époux qui l'a faite qu'au prélèvement ; donc les raisons de l'article 1404 militent en faveur de l'époux qui prétendra que
l'héritage appartient à la communauté. La
réponse à cette objection a déjà été faite :
dans le cas de l'article 1404, l'époux qui a
acquis l'immeuble, a acheté réellement avec
des deniers qui appartiennent ou qui sont
destinés à appartenir, sans aucune reprise,
à la communauté. Ce serait donc tromper
celle-ci que de souffrir que l'héritage restât
propre à l'acquéreur; ce serait lui permettre
de violer la loi du contrat. Mais dans notre

espèce l'acquéreur acquiert avec des deniers
ou des choses qui lui appartiennent réellement, qui ne sont point encore à la communauté et qui ne peuvent lui appartenir
que moyennant une valeur que le conjoint
aura le droit de répéter à la dissolution de
la communauté; ne causant aucun préjudice à la communauté, la communauté ne
doit pas s'en plaindre. D'ailleurs l'article
1404 est un article exceptionnel qui ne peut
recevoir aucune extension. Opposera-t-on
que c'est de la part de l'époux acquéreur
déroger au contrat de mariage? Dira-t-on
que les deniers ou le mobilier qu'on a con-
verti en un héritage, étaient destinés à faire
prospérer la maison maritale, à fonder quelque établissement de commerce ou d'industrie? S'il eût effectivement été dit dans le
contrat de mariage que les deniers réalisés
devaient être employés à une entreprise
quelconque, l'époux aurait dérogé aux conventions du mariage. Mais à cet égard il y
a plusieurs observations à faire. Dans l'espèce
posée, le conjoint avait, soit des deniers,
soit des effets mobiliers, qu'il a vendus et
employés en un héritage. Nous avons donc
généralisé la question. Ces effets mobiliers

sont-ils de nature à faire l'objet d'un commerce? Non. Il est vrai qu'ils eussent servi
dans le ménage, et voilà le tort de l'époux;
mais encore ce tort qui, consiste dans la
perte d'une jouissance, est réparé par une
autre jouissance. L'argent eût également aidé
à la prospérité de la maison; on eût pu
faire des entreprises..... Mais quelles sont
ces entreprises? Le mari avait-il un état?
était-il marchand? devait-il entrer dans le
commerce? D'un autre côté, est-ce lui qui
se plaint? est-ce la femme ou le mari qui
a réalisé? Il nous semble que, pour savoir
s'il y a eu dérogation au contrat de mariage,
il faut consulter d'abord ce même contrat.
Il faut voir à quoi étaient destinées, soit
expressément, soit implicitement les choses
réalisées; jusque là nous ne verrons dans
l'acquisition dont il s'agit qu'un emploi
que personne n'a le droit de critiquer, et
qui rend l'acquéreur exclusivement propriétaire. Il n'y a plus dérogation au contrat de mariage, parce que, lors de la dissolution de la communauté, le conjoint qui
a réalisé se trouvera dans la position où l'a
placé son contrat de mariage, sans qu'il y
ait préjudice pour l'un ou pour l'autre.

6.

Opposera-t-on l'article 1528? C'est là le point de la difficulté. Cet article 1528 n'est pas toujours d'une facile application. Voilà ce qu'il dit : « La communauté convention- nelle reste soumise aux règles de la com- munauté légale, pour tous les cas où il n'y a pas été dérogé *implicitement* ou *explicite- ment*. Cet article veut donc que les règles de la communauté légale s'appliquent à la communauté conventionnelle, lorsqu'on n'a pas dérogé à ces mêmes règles. Ainsi les époux stipulent une communauté d'acquêt; dans la manière de l'administrer, de la par- tager, d'en payer les dettes, etc., etc., du moment où le contrat de mariage n'a pas dit qu'on suivrait une marche différente que celles tracées au chapitre de la communauté légale, l'article 1528 nous avertit qu'il faut suivre ces mêmes règles. Mais, lorsqu'on a stipulé une communauté conventionnelle, et qu'il s'élève une question que ne décide pas un article placé sous la rubrique de la communauté conventionnelle, ne croyez pas qu'on doive toujours la décider par ce qui est de droit en matière de commu- nauté légale. Il faut voir à quoi se rattache cette même question; quelle est sa cause

et le cas particulier où se trouvent les par=
ties. En un mot, ou le silence du contrat
laisse les parties dans les termes du droit
commun, ou elle ne les laisse pas dans les
termes du droit commun. Les parties, en
stipulant une société d'acquêt, ne disent
pas si le partage s'en fera par égale portion.
Le contrat laisse, quant à ce partage, les
parties dans les termes du droit commun,
nous voulons dire dans les termes de la
communauté légale. Si, avec la somme que
la femme a promis de mettre en communauté, par exemple, avec telle créance ou
telle rente qu'elle avait promis de mettre
en communauté, elle fait une acquisition,
ici encore l'article 1528 devient applicable:
le contrat n'ayant point dérogé à ce qui est
de droit commun, *id est* à l'article 1404, les
parties se trouvent soumises à l'empire de
ce droit. Mais, lorsque l'un des époux réalise une somme de 20,000 fr. dont il stipule
la reprise, les parties se sont placées hors
du droit commun, c'est-à-dire hors de la
communauté légale , non-seulement en ce
qui concerne la clause de réalisation; mais
le fait même de l'acquisition est hors des
termes de l'article 1404. Il n'y a plus accord

entre l'acquisition dont parle cet article et l'acquisition qui a eu lieu; *par le fait on a dérogé au régime légal.* On se trouve, si l'on veut, dans les termes de ce droit général qui dit que chacun est censé avoir agi pour soi. L'article 1404 ne doit donc pas régir ces 20,000 fr., parce que leur destination n'est plus la même que celle des deniers dont il parle. Dans le premier exemple, la communauté était propriétaire des deniers; dans le second, elle ne l'est pas. S'il s'agissait d'exercer la reprise de ces 20,000 fr., cela serait différent; les règles de la communauté légale seraient applicables, les parties n'y ayant pas dérogé. L'objet de l'article 1404 est d'empêcher que l'un ne s'enrichisse aux dépens de l'autre et ne fasse évanouir les espérances qu'il lui avait données; ici le conjoint ne s'enrichit point au dépens de son conjoint et ne lui ravit point les espérances qu'il lui avait données. En un mot, on voit que dans l'espèce posée les parties ont implicitement dérogé à l'article 1404. Elles y ont implicitement dérogé, parce que les deniers avec lesquels on a acheté, ont été exclus de la communauté, et qu'il parle d'acquisitions faites avec

dès deniers non exclus de la communauté.
Le mari peut bien devenir propriétaire du
mobilier et des deniers de la femme; mais
cela ne peut être qu'à compter du jour du
mariage. En veut-on la preuve? Supposez
qu'entre le contrat et la célébration du
mariage tout le mobilier de la femme qu'elle
a réalisé lui soit volé ou périsse d'une autre manière. Pour qui périra-t-il? Pour
elle? Pour qui périt le mobilier de l'article
1404? Pour la communauté.

Supposons un autre cas. La femme réalise ses rentes et créances; mais le contrat
de mariage ne dit pas que le mari aura le
droit de les vendre. Pense-t-on que l'article 1528 lui donnera ce droit? Pense-t-on
que l'article 1528 soumet, quant à ce, les
parties à l'empire et aux règles de la communauté, où le mari a droit de vendre les
rentes de sa femme? Non; car en matière
de communauté, s'il a ce droit, c'est parce
qu'il est devenu propriétaire des rentes;
mais en matière de réalisation, il n'est propriétaire que du mobilier réalisé, c'est-à-
dire des choses inventoriées et estimées, et
qui sont susceptibles de périr par l'usage;
les rentes et créances portant leur estima-

tion par elles-mêmes et n'étant pas susceptibles de périr par l'usage, le mari n'en devient
pas propriétaire. Si l'on doutait de cette
vérité, il suffirait de faire cette question :
Si le débiteur devient insolvable, qui supportera l'insolvabilité? Est-ce le mari ou la
femme? C'est la femme. Il y aurait trop
d'injustice à rendre le mari garant de la
solvabilité du débiteur; on ne peut exiger
de lui que des actes conservatoires. S'il était
de plein droit chargé de toutes les créances
véreuses de sa femme, il ferait un contrat de
mariage ruineux. Si donc la perte des rentes
et créances n'est pas pour son compte, c'est
donc qu'il n'en est pas propriétaire.

A mes yeux, il n'y a pas le moindre doute
que l'article 1528 n'est ici d'aucune application, qu'il ne renvoie nullement la qué-
stion à décider aux règles de la communauté légale. Eh pourquoi? C'est qu'on y a
encore dérogé implicitement, et que cette
dérogation résulte de la nature même de la
clause, de la position où se trouvent les parties. Pour appliquer l'article 1528, il faut
que le silence du contrat laisse les parties
dans les termes du droit; que la question,
non décidée par le contrat, le soit par les

articles du chapitre de la communauté légale ; il faut que les parties soient pour ainsi
dire transportées sous ce régime ; mais il
faut que l'article du régime légal soit en
harmonie avec la clause du contrat qui
donne naissance à la question. Or le mari
n'étant pas propriétaire des rentes de sa
femme, n'en peut disposer sans son consentement. Les deniers réalisés ne devant
pas appartenir à la communauté, l'époux
qui a fait la réalisation a pu les placer avant
le mariage, sans avoir fait une acquisition
qui doit lui être commune avec son futur:
l'acquisition ne doit pas être commune,
parce que les deniers ne sont pas et ne doivent
pas être communs. Il n'y a pas intelligence
entre la loi du régime légal et la clause du
contrat ; et d'un autre côté, la nature de la
clause ne supporte par l'application de la
loi du régime légal. Il n'en serait pas ainsi
s'il s'agissait d'exercer la reprises des deniers
réalisés ou de faire un emploi en immeuble
durant le mariage ; les articles 1471, 1472,
1433, 1434 sont des règles à suivre, et les
parties y sont naturellement soumises. La
clause et la loi du régime légal ne se con-
trarient plus, elles sont en harmonie par-

faite ; le sens de la loi est d'accord avec le
sens de la clause. La communauté légale a
été modifiée ; mais ce qui n'a pas été prévu
par les parties, le législateur l'a prévu au
régime légal, et le régime légal s'en empare,
parce que sa disposition n'est nullement
altérée par le sens de la modification. Le
régime est changé, mais l'ordre des choses
est resté le même : la modification à part,
tout est régime légal. Les conséquences de
cette modification n'appellent pas autre
chose que les effets de la loi ; ce que l'une
n'a pas prévu est soumis à l'empire de l'autre, parce que le cas à décider découle du
motif même de la loi.

Supposons maintenant que l'immeuble ait
été acquis *ex intervallo*, de deniers qu'avait le
conjoint et non portés sur l'inventaire. Si l'autre conjoint paraissant au contrat déclarait
qu'il reconnaît que cet argent appartient au
conjoint indépendamment de son inventaire,
cela suffirait. Les choses resteraient dans
le même état. Mais, si à la dissolution de
la communauté, les uns prétendent que
l'immeuble a été acquis avec des deniers
non inventoriés et qui se trouvaient en la
possession du conjoint acquéreur, et que

d'autres prétendent qu'il a été acheté des deniers établis dans l'inventaire ou du prix provenant des effets mobiliers inventoriés, le cas
deviendra embarrassant. D'un côté, on dira
que l'inventaire est présumé contenir tout
ce que possédait le conjoint, et que les deniers sont censés provenir des choses inventoriées. D'un autre côté, l'on dira : En
vous mariant vous êtes censé avoir connu
l'acquisition et l'origine des deniers; en ne
fesant pas faire un nouvel inventaire, en ne
fesant dresser aucun acte qui contienne des
observations à cet égard, vous êtes censé
avoir accepté l'inventaire qui existe pour
être la base de mes reprises.

Nous pensons que l'héritage est présumé
acquis des deniers provenans de l'inventaire,
sauf au conjoint à prouver par des moyens
légaux qu'il avait de plus ces deniers.

On objectera peut-être contre cette décision l'article 1502 qui parle de la manière
dont l'apport de chaque époux est justifié.
D'après cet article, il semble qu'il ne suffirait pas qu'un inventaire constatât le mobilier de chacun des époux ; il faudrait encore
justifier de ce qu'on a réellement apporté
en se mariant. Nous pensons toujours que,

l'inventaire pare à tout; que s'il est fait par le contrat de mariage, par rapport au mari il tient lieu de la déclaration dont parle l'article 1502; que si les époux l'ont fait entre eux, cela suffit encore, lors même qu'il serait sous seing privé; que s'il n'en a point été fait, il suffit que le mari ait déclaré que son mobilier montait à tant; que c'est à la femme à s'assurer de la réalité du fait. L'article 1504 dispose quant à ce qui concerne le mobilier échu durant le mariage, et l'article 1502 dans le cas où il n'y a point eu d'inventaire. Les questions restent donc les mêmes quant au mari. Quant à la femme, il en est de même : ou son mobilier est constaté, ou il ne l'est pas; s'il ne l'est pas, il faut la quittance dont parle l'article 1502. Si l'inventaire est fait dans le contrat de mariage, le mari est censé le reconnaître pour sincère. S'il est fait après le contrat, et que le mari y assiste, c'est la même chose : il est inutile qu'il reconnaisse en avoir reçu les objets par une quittance, la femme n'est pas censée les avoir dissipés. Si l'inventaire résulte de quelque acte antérieur au mariage, et que les époux s'y réfèrent, point de difficulté encore; mais s'ils n'en

ont fait aucune mention, pour savoir s'il
fait preuve ou non, il nous semble qu'il faut
distinguer s'il *est très-ancien* ou, au contraire,
rapproché du contrat; au premier cas, c'est
comme s'il n'existait pas; mais dans le second,
il doit servir comme nous l'avons déjà dit.
Tout dépendra des circonstances.

Si rien ne constate le mobilier; à la dissolution de la communauté, le conjoint
n'aura rien à répéter pour le mobilier qu'il
avait, et rien ne justifiera de l'apport qu'il
a fait. Voyez néanmoins ce qu'on a dit sur
l'article 1499.

Entre les époux il suffira donc d'un acte
quelconque; mais vis-à-vis des tiers cela ne
suffirait pas. La quittance donnée à la femme,
conformément à l'article 1502, si elle est dé-
nuée d'inventaire, ne peut non plus être opposée aux tiers. Il faut au moins qu'elle se
réfère à un acte non équivoque. L'acte dressé
entre les époux peut même être la base de
leur reprise, quoique postérieur au mariage, ainsi qu'on l'a dit; mais vis-à-vis les tiers
il faut toujours un acte authentique, qui
fasse foi de la consistance du mobilier. Nous
le répétons, l'article 1502 ne s'applique
qu'aux époux à l'égard l'un de l'autre, non

à l'égard des tiers; autrement il serait en opposition avec l'article 1510.

Ces différentes questions nous ont un peu éloignés de la matière de l'imputation, quoique cependant nous ne considérions pas cette digression comme étrangère à notre sujet.

Lorsque ce sont des effets mobiliers corporels que possèdent les époux au jour du mariage, ou qui leur adviennent durant le mariage, cela n'offre point de difficulté, l'imputation se fait sur-le-champ jusqu'à due concurrence; mais, si ce sont des droits incorporels mobiliers, le cas est tout différent; les créances dont les époux sont propriétaires au jour du mariage, ou qui leur échoient durant qu'il existe, ne viennent en déduction de la somme promise à la communauté, qu'après qu'elles ont été recouvrées; car ce n'est que par le paiement que la communauté en profite. Cependant il y a une distinction à faire entre le mari et la femme. Le mari est toujours obligé de justifier du paiement de ses créances personnelles, soit par des contre-quittances qu'il doit tirer de ses débiteurs, ou par un livre-journal non suspect.

La femme, au contraire, n'est pas obligée de justifier du paiement des siennes. Le mari ne peut lui en opposer le défaut, qu'en justifiant des diligences qu'il étaît obligé de faire en temps utile à ce sujet; car il est administrateur des biens de sa femme, il est responsable envers elle de toute perte qu'elle a pu éprouver par la faute de son mari. Voyez l'article 1428. Mais en justifiant des poursuites qu'il a pu faire en temps utile il n'y a plus rien à lui reprocher.

Il serait possible que les père et mère, ou toute autre personne, outre la dot qu'ils ont constituée au conjoint, aient encore promis de nourrir les deux époux pendant quelques années. La somme promise pour apport devra s'imputer, non-seulement sur la dot elle-même, mais encore sur la somme à laquelle pourront s'élever les frais de nourriture, qu'il faut considérer comme un accessoire de la dot, ou plutôt comme une partie de la dot. Ces frais formeront avec celle-ci un capital sur lequel on prendra la somme promise à la communauté, et le surplus sera propre à l'époux.

Un autre cas peut se présenter; c'est celui où les père et mère, ou toute autre personne, au lieu de donner un héritage en dot, n'en donnerait que les fruits, comme la coupe d'un bois, la pêche d'un étang, pendant tant d'années. Dans cette occurrence encore, la jouissance, les fruits dont il s'agit composeront la dot, formeront un capital, et la communauté qui les aura recueillis devra les imputer sur la somme promise par le conjoint du chef duquel vient la dot. S'ils excèdent la somme promise pour cet apport, l'excédant est propre, et l'époux en fait la reprise.

Si ces fruits composent la dot ou le capital de la dot, dira-t-on, quels seront donc alors les fruits de la dot, lesquels doivent entrer en communauté afin de supporter les charges du mariàge; car on ne voit pas quel intérêt la communauté trouve à cette dot, qui sera reprise par l'époux à la dissolution de la communauté? La réponse n'est pas difficile: la communauté aura joui de ces fruits, elle les aura employés dans le ménage, elle les aura vendus, et cet usage que la communauté en a fait sera considéré comme les fruits ou la jouissance de la dot.

Mais *quid juris*, si c'était un droit d'u-

sufruit d'un certain héritage qui eût été
donné en dot à l'un des conjoints? Ce cas
est tout différent de l'autre. Ce ne sont pas
ici les fruits de l'héritage qui sont perçus
durant la communauté, qui composent le
principal de la dot; c'est le droit d'usufruit
lui-même. Les fruits de l'héritage sont les
fruits de ce droit, lesquels, en cette qualité, appartiennent à la communauté et ne
sont point imputables sur la somme promise
pour l'apport de ce conjoint. A la dissolution de la communauté, le conjoint reprend
son capital de dot, qui est le droit d'usufruit, mais non les fruits qu'il a produits;
mais dans le cas précédent quel principal
le conjoint reprendrait-il, s'il ne reprenait
les fruits qui lui ont été donnés? Il faut donc
dire que l'usage des fruits, dans ce cas, est
à ces fruits ce que dans l'autre cas les
jouissances sont au droit d'usufruit. Voyez
l'article 1568.

Mais la difficulté peut se présenter sous
une autre forme, c'est de pouvoir distinguer
les deux cas dont il s'agit l'un de l'autre;
il peut être facile de les confondre, et tout
dépendra de la manière dont on se sera
exprimé au contrat; car remarquez que l'u-

sufruit peut être constitué à temps, et c'est
en partant de ce principe qu'on chercherait
à prouver que ce n'est point une simple
jouissance de fruits qui a été donnée en dot,
mais bien un usufruit, ou, *vice versâ*, que ce
n'est point un usufruit, mais une simple
jouissance : nous conviendrons même que
la nuance qui les différencie n'est pas toujours très-facile à saisir.

Si les auteurs de la dot, au lieu de donner, soit la jouissance, soit l'usufruit d'un
héritage, eussent donné l'héritage même,
et qu'il fût dit: *avec les fruits qui y sont pendans;* on peut présumer que l'intention du
disposant a été *que* ces fruits formassent
un capital : néanmoins, on ne pense pas
qu'ils fassent partie du principal de la dot;
on présume plutôt que le disposant a voulu
dire: *tel que l'héritage se trouve;* mais si les
fruits étaient recueillis avant que la communauté eût commencé, ils seraient véritablement un capital pour lequel le conjoint
aurait reprise, si l'imputation que comman-
dait la promesse de l'apport à la communauté ne l'avait pas absorbé.

En effet, à la dissolution de la communauté, chaque époux a droit de reprendre

et prélever la valeur de ce dont le mobilier
qu'il a apporté excède le montant de l'apport promis; c'est ce que dit l'article 1503.
Mais cet article 1503 ferait croire que le
mobilier qui échoit pendant le mariage par
succession, donation ou legs, doit être im-
puté sur la somme promise à la communauté; ce qui s'accorderait même assez bien
avec l'article 1500 qui dit que lorsque les
époux ont promis une certaine somme, ou
leur mobilier jusqu'à concurrence d'une
certaine somme, il sont censés s'être réservé le surplus. Ce serait mal entendre ces
deux articles que de les appliquer dans ce
sens. L'article 1500 n'entend parler que du
mobilier présent; le futur n'est point réalisé, il ne peut l'être que par une clause
expresse; l'article 1503 suppose cette réalisation, autrement il serait en contradiction
avec l'article 1500 lui-même bien entendu,
et nous pourrions dire même avec tous les
principes qui régissent cette matière.

Telle est aussi l'opinion de M. Delvincourt qui se décide lui-même d'après l'o-
pinion de Pothier. Voilà comment il s'exprime : « Je me fonde sur ce que cette
» clause est toujours une véritable déroga-

7.

» tion au droit commun, d'après lequel le
» mobilier présent et futur des époux doit
» entrer en communauté ; or il est certain
» que les dérogations au droit commun
» sont de droit étroit et ne peuvent être
» étendues à un autre cas qu'à celui qui est
» exprimé formellement dans la conven-
» tion : donc, dans l'espèce proposée, les
» parties ne s'étant pas exprimées sur le
» mobilier futur, sont censées. être restées
» à cet égard dans les termes du droit com-
» mun, et avoir voulu en conséquence qu'il
» fît partie de la communauté.

» L'on opposera peut-être à cette déci-
» sion le texte de l'article 1500, où, après
» avoir dit que les époux peuvent exclure
» de leur communauté tout le mobilier
» présent ou futur, l'on ajoute que lors-
» qu'ils stipulent qu'ils en mettront réci-
» proquement dans la communauté jusqu'à
» concurrence d'une somme ou d'une valeur
» déterminée, ils sont censés, par *cela seul,*
» se réserver le surplus ; d'où il faut con-
» clure que le fait seul d'un apport déter-
» miné suffit pour exclure le mobilier pré-
» sent et futur. Mais il faut prendre garde
» à la manière dont est rédigé l'article. Après

» avoir dit que les époux peuvent exclure
» leur mobilier présent et futur, l'article
» ajoute: Lorsqu'ils stipulent qu'ils *en* met-
» tront réciproquement, etc.; le pronom
» *en* tient la place de ce qui précède; ce
» qui précède, c'est le mobilier *présent et*
» *futur:* or il est bien certain que si, les
» époux ont dit que sur leur mobilier pré-
» sent ou futur ils mettront cette somme
» en communauté, la clause tacite d'exclu-
» sion tombe sur le surplus de leur mobi-
» lier présent et futur; au lieu que dans
» l'espèce proposée précédemment il n'en
» avait été fait aucune mention. »

De l'Effet de la Clause de réalisation.

L'effet de la clause de réalisation est que
les meubles réalisés soient propres, ainsi
que nous l'avons déjà dit, et soient réputés
immeubles, afin d'être conservés au conjoint
qui les a réalisés.

Ne croyez pas cependant qu'il n'existe
aucune différence entre les propres réels,
c'est-à-dire les meubles propres de communauté, et les propres conventionnels,
qui sont ces meubles réalisés propres. La

communauté n'a que la jouissance des propres réels ; on ne les confond point avec les
biens de la communauté ; le conjoint à qui ils
appartiennent en est seul propriétaire, et le
mari, s'ils appartiennent à la femme, ne peut
les aliéner ou hypothéquer que du consentement de celle-ci. Il n'a que le droit de
les administrer et d'exercer les actions possessoires de sa femme.

Au contraire, les effets mobiliers réalisés, ou, ce qui est la même chose, les propres conventionnels, se confondent dans la
communauté avec les autres biens de celle-
ci. La communauté est seulement chargée,
après sa dissolution, d'en restituer la valeur à celui des époux qui les a réalisés.
Le mari, en sa qualité de chef de communauté, peut par conséquent les vendre. La
réalisation ne consiste que dans une créance
de reprise de la valeur des meubles ; c'est-
à-dire que le conjoint n'est pas créancier
in specie des meubles réalisés, mais de leur
valeur *tantùm*. Néanmoins, s'il s'en trouvait
quelques-uns en nature lors de la dissolution, on pense qu'il aurait sur eux un privilége pour la créance de reprise, en les
fesant reconnaître. Nous avouerons que

nous ne voyons pas trop comment l'époux aurait ce privilége. D'abord ce n'est point le mari qui a ce privilége; il ne peut dire aux créanciers de la communauté qu'il a un privilége sur ses meubles réalisés, il doit payer; par rapport aux créanciers personnels de la femme qui voudraient se faire payer sur les effets de la communauté, il n'a point encore de privilége à faire valoir; car l'un ou l'autre, ou ces créanciers ont action contre la communauté, ou ils ne l'ont pas; s'ils n'ont pas d'action, le mari n'a point de privilége à leur opposer, il les repousse purement et simplement; s'ils ont action contre la communauté, c'est probablement parce que l'inventaire prescrit par l'article 1504 n'aura pas eu lieu; s'il a eu lieu, il ne doit compte au créancier que du montant de l'inventaire, et pas plus dans un cas que dans l'autre il n'a de privilége à leur opposer.

C'est donc la femme qui aurait ce privilége? L'un ou l'autre, ou elle a fait inventaire, ou elle ne l'a pas fait. S'il y a eu inventaire de sa part, cela empêche ce mobilier de se confondre dans la communauté, en ce sens seulement qu'elle en pourra ré-

clamer la reprise ; mais durant la communauté, les créanciers, tant de la communauté
que de la femme et du mari, agiront sur
ce mobilier de même que s'il n'eût pas été
réalisé ; il appartient toujours à la communauté, et le droit que la réalisation donne
à la femme ne s'ouvre qu'à la dissolution de
la communauté. En vain argumenterait-on
de ce que la femme a le droit de prouver
par titre, témoins et commune renommée,
la consistance de son mobilier ; c'est contre
son mari qu'elle fait cette preuve, et non
contre les tiers, à l'effet de les faire distinguer des autres biens de la communauté ;
du moment qu'ils sont dans la communauté, ils appartiennent au mari qui en est le
chef, qui a le droit de les aliéner, et les
créanciers du mari exerçant les droits de
celui-ci, ont la faculté de les faire vendre ;
argument de l'article 1166. Si la femme n'a
pas le droit d'opposer son inventaire aux
tiers durant la communauté, à plus forte
raison n'a-t-elle pas celui de leur opposer
le défaut d'inventaire et d'user de la faculté
que lui donne la dernière disposition de
l'article 1504. La femme n'a aucune action
contre la communauté, tant que celle-ci

dure; pour y réclamer des droits, elle doit
la faire dissoudre.

Mais supposons la communauté dissoute.
La femme opposera-t-elle son inventaire aux
créanciers du mari ou de la communauté?
Oui, pour en réclamer le montant et pour
exercer son hypothèque légale sur les immeubles du mari; mais sur les meubles elle
n'a aucun privilége, tous les créanciers du
mari viennent avec elle par contribution
au marc le franc. Mais il se trouve encore
des meubles en nature qui viennent de la
femme? Ces meubles ne lui appartiennent
plus; ils sont à la communauté. Dira-t-on que
la femme est venderesse de ces meubles à la
communauté, et que le n.º 4 de l'article
2102 lui est applicable? C'est là, semble-t-il,
créer un privilége, et nous ne reconnaissons
de priviléges que ceux que la loi a spécialement prévus et qui résultent d'une loi formelle. Voyez néanmoins l'article 554 Cod.
de com. Nous croyons aussi que la femme
a en général un privilége sur les choses
réalisées, et que l'article 2102, n° 4, est applicable, parce que cet article ne fixe point
de délai pour que le privilége puisse être
réclamé; par conséquent il peut l'être

en tout temps, pourvu que l'identité des choses soit reconnue et qu'elles existent en nature; or la femme qui réalise son mobilier est réellement venderesse envers son mari.

Mais *quid* si la femme n'avait point d'inventaire à opposer? Prouvera-t-elle par témoins et commune renommée la consistance de son mobilier? Elle peut bien opposer cette preuve à son mari; mais la loi se taît sur le fait de savoir si elle le peut vis-à-vis des tiers. Ou il s'agit du mobilier existant lors du mariage, ou du mobilier échu durant le mariage. Au premier cas, nous avons déjà dit quelle était notre opinion. S'il est vrai qu'elle ne peut opposer le défaut d'inventaire à son mari, à plus forte raison ne peut-elle l'opposer à des tiers. Mais pour le mobilier échu à la femme durant le mariage, comme elle peut opposer la preuve à son mari, ses créanciers étant à ses droits et ne pouvant avoir plus de droits que lui, il semble qu'elle peut également leur opposer cette preuve. L'article 1510, troisième disposition, semble contraire à cette opinion; malgré cela on ne peut croire qu'il refuse cette preuve à la femme; autrement il rendrait vaine la dernière disposition de l'article 1504; il dépendrait alors du mari de nuire à sa femme en ne fesant pas inventaire; le but de la loi serait manqué. L'article 1510 ne peut donc régir ce cas, qui est celui où la communauté étant dissoute, la femme vient réclamer un mobilier qui lui est échu durant le mariage et qui veut faire liquider ses droits et exercer ses reprises.

Nous ne croyons pas cependant que la femme puisse opposer cette preuve aux créanciers de son mari ou de la communauté; ce serait violer la lettre et l'esprit de la loi. La loi en prescrivant l'inventaire n'a pas voulu que le défaut en pût être opposé aux tiers, sans aucune distinction du cas de l'existence de la communauté du cas de la dissolution de celle-ci. Les tiers ont pu traiter avec le mari sur la foi qu'il n'y avait pas d'inventaire, que tout le mobilier appartenait à la communauté; ce serait donc tromper leur bonne foi que d'admettre la femme à prouver la consistance de son mobilier. D'ailleurs ce défaut d'inventaire ne pourrait-il pas être le fruit d'un concert frauduleux entre les deux époux, en ne fesant pas actuellement un acte auquel on pourrait remédier plus tard au détriment même des tiers. Argument de l'art. 1510, 3.ᵉ p.ᵉ

La preuve que la dernière disposition de l'article 1504 permet à la femme, et dont l'article 1415 avait déjà parlé, peut certainement bien se faire à la dissolution de la communauté; mais, durant l'existence de celle-ci, la femme peut-elle demander à la faire? L'article 1415 suppose bien que la dissolution de la communauté est arrivée; l'article 1504 se tait à cet égard; mais il ne peut avoir eu d'autre vue que celle de l'article 1415, il en est pour ainsi dire la répétition. On peut ajouter que la femme n'a encore aucun droit d'ouvert sur la communauté, et que n'ayant rien à demander, elle n'a rien à prouver.

Néanmoins on peut répondre à cela que la femme a un très-grand intérêt à faire cette preuve maintenant, parce que les témoins qu'elle peut faire entendre pourraient ne pas exister au moment de la dissolution de la communauté, que ce serait l'exposer à une perte considérable que de la renvoyer à cette époque; d'ailleurs la femme ne ré-

clame aucun droit sur la communauté, elle
ne demande rien à son mari, elle ne fait
qu'un acte conservatoire, et les actes conservatoires ne sont défendus à personne.
La justice peut donc l'autoriser à faire la
preuve. Cela est du moins très-équitable.

Nous avons bien dit que le mari avait le
droit de disposer des propres conventionnels, à la différence des propres réels; mais
il nous semble que nous n'avons pas suffisamment donné les motifs de cette différence. Ces motifs sont que la communauté doit
jouir de tous les propres de chacun des conjoints; mais elle peut jouir des propres réels,
sans que cette jouissance en consomme ou
altère le fonds; c'est pourquoi il n'est pas
nécessaire qu'elle ait le droit d'aliéner le
fonds pour avoir cette jouissance.

Au contraire, les meubles réalisés, c'est-
à-dire les propres conventionnels, se consomment par l'usage, ou du moins s'altèrent
et deviennent de nulle valeur par un long
usage; pour que la communauté puisse en
avoir la jouissance, et pour conserver aussi
au conjoint qui les a réalisés quelque chose
qui lui tienne lieu du droit de propriété
qu'il s'en est réservé, il est nécessaire de

les abandonner à la communauté et de laisser au mari le droit d'en disposer, en donnant au conjoint qui les a réalisés, pour lui tenir lieu de son droit de propriété, une créance de reprise.

Il n'est même pas douteux que le mari, aux termes de l'article 1422, ne puisse par donation entre-vifs donner quelques-uns des effets réalisés, sans que la femme ait le droit de critiquer la donation, sous le prétexte qu'ils n'appartenaient pas au mari et que c'est avoir donné la chose d'autrui; d'abord on lui répondrait par la maxime, En fait de meubles possession vaut titre; en second lieu, que le mari a donné une chose qui lui appartenait et dont il avait la libre disposition.

Nous n'avons pas besoin de dire que le mari n'exercera la reprise à laquelle lui donne droit la clause de réalisation, soit expresse ou tacite, que sur la communauté, et non sur les biens personnels de la femme, et qu'après celle de la femme.

XII.e LEÇON.

SECTION 3.e

De la Clause d'Ameublissement.

Nous avons vu que l'on pouvait réaliser les meubles et leur donner la qualité de propres. Il s'agit maintenant d'une opération toute contraire ; c'est de faire qu'un immeuble qui de sa nature n'entre point en communauté, y entre cependant et donne sur lui au mari le même droit qu'il a sur les autres choses de la communauté, sauf quelques modifications.

L'ameublissement est donc une convention matrimoniale, par laquelle les époux, ou l'un d'eux, font entrer en communauté la totalité ou une partie de leurs immeubles, 1505.

Nous divisons l'ameublissement en ameublissement général et en ameublissement particulier. Il est général quand on apporte à la communauté une universalité de biens immeubles, comme lorsqu'on dit au contrat de mariage que les époux seront communs en *tous leurs biens.*

Les parties ne peuvent s'expliquer trop clairement sur cette espèce d'ameublissement; ou elles le veulent de tous biens présens, ou de tous biens présens et à venir, ou de tous biens à venir seulement : la clause d'ameublissement est de droit étroit, *id est* elle ne s'étend point d'un cas à un autre ; par exemple, si on dit que les époux mettent en communauté tous leurs biens, ou qu'ils seront communs en tous leurs biens, cela ne s'entend que des biens actuels, les immeubles futurs n'y sont point compris ; de même que si on a ameubli tous les immeubles futurs, les présens ne le sont pas.

Mais *quid juris*, si depuis le contrat où l'on a ameubli tous les immeubles présens, le conjoint qui a fait l'ameublissement venait à acquérir un immeuble, mais avant la célébration du mariage? Si l'immeuble a été acquis des deniers que le conjoint possédait lors du contrat, nulle difficulté, l'article 1404 est applicable; le mobilier y tombait de droit,

l'héritage y tombera par la même raison.
Mais si l'immeuble a été donné gratuitement,
ou s'il est échu par succession, la question
n'est pas sans difficulté. On peut dire qu'il
doit tomber en communauté, parce que les
parties sont censées vouloir y mettre tous
les biens qu'elles ont au jour du mariage,
le contrat de mariage devant avoir son exécution de ce jour; si l'intention des parties
eût été de l'en exclure, elles avaient cette liberté; ne l'ayant pas fait, elles ont alors
voulu qu'il eût la même qualité que les autres. Cependant, si les biens eussent été énu-
mérés dans le contrat de mariage, on pourrait croire que les parties ont voulu limiter
lenr mise aux biens dont l'état a été fait ;
mais la raison de décider est que les parties
ont mis tous leurs biens présens, *id est* une
universalité qui comprend également les
biens acquis dans le temps intermédiaire et
tous ceux qui existeront au jour du mariage,
époque à laquelle commence l'exécution de la
convention ; ce bien ne peut être mis au rang
des biens futurs, parce qu'on n'entend par
biens futurs ou à venir que ceux qui écherront
durant le mariage. Autrement ce serait en
quelque sorte faire commencer la commu-

nauté du jour du contrat, et non de la célébration du mariage; car les effets du contrat,
id est de la clause, ne dateraient plus du jour
du mariage, mais bien du jour du contrat
seulement.

Cette solution est susceptible d'un grand
doute, il ne faut pas se le dissimuler. On
pourrait bien entendre par biens présens,
ceux qui existent seulement au moment du
contrat; par rapport au moment où on
parle, les biens acquis depuis à titre gratuit
sont certainement bien des biens futurs.
Comment croire en effet que celui qui
met en société tous les biens qu'il possède
en ce moment et qui exclut ses biens à venir, ne soit pas censé avoir exclu les biens
d'une succession qui s'ouvre la veille de son
mariage? Son intention a été d'exclure tous
ses biens futurs; tous ceux qu'il ne possède
par encore, mais qu'il espère posséder, doivent donc y être compris. Cette clause est
toute d'interprétation: or, si l'on recherche
l'intention des parties, elle a été qu'il n'y
eût d'ameubli que les biens actuels, et d'exclure tous ceux qui n'existaient pas encore.

Il est possible qu'on ait dit qu'on excéptait les biens qui proviendraient durant le mariage... Ces mots, durant le mariage, ne doivent point être pris à la lettre. Il faut encore ici rechercher l'intention des parties. Elles ont cru que le mariage serait célébré de suite; elles n'ont pas pu croire qu'une succession s'ouvrirait avant qu'il fût célébré; mais de telles clauses pouvant donner lieu à des difficultés, c'est au notaire de les concevoir de manière à ce qu'elles s'exécutent sans contestation. Tâchons néanmoins de justifier notre proposition par une réflexion qui prouvera que cette dernière opinion est la plus conforme à la justice et à la raison. Titia fait son contrat de mariage et met dans la communauté tous ses biens meubles et immeubles présens. Titia n'a d'autres biens que ceux qu'elle a eus de la succession de sa mère. Elle exclut tous ses biens meubles et immeubles futurs, et elle n'a espoir de recueillir que la succession de son père, vieillard fort riche; cette succession forme toutes les prétentions de Titia. Son père meurt avant la célébration du mariage; il meurt, si l'on veut, à l'instant même où les époux vont jurer le lien conjugal. La succession de ce père sera-t-elle comprise

8.

dans la clause d'ameublissement ? Ne voit-on pas par cet exemple que c'est précisément la succession de son père que Titia avait exclue de la communauté ?

Pierre est un enfant naturel à qui sa mère a laissé un héritage et quelques meubles. Il fait son contrat de mariage et met en communauté tous ses biens présens; mais il exclut tous ses immeubles à venir, et il n'a d'autres prétentions que l'hérédité de son père qui l'a reconnu. Ce père est absent; il se trouve décédé avant la célébration du mariage de son fils, mais postérieurement au contrat, auquel il avait assisté. Est-ce que l'on comprendra dans la clause d'ameublissement les biens de ce père ? Non sans doute, parce que la clause dont il s'agit est toute d'interprétation et doit se décider d'après l'intention présumée des parties, art. 1156. Mais est-ce par exception à la règle qu'on le décidera ainsi pour les cas particuliers dont nous venons de parler ? Je dis que dans toutes clauses de cette nature on doit rechercher l'intention des parties, et que du moment où on la recherchera on verra qu'elle aura toujours été d'exclure les biens dont nous avons parlé.

Il est inutile de chercher à prouver que
l'ameublissement serait encore général si
les parties étaient convenues que les successions qui leur adviendraient durant la communauté seraient communes; car cette convention renferme une universalité de biens,
tant meubles qu'immeubles.

Quand même les parties auraient fait un
ameublissement général; par exemple, quand
même elles auraient mis en communauté
tous leurs biens présens et futurs, cela n'empêcherait pas un donateur de donner à l'un
d'eux, à la condition que les biens ne tom-
beraient pas en communauté. Cela semble
déroger au contrat de mariage; mais, si l'on
y fait attention, la condition doit recevoir
son exécution. L'ameublissement dont il
s'agit ne peut avoir pour effet de gêner
tellement la liberté des donateurs, qu'elle
privât en quelque sorte les époux de l'avantage de recevoir à titre gratuit.

L'ameublissement est particulier, lorsqu'on promet apporter en communauté,
non l'universalité des ses biens, mais quelques immeubles particuliers. On subdivise
cet ameublissement en déterminé et en indéterminé , 1506.

Il est déterminé dans deux cas : 1.º quand l'époux déclare ameublir tel ou tel immeuble en totalité ; 2.º lorsqu'il dit qu'il ameublit tel héritage, jusqu'à concurrence d'une certaine somme.

Il est indéterminé, s'il est dit que l'un des conjoints apportera en communauté ses immeubles jusqu'à concurrence d'une somme de....

Si l'époux disait qu'il promet une certaine somme à prendre sur ses meubles ou immeubles, sans dire sur quel immeuble, Pothier prétend qu'il n'y aurait point d'ameublissement, à moins qu'il n'eût ajouté, *lesquels immeubles sortiront nature de conquêt, jusqu'à due concurrence.* Sans ces expressions ou autres équivalentes, la clause n'est qu'une simple convention d'apport qui ne renferme point d'ameublissement. Ces mots, *à prendre sur ses immeubles,* signifient seulement que le conjoint indique ses biens comme devant répondre de la somme, ou que si on en aliène quelques-uns durant la communauté, le prix qui en sera reçu viendra en déduction de la somme promise. Ces expressions peuvent signifier encore que le conjoint voulant mettre une somme en com-

munauté, qu'il n'a pas en ce moment, il se
constitue débiteur envers elle, et qu'à sa
dissolution, s'il n'a pas satisfait à son obligation, il y pourra être contraint sur ses
biens.

Du temps de Pothier, une telle clause
emportait hypothèque sur les immeubles du
conjoint. Il n'en serait pas de même aujourd'hui : non-seulement la communauté
n'a pas d'hypothèque, mais encore le mari
ne pourrait pas hypothéquer de cette sorte
lesdits biens. Nous raisonnons toujours dans
la supposition que la clause n'emporte pas
ameublissement.

Bien plus, c'est qu'une telle clause n'étant
qu'une simple convention d'apport, s'il n'en
existait aucune autre qui y fît tomber le
mobilier du conjoint qu'il possède au jour
du contrat, l'article 1511 régirait les parties et il y aurait séparation de dettes.

Le point de la difficulté est donc de savoir
s'il y a ameublissement ou convention d'apport. Je pense aussi comme Pothier, qu'il
n'y a que convention d'apport. Je me fonde
sur ce que, 1.º en promettant un somme à
prendre sur *ses meubles ou immeubles*, on
ne fait que dire ce qui est de droit, et que

c'est machinalement qu'on le dit, parce que
de droit tout débiteur s'oblige sur ses meubles et immeubles; 2.º parce qu'en disant
que la somme est à prendre sur les meubles et les immeubles, les meubles viennent
de plein droit en déduction de la somme
promise, (Pothier dit en effet, *à prendre
d'abord sur mes meubles.*) Si les meubles
doivent d'abord être épuisés pour acquitter
la dette, c'est qu'on n'a pas voulu les donner à la communauté. On les réalise même,
du moins ce qui peut excéder le montant
de la somme promise. Maintenant jusqu'à
concurrence de quelle somme les immeubles
seront-ils donc ameublis, puisque les meubles doivent venir d'abord en déduction?
Doit-on supposer un ameublissement là où
l'on ne sait pas jusqu'à concurrence de
quelle somme les immeubles le sont? Mais,
dira-t-on, il devra être fait inventaire du
mobilier. S'il a été fait inventaire, ou ce
mobilier suffit pour acquitter la somme, ou
il ne suffit pas. S'il suffit, point d'ameublissement. S'il ne suffit pas, il n'y a pas de
doute qu'on ne peut plus prendre le reste
que sur des immeubles; alors on aura donc
dit ce qui doit être nécessairement, et par

cela seul l'expression *immeuble* ne dit rien;
3.º c'est que d'après la disposition de l'article 1506, pour qu'il y ait ameublissement
indéterminé, il faut qu'on *apporte* ses immeubles en communauté, jusqu'à concurrence d'une certaine somme. Or, de ce que
la somme se trouve à prendre sur des immeubles, ce n'est pas avoir mis ses immeubles en communauté. L'article 1505, lui-
même, veut aussi qu'on fasse *entrer en communauté* les immeubles. Si dans l'espèce posée
il n'a pas été fait d'inventaire, le mobilier
est présumé acquêt, la somme ne peut plus
se prendre que sur des immeubles; mais
dans l'intention des parties, on voit cependant bien qu'elles ne voulaient point faire
d'ameublissement, puisqu'elles voulaient
que ce mobilier vînt en déduction de la
somme promise, et qu'il est possible qu'il
fût suffisant.

Lorsqu'on dit qu'on promet une somme
de.... à prendre sur ses immeubles, la
question est encore plus difficile; c'est là
sur-tout qu'il est bon d'ajouter *lesquels sortiront nature de conquêts, jusqu'à due concurrence.* Les immeubles étant ici désignés seuls
pour acquitter la somme, on manifeste da-

vantage l'intention de les faire entrer en
communauté. On ne voit pas ici que le
mobilier doive diminuer l'obligation; cependant il en existe, ou du moins rien ne prouve
qu'il n'en existe pas. Si le conjoint ne
voulait pas affecter ses immeubles d'une
manière spéciale, il affecterait ses meubles,
il les destinerait à acquitter la somme; point
du tout, il se taît sur eux; car l'un ou l'autre, ou par l'effet d'une telle clause il les
réalise, ou ils tombent de plein droit en
communauté. S'il les réalise, on voit évidemment qu'il a voulu donner à la société un
crédit hypothécaire; il a préféré y mettre
des immeubles plutôt que des meubles. S'ils
tombent de plein droit dans la société, on
doit croire qu'il a considéré que son mobilier n'était pas suffisant pour sa mise. D'un
autre côté, n'ayant pas réservé propre son
mobilier futur, on voit que ne pouvant
payer autrement qu'en immeubles, il a eu
nécesssairement l'intention d'ameublir.

La question que nous voyons en fait donc
naître une autre, qui est celle de savoir si,
lorsqu'on fait un ameublissement indéterminé, c'est-à-dire, lorsqu'on promet une
somme qu'on entend payer en immeubles,

en est censé avoir réalisé son mobilier. La question est difficile. L'article 1500 et l'article 1511 font croire qu'il y a convention d'apport, par conséquent réalisation du mobilier présent. La convention d'apport, suivant l'article 1511, n'est point incompatible avec la clause d'ameublissement. Si je dis que je mets tel héritage en communauté, ou tel héritage jusqu'à concurrence de telle somme, ou tous mes héritages jusqu'à concurrence de..., je ne suis censé mettre en communauté que cet héritage ou cette somme ; le reste en est exclu. Qu'on ne dise pas que le défaut d'inventaire fait présumer que le mobilier appartient à la communauté, parce qu'il peut s'en trouver un auquel les parties sont censées s'être référées ; d'ailleurs entre eux un simple état suffit. Voyez les articles 1495 et 1504, et ce que nous avons dit sur ces articles. Si les conjoints ont dit qu'ils mettraient en communauté tous leurs immeubles, il n'est guère présumable cependant qu'ils aient voulu exclure leurs meubles ; c'est le cas d'appliquer cette règle de Pothier que, lorsque les époux ont établi une clause exorbitante, ils ne sont pas censés pour cela avoir voulu exclure ce qui

est de droit commun : or il est de droit
commun que le mobilier de chacun des
époux tombe dans la communauté; dans
le dernier cas, le plus emporte le moins.
Mais, lorsque l'un d'eux ne met en communauté que tel héritage, quelle raison y a-t-il
d'y faire également tomber un mobilier qui
peut être beaucoup plus précieux que cet
héritage ? Est-ce parce que la clause d'ameublissement est exorbitante ? Mais la règle
que nous venons de citer n'est pas toujours
si certaine qu'elle ne puisse bien, selon les
circonstances, céder à une autre qui n'est
pas moins en usage, c'est celle-ci : *qui dicit*
de uno negat de altero. Quand on met en
communauté l'un de ses immeubles seul,
sans parler de meubles, de créances, pen-
serait-on que la communauté doit être tenue des dettes du conjoint qui a fait cette
mise ? Certes c'est bien là un corps certain
et déterminé, et pour décider que la communauté est tenue des dettes, il faut faire
une distinction du corps certain mobilier
d'avec le corps certain immobilier, qui n'est
nullement écrite dans la loi. Or, s'il est démontré que les dettes de ce conjoint sont
exclues de la communauté, c'est donc qu'il

y a en même temps convention d'apport,
par conséquent réalisation du mobilier.
Qu'on ne dise pas que c'est là une pétition
de principe, parce que nous soutenons que
l'article 1511 ne fesant aucune distinction,
doit être appliqué, soit que l'apport consiste en meubles, soit qu'il consiste en immeubles.

On nie cette dernière proposition, et pour
la combattre on fera peut-être ce raisonnement : La maxime *qui dicit de uno negat de
altero* doit s'appliquer lorsque les choses
prétendues exclues sont du même genre que
celles qu'on entend comprendre dans la clause ; que celles d'un genre différent, pourvu
qu'elles soient du nombre de celles qui de
droit commun tombent dans la communauté, doivent aussi être comprises, attendu qu'on n'est pas censé y avoir dérogé, selon l'autre maxime que nous avons
citée et qui est consacrée en quelque sorte
par l'article 1164, *quac dubitationis tollendæ
causâ in contractibus inseruntur, jus commune
non lædunt.* Ce raisonnement ne manque pas
d'être spécieux, et balance fortement tout
ce que nous avons dit. D'un autre côté,
comment supposer que celui qui met ses

immeubles ait voulu exclure ses meubles;
qui peuvent être très-modiques. La plupart
du temps on met précisément ses immeubles en communauté, parce qu'on n'a que peu
de mobilier. Il est vrai qu'on peut répondre
à cela que le mobilier peut être d'une valeur plus considérable que l'héritage ameubli. On peut dire encore que l'autre conjoint a préféré qu'il fût mis en communauté
un corps certain, parce qu'il était sûr qu'il
ne serait point grévé de dettes.

Cette question peut dépendre beaucoup
des circonstances : si les parties ont fait un
inventaire de leur mobilier, ou si elles se
sont référées à quelques actes antérieurs
qui le constatent, il n'y a pas de doute
qu'elles seront censées l'avoir réalisé. Dans
le cas contraire, il est censé appartenir à la
communauté, art. 1499. L'époux qui a mis
l'héritage en communauté, ne pouvant justifier du mobilier qu'il a appporté, n'est
pas présumé en avoir apporté. Il est au contraire présumé n'en avoir pas possédé à l'é-
poque de son mariage, et que c'est là la raison
pour laquelle il a ameubli; par conséquent
les dettes présentes du conjoint qui a mis
l'héritage restent à son compte personnel.

Le cas le plus difficultueux est celui où le mobilier du conjoint se trouvera inventorié par un acte quelconque, sans que les parties aient déclaré s'y référer. On ne verra pas alors qu'elles ont eu l'intention de le réaliser, de même que rien ne dira qu'elles ont eu l'intention de le mettre en communauté. Dira-t-on qu'elles sont censées s'y être référées, comme dans la plupart des autres cas de réalisation dont nous avons parlé ? On ne peut le savoir, puisqu'on ne sait pas si l'ameublissement d'un héritage emporte réalisation et séparation de dettes. Si l'époux eût fait un ameublissement indéterminé, si, par exemple, il eût dit : J'ameublis mes héritages jusqu'à concurrence de telles sommes, est-ce qu'il n'aurait pas réalisé son mobilier ? Est-ce que l'article 1511 ne s'applique pas à ce cas ? Si l'on y fait attention, nous n'avons point encore examiné cette question. Nous avons trop de peine à croire que l'article 1511 n'entend pas par corps certain, aussi bien un héritage, qu'une chose mobilière, qu'un vaisseau, par exemple, et que la clause d'ameublissement ne soit pas conciliable avec la réalisation tacite. Je vois une véritable convention d'apport mêlée d'ameublissement dans la clause où je dis que j'apporterai en communauté 20,000 fr., pour laquelle somme j'ameublis mes héritages jusqu'à concurrence. Il y a tellement convention d'apport que si le conjoint n'avait pas suffisamment d'héritages pour répondre de la somme, il resterait débiteur du surplus envers la communauté. Il y a dans l'ameublissement dont il s'agit tellement convention d'apport que l'immeuble est ici donné en paiement, que c'est une dation en paiement qui a eu lieu.

S'il était dit au contrat de mariage que la femme permet au futur de vendre tel ou tel héritage qui appartient à la future, pour le prix entrer en communauté, cette clause renfermerait-elle un ameublissement? Pothier dit que non, et il a raison; car ce n'est point l'héritage que la femme promet, par cette clause, apporter en communauté, mais seulement la somme qu'il vaut et pour laquelle il sera vendu. S'il n'a point été vendu, la femme est restée débitrice de la somme qu'il vaut et à laquelle il sera estimé; si mieux elle n'aime l'abandonner; car nous croyons qu'elle a ce droit.

Jusque là nous ne voyons pas quelle dif-

férence il y a entre ce cas et celui où l'héritage serait ameubli.

Nous en trouverons encore bien moins,
si nous décidons que le mari a le droit
d'hypothéquer ledit bien; en effet le droit
de vendre emporte bien le droit d'hypothéquer; qui peut le plus peut le moins.
Cela n'est cependant pas trop vrai; car on
peut donner mandat de vendre, sans donner celui d'hypothéquer; mais le mari ayant
ici le droit de recevoir et de garder l'argent
qu'il en retirera, il a, selon nous, pu l'hypothéquer. Cet héritage devant à la communauté, les créanciers de la communauté
peuvent même le saisir. Les créanciers du
mari le pourraient également en exerçant les
droits de leur débiteur, qu'ils pouvaient
forcer à vendre l'héritage.

On ne voit cependant pas pourquoi le
mari a le droit d'hypothéquer dans cette
espèce et que dans la précédente il ne l'a
pas, c'est-à-dire lorsque le conjoint a promis une somme à prendre sur ses meubles
et immeubles. C'est que le cas n'est pas le
même: dans l'espèce précédente le mari n'a
pas reçu le droit de vendre.

Mais supposons que l'héritage que le mari

T. III.

9

a le droit de vendre vienne à périr. Pour qui périra-t-il ? Pour la femme, puisqu'il lui appartient. Mais sera-t-elle dispensée de payer à la communauté la valeur dudit héritage ? Non ; car autrement l'héritage ne périrait pas pour elle, mais pour la communauté ; d'ailleurs, puisque ce n'est qu'une somme ou valeur qu'elle a promis de mettre en communauté, elle ne peut être libérée par la perte de la chose qui en était le gage ; cet héritage n'est pas donné en paiement de la somme, car alors ce serait un ameublissement. Sa position est la même que celle d'un débiteur hypothécaire dont l'immeuble hypothéqué à la créance périt.

Mais, d'après le principe que la femme n'a pas cessé d'être propriétaire, si l'héritage a été hypothéqué pour une somme qui excède sa valeur, elle aura toujours le droit de le conserver en acquittant les hypothèques jusqu'à concurrence du montant de sa valeur, sans avoir égard à ce qui excède cette valeur, en supposant le cas où elle renonce.

Remarquez que si l'héritage était ameubli, il n'en serait pas de même ; elle souffrirait toute l'hypothèque, ou elle abandonnerait tout l'héritage. Mais en renonçant elle n'au-

rait aucun droit sur l'héritage : l'article 1509
ne s'applique qu'au cas où la femme accepte
et partage la communauté.

Mais dans le cas de l'espèce que nous
avons posée, si l'héritage que le mari a le
droit de vendre était hypothéqué pour une
somme plus forte qu'il ne vaut, et que la
femme eût accepté, elle devrait la moitié
de toutes les dettes, et par conséquent sa
moitié dans l'hypothèque en ce qui excède
la valeur dudit bien.

Comme la clause dont nous venons de
parler peut donner lieu à beaucoup de difficulté, nous ne conseillons point aux époux
de la stipuler. Par exemple, elle fait naître
encore celle de savoir si le mari pourrait
donner l'héritage en dot aux enfans communs. Le mari n'aurait pas rempli le mandat dont il était chargé ; il devait vendre,
et non donner. Il a outre-passé les bornes
de son mandat, et nous pensons que la femme
pourrait le revendiquer en tenant compte
de sa valeur aux donataires.

Toute personne majeure peut ameublir,
et même le mineur, en se conformant à l'article 1398. Cependant le défaut des formalités prescrites par cet article n'annullerait

9.

point l'ameublissement, s'il n'excédait point
la somme ou les biens qu'il devait, en la
raison de sa fortune, mettre en communauté; voyez l'art. 1305. Ce serait une qué-
stion de fait abandonnée à la sagesse des magistrats, et que nous avons examinée ailleurs.

Des Effets de l'Ameublissement.

L'ameublissement déterminé a ses effets
particuliers, et l'ameublissement indéterminé a les siens.

Des Effets de l'Ameublissement déterminé, art. 1507.

L'ameublissement général et l'ameublissement déterminé ont des effets communs.
Dans l'un comme dans l'autre, aussitôt la
célébration du mariage, les immeubles sont
effets de la communauté; le mari a le droit
d'en disposer. Si l'ameublissement s'étend
aux immeubles qui adviendront par succession, donation, etc., etc., il en sera de
même; le mari, sans même le consentement de sa femme, pourra les vendre et
hypothéquer du moment où la succession

sera ouverte; laquelle il peut accepter et partager sans le concours de sa femme, de même que si elle était toute mobilière, art. 818. Cependant, s'il s'agissait d'une donation faite à la femme, il faudrait qu'elle fût acceptée par celle-ci autorisée de son mari.

Le mari peut sans doute aliéner l'héritage ou les héritages de la femme ameublis; mais il faut qu'ils soient ameublis en totalité. Si l'héritage n'était ameubli que pour une certaine somme, le mari ne pourrait aliéner qu'avec le consentement de la femme; mais sans son consentement, il pourrait l'hypothéquer, art. 1507. Cet article prévoit bien le cas où l'héritage n'est ameubli que jusqu'à concurrence d'une certaine somme; mais il ne dit rien du cas où l'immeuble serait ameubli pour une quotité, telle qu'un tiers, un quart, une moitié. Le mari seul pourrait-il vendre alors cette moitié, ce tiers, ce quart? Sans doute; mais non la totalité. L'article ne défend que la vente de la totalité, quand le bien n'est ameubli que jusqu'à concurrence de ... Aucune portion de l'héritage n'étant plutôt ameubli que telle autre, le mari ne peut en vendre aucune partie; le mari ne pourrait tout au plus que

céder sa créance. Enfin, quand la femme
n'ameublit que jusqu'à concurrence de telle
somme, elle reste propriétaire de tout l'héritage ; mais en ameublissant une moitié
de l'héritage, elle n'est plus propriétaire que
d'une moitié ; l'autre moitié appartient à
la communauté, et le mari en peut disposer ; mais pour vendre le tout il faudrait
le consentement de la femme. Il nous semble que les époux sont dans la même position que tous autres copropriétaires. M.
Delvincourt prétend que le mari n'a pas le
droit de vendre la portion aliquote ameu-
blie par la femme ; nous ne concevons pas
qu'un copropriétaire ne puisse pas céder
le droit qu'il a, vendre ce qu'il a : de même
qu'il pourrait vendre la créance qu'il aurait
sur l'héritage de sa femme, de même il doit
pouvoir vendre la portion qu'il a dans un
héritage de sa femme.

Il est inutile de dire que si l'héritage est
ameubli en tout ou partie, ou jusqu'à concurrence de..., les créanciers ont le droit
de le faire saisir et vendre.

Il peut arriver que la communauté souffre éviction d'un héritage ou des héritages
ameublis. Qui supportera cette éviction, ou

du conjoint ou de la communauté? Il faut
d'abord distinguer entre le cas où la cause
de l'éviction est antérieure au mariage, de
celui où elle est postérieure ; si elle est
postérieure au mariage, c'est pour le compte de la communauté, *res perit domino;* il
n'y a aucune action en garantie contre le
conjoint auteur de l'ameublissement.

Si la cause est antérieure au mariage, il
faut encore distinguer si l'ameublissement
est général ou particulier; s'il est général,
les parties sont censées n'avoir apporté à
la communauté que le droit de propriété
qu'elles avaient; elles ont mis tout ce qu'elles
avaient et en tant que les immeubles leur
appartenaient.

Ce n'est donc que pour l'ameublissement
particulier que la question peut s'agiter raisonnablement; et il faut dire que dans cette
circonstance il y aura lieu à l'action en garantie contre l'époux qui a ameubli. Deux
cas peuvent se présenter, voyons les: 1.º Si
je promets apporter une certaine somme à
la communauté, en paiement de laquelle
j'ameublis tel héritage, je suis débiteur de
cette somme envers la communauté; lui
ayant donné en paiement cet héritage, si

elle en est évincée, un tel paiement n'a pu
me libérer; je ne pouvais l'être qu'en trans-
férant incommutablement la propriété de
l'héritage; il ne s'agit pas ici d'une universalité d'immeubles, mais seulement d'une
somme d'argent; cette différence dans les
causes en doit amener dans les effets.

Le second cas est celui où j'ai dit simplement que pour ma part j'apporte en
communauté tel héritage que j'ameublis,
mais sans promettre l'apport d'une somme.
L'époux qui a fait l'ameublissement d'un héritage est débiteur de ce même héritage et
doit en transférer la propriété, autrement
il manque à son obligation; il est débiteur
d'un corps certain, non d'une universalité.
On doit, si l'on veut, considérer la communauté comme un contrat de commerce dans
lequel, par conséquent, il y a lieu à la garantie. Quand on met une universalité, les
époux ont voulu rendre commun tout ce
qu'ils avaient. Quand même on eût craint
l'éviction de tel ou tel bien, le mariage s'en
serait également suivi; ce n'est pas parce
que tel héritage existe que le mariage a lieu;
mais quand on ne met qu'un corps certain seulement dans la communauté, si on

eût cru qu'il serait revendiqué, peut-être
ne l'eût-on pas agréé, peut-être le mariage
n'eût-il pas eu lieu; s'il est évincé, l'époux
n'a plus rien mis en communauté; tandis
que dans l'autre cas il se trouve y avoir
mis encore; d'ailleurs il est de principe que
tout débiteur de corps certain doit transférer la propriété incommutable de la chose
à son créancier, et qu'il n'est libéré qu'à
cette condition.

Nous avons bien parlé de là garantie en
cas d'éviction; mais que décider si les héritages ameublis viennent à périr? Si l'ameublissement est général, la perte est pour la
communauté: elle était propriétaire, *res
perit domino.*

S'il est particulier, ou l'héritage est ameubli en totalité, ou il ne l'est que jusqu'à
concurrence d'une somme, ou pour une
portion aliquote. S'il est ameubli en totalité, la perte est encore pour la communauté;
s'il ne l'est que jusqu'à concurrence d'une
somme de..., ou il périt en totalité, ou il
en reste suffisamment pour répondre de la
somme. Au premier cas, la communauté
n'a rien à réclamer; il a péri pour elle et
pour le conjoint. Au second cas, l'immeu-

ble reste jusqu'à due concurrence affecté à la communauté, de même qu'un héritage hypothéqué reste grévé de l'hypothèqué, quoiqu'il soit péri en partie.

Si l'héritage est ameubli pour une partie aliquote et qu'il périsse en partie, il périt pour la communauté et le conjoint dans la proportion de ce qu'ils y ont. Sur ce qui reste ils ont la même portion qu'ils avaient sur la totalité.

L'article 1507 dit que l'effet de l'ameublissement déterminé est de rendre l'immeuble ou les immeubles qui en sont frappés, biens de la communauté, et que si l'immeuble ou les immeubles sont ameublis en totalité, le mari en peut disposer comme des autres effets de la communauté : des personnes ont douté si le mari avait la faculté de les donner à titre particulier, comme il peut le faire des effets mobiliers de la communauté. Cette question n'en peut pas faire une. Les héritages ameublis sont considérés au moins comme des conquêts de communauté, et le mari n'ayant pas le droit de donner ceux-ci, art. 1422, il ne peut donner un héritage ameubli quand même l'héritage viendrait de lui; car de ce que

l'héritage a été fait meuble, il n'en est pas
moins immeuble par rapport aux tiers; ce
n'était que pour entrer en communauté qu'il
a été fait tel; une fois entré, il reprend sa
qualité naturelle, c'est-à-dire celle d'immeuble; le mari n'en peut donc disposer que
de la manière dont il peut disposer de tout
autre conquêt de communauté.

Effets des Ameublissemens indéterminés, art.
1508.

Tant que l'ameublissement demeure indéterminé et qu'on n'a pas fixé les immeubles des conjoints sur lesquels il doit s'o-
pérer, aucun n'est entré en communauté. A
la dissolution de celle-ci, l'époux doit seulement faire raison de la somme jusqu'à
concurrence de laquelle il a ameubli, ou
bien comprendre dans la masse à partager
quelques-uns de ses immeubles, jusqu'à concurrence de la somme qu'il a promise. Comme débiteur, c'est à lui qu'appartient le
choix de ces immeubles. S'il s'y refusait,
le juge devrait alors lui imputer un délai
dans lequel il devrait faire ce choix; mais,
comme ce choix peut n'être pas facile, on

ne pourrait guère le donner à l'autre époux; il vaudrait mieux ordonner une expertise des biens du conjoint, afin de voir quel est l'immeuble qui doit entrer dans la masse à partager. Nous avons dit que le conjoint devait faire raison de la somme jusqu'à concurrence de laquelle il avait ameubli, ou comprendre, etc., etc. Nous aurions dû dire au contraire qu'il devait comprendre dans la masse quelques-uns de ses immeubles; car, s'il peut acquitter en espèces la somme promise, ce n'est qu'une faculté que la loi lui donne et qui résulte, par argument, de l'article 1509.

Il n'en est pas de cet ameublissement comme de celui dont nous venons de parler. Le mari ne peut vendre; il ne peut qu'hypothéquer jusqu'à concurrence de la somme promise.

Il résulte de l'article 1508 que si quelques-uns des immeubles ameublis indéterminément viennent à périr, c'est pour le conjoint et non pour la communauté, et cela suivant la maxime *res perit domino;* l'époux est resté propriétaire, c'est donc lui que la perte concerne, sans pour cela qu'il soit libéré de la somme promise; d'ailleurs on ne peut dire précisément que l'immeuble qui a péri soit celui qui était entré en communauté, puisque l'ameublissement est indéterminé.

Mais il peut arriver que tous les héritages frappés de l'ameublissement indéterminé viennent à périr; la créance de la communauté sera-t-elle éteinte? M. Delvincourt le pense. Il dit que c'est là une obligation *generis limitati*, obligation qui s'éteint par la perte de toutes les choses du genre. Que si le conjoint a ameubli indistinctement tous ses immeubles présens, jusqu'à concurrence d'une certaine somme, la perte des immeubles qu'il avait au moment du contrat suffit pour éteindre l'obligation.

La question semble la même, si l'on a ameubli tel héritage jusqu'à concurrence d'une certaine somme, et qu'il périsse en totalité.

En faveur de l'opinion de M. Delvincourt, on peut dire que la somme promise est une convention d'apport, pour laquelle on a donné en paiement une portion de l'héritage ou des héritages ameublis, et qui en cette qualité sont entrés ou doivent entrer en communauté; alors *res perit domino*.

Lorsqu'on ameublit tel héritage jusqu'à

concurrence d'une certaine somme, il n'y
a pas de doute que la perte est pour la communauté, parce que l'ameublissement étant
déterminé, la communauté a été propriétaire. L'article 1507 le dit formellement.
Mais, lorsqu'il est indéterminé, lorsqu'on a
dit qu'on ameublissait tous ses héritages
présens, ou présens et futurs, jusqu'à concurrence d'une certaine somme, l'article
1508 dit positivement que dans cette circonstance l'ameublissement ne rend pas la
communauté propriétaire : par conséquent
la perte totale des immeubles n'affranchit
pas l'époux de l'obligation de payer la somme
promise. Cependant il nous semble qu'il y
a même raison pour ce cas que pour l'autre. Sans doute il y a des différences entre
ces deux espèces d'ameublissemens ; mais
ce n'est pas ici qu'il en existe. Ce qui le
prouve, c'est que l'article 1507 ne donne
pas plus de droit au mari sur les immeubles
ameublis déterminément jusqu'à concurrence d'une certaine somme, que l'article 1508
n'en donne au mari sur les immeubles ameublis indéterminément jusqu'à concurrence
d'une certaine somme. Il n'a dans l'un et
l'autre cas que le droit d'hypothéquer. Celui

de vendre lui est refusé. Mais est-ce une
raison pour que dans l'un et l'autre ameublissement il n'y ait pas promesse d'apport
avec dation en paiement? Est-ce une raison
pour que la communauté n'ait pas un droit
de propriété dans l'un comme dans l'autre
cas? Que signifie la première disposition de
l'article 1508, où il est dit que l'ameublissement indéterminé ne rend pas la communauté propriétaire? Dans quel sens le législa-
lateur entend-il qu'elle n'est pas propriétaire? C'est dans le sens que voici:

L'ameublissement étant indéterminé, on
ne sait pas quel est celui qui doit appartenir à la communauté. Ils ne peuvent pas tous
lui appartenir; cela serait par trop nuisible
à la femme et contraire à son intention; par
conséquent à la dissolution de la communauté, celle-ci n'aura pas le droit de dire:
Je suis propriétaire, mon droit s'étend sur
tout, je dois choisir, mon droit est du moins
égal à celui du conjoint; je suis copropriétaire avec lui. D'un autre côté, la loi n'a pas
voulu que la communauté fût propriétaire,
parce qu'alors le mari aurait eu la faculté
de vendre sans le consentement de la femme;
ce qui pourrait être fort préjudiciable à la

femme ; car elle serait forcée de donner ses
immeubles pour le prix qu'aurait fixé son
mari ; et notez bien que n'étant pas plus
propriétaire de l'un que de l'autre, mais
propriétaire de tous, il aurait pu les vendre
tous ; en vain dirait-on qu'il n'aurait pu vendre que jusqu'à due concurrence. Il aurait
alors fallu prendre des précautions qui dif-
ficilement auraient atteint le but qu'on se
serait proposé.

Mais il ne résulte nullement de là que le
mari, du moins la communauté, n'est pas
propriétaire. S'il n'est pas propriétaire dans
le cas de l'article 1508, il ne l'est pas dans
le cas de la troisième disposition de l'article 1507 où cependant la loi dit qu'il l'est,
puisque là encore l'ameublissement est déterminé. Cependant il est facile de voir que
le droit de la communauté est le même
dans le cas de l'article 1508 que dans celui
de l'article 1507, troisième disposition ; le
mari est propriétaire, mais son droit est
restreint. Ce qui prouve qu'il est propriétaire, c'est qu'il a le droit d'hypothéquer
les biens de sa femme, sans son consentement jusqu'à concurrence de la somme promise, faculté qui ne peut dériver que du

droit de propriété. Si la femme n'était débitrice que d'une somme, le mari n'aurait droit
qu'à cette somme et ne pourrait hypothéquer, parce qu'un créancier n'a pas le droit
d'hypothéquer les biens de son débiteur. D'un
autre côté, le conjoint qui a ameubli est
obligé de comprendre dans la masse de la
communauté des immeubles jusqu'à concurrence de la somme promise ; donc
la communauté est propriétaire, puisque
des immeubles sont entrés en communauté
par ce seul effet de la clause. Donc, si tous
les immeubles affectés du droit périssent,
l'obligation est éteinte.

Les auteurs ont agité la question de savoir si d'interminé l'ameublissement peut
devenir déterminé, c'est-à-dire si pendant
le mariage on peut déterminer quels seront
les immeubles qui entreront en communauté. La raison de douter est que cela est
changer ou paraît changer la disposition
du contrat de mariage. Sans doute on ne
peut rien changer à ces dispositions ; mais
ce n'est point là déroger aux conventions
de mariage. Car que font les époux ? Ce
n'est pas une aliénation qu'ils se font l'un
à l'autre ou à eux-mêmes. Ils avaient déjà

aliéné en ameublissant ; l'article 1395 ni
l'article 1595 ne sont donc pas contraires
à cela. Si les époux, en déterminant durant le
mariage l'ameublissement, fesaient un ameublissement plus fort ou moindre, ce serait
alors qu'ils contreviendraient à l'article 1395,
id est qu'ils dérogeraient aux conventions
matrimoniales ; il y aurait, dans ce cas, lieu à
augmentation ou réduction de l'ameublissement.

Il est un autre cas où l'ameublissement
peut se déterminer durant le mariage, c'est
celui où le mari a hypothéqué tous les immeubles ameublis indéterminément et que
le créancier en poursuit l'expropriation ; la
femme peut déterminer son ameublissement
et restreindre les poursuites du créancier
à tel ou tel immeuble. Du moment où la
somme pour laquelle elle a ameubli aura
été épuisée, le reste des immeubles restera
affranchi de l'ameublissement.

Quand on fait un ameublissement déterminé, c'est une espèce d'aliénation au profit de la communauté et sujette à la transcription ; l'intérêt des tiers l'exige du moins ;
car, après la dissolution de la communauté,
les époux reprenant chacun leurs immeu-

bles propres, la femme pourrait fort bien
vendre l'immeuble qu'elle aurait ameubli et
qui serait au lot des héritiers de son mari,
chose que l'acquéreur n'est pas censé savoir,
et dont il ne peut se convaincre qu'en voyant
le contrat de mariage ou la transcription
de ce contrat. Il est vrai qu'en matière de
vente la transcription n'est pas nécessaire,
et que si c'est une vente véritable, l'acquéreur, qui est la communauté, n'a pas dû
faire transcrire. Voyez les art. 1583, 1138,
etc., etc. Si c'est une vente qu'a faite l'époux
à la communauté, ce n'est point une vente
ordinaire, c'est plutôt une donation; et nous
croyons que l'article 939 est ici plus applicable que l'article 1583.

Une simple inscription doit suffire en
matière d'ameublissement indéterminé.

L'ameublissement n'étant pas à proprement parler une vente, mais plutôt une libéralité faite à la communauté, ou plutôt au
conjoint, ou quelquefois une donation réciproque; si celui qu'a fait l'un d'eux est
hors de proportion avec la mise en communauté de l'autre conjoint, il doit être
considéré comme un avantage indirect en
faveur de l'autre époux, et par conséquent

10.

sujet à réduction. Quand il y a des enfans
d'un précédent mariage, cela ne fait pas de
doute; mais quand il n'y a que des enfans
du mariage actuel, il est permis de douter;
car il y a quelque chose de commutatif et
d'aléatoire dans une mise en communauté.
Ce que l'un donne de plus que l'autre peut
être compensé par l'industrie et le travail
de ce dernier; il y a donc injustice, après
avoir enrichi la communauté, de réduire
l'apport du conjoint qui a mis le plus. Les
articles 1527 et 1098 s'expliquant relativement aux enfans d'un précédent mariage,
l'excès dans la mise de celui qui a ces enfans ne sera point balancé ou compensé par
l'industrie et le travail de l'autre.

Mais en ce qui concerne les enfans du
mariage actuel, aucune disposition du Code
ne tranche positivement la question. L'article 1094 établit la quotité dont un époux
peut disposer en faveur de son époux; mais
il s'agit là de donation proprement dite,
et la mise en communauté n'est pas une
donation proprement dite. La communauté
est une société formée dans l'intérêt même
de chacun des époux et des enfans. La mise
en communauté n'est pas une donation pu-

rement gratuite; elle est une condition de
mariage; elle a pu être la cause du mariage
même. L'inégalité des mises est censée rachetée par un autre sacrifice de la part de l'autre
conjoint. Elle ne doit donc pas être sujette à
réduction. L'article 1526 et la dernière disposition de l'article 1525 ne permettent
guère d'en douter. Cependant M. Pailliet,
dans une note sur l'article 1505, nous apprend que la Cour d'Orléans a décidé le
contraire par arrêt du 17 avril 1818. C'est
la disproportion des mises qui caractérise,
selon cet arrêt, l'avantage indirect. C'est alors
ne considérer les mises que comme des donations réciproques : selon nous, cette disproportion peut être rachetée par des con-
sidérations particulières qui ont pu déterminer le mariage. Cet espèce d'avantage ne
doit pas être régi par les principes ordinaires
des donations. D'abord il n'est pas à présumer que les époux aient voulu nuire aux
enfans qui naîtraient du mariage. D'un autre côté, à moins que la communauté ne
soit dissipée par le mari, il est à croire que
les enfans se trouveront remplis de la réserve que leur accorde l'article 1094. Mais
supposons précisément que tout ce qui a

été mis en communauté ait été dissipé par
la communauté ; d'après l'arrêt que nous
venons de citer, il paraîtrait que les enfans
auraient une action contre leur père ou
leur mère qui aurait apporté le moins; car,
ou ils ont l'action en réduction, ou ils ne
l'ont pas. S'il l'ont, elle leur compète, soit
que le donataire ait ou n'ait pas les biens
entre ses mains, soit qu'il les ait ou non
dissipés. Or comment supposer que, si la
communauté n'a pas prospéré, si le mari
a éprouvé des pertes considérables, les enfans viennent lui demander compte des
biens que leur mère avait apportés dans cette
même société? Cependant ce serait là le
résultat de l'action en réduction. Ce serait
dire au mari : Vous n'aviez pas le droit de
vendre les biens de la communauté, vous
n'aviez pas le droit de les engager , vous
n'en étiez pas propriétaire incommutable,
vous n'avez pu transférer plus de droits que
vous n'en aviez, art. 930. Ainsi les enfans,
en vertu de leur action en réduction, agi-
raient, non-seulement sur les biens qui pourraient appartenir en propre au mari, mais
encore ils auraient l'action en revendication. Qu'on ne dise pas le contraire, parce

que, soit que l'avantage qui excède la quotité disponible soit direct ou indirect, que la donation soit déguisée ou qu'elle ne le soit pas, l'action en réduction, et partant celle en revendication, est toujours ouverte jusqu'à ce que l'héritier soit rempli de sa réserve.

Maintenant est-il croyable que, lorsque les apports sont inégaux et disproportionnés, le mari n'ait pas le droit de disposer des immeubles qui composaient l'apport de la femme? Et comment les tiers sauront-ils si ces apports sont inégaux? Sont-ils obligés de savoir, quand les époux mettent en communauté tous leurs biens meubles et immeubles présens, ou présens ou futurs, si l'apport de l'un est plus considérable que celui de l'autre? Ne doivent-ils pas voir là seulement une société de biens que, dans l'intérêt commun, le mari administre, engage ou vend? En effet, le mari a vendu les biens de la communauté, sa femme est censée les avoir vendus avec lui; car, dans les actes qu'il fait et qui intéressent la communauté, elle est censée agir avec lui, il la représente; ses biens ayant été dissipés, elle est même, jusqu'à un certain point, censée les avoir dissipés avec lui ; car c'est dans la maison maritale que cela est présumé avoir eu lieu. Et qu'arriverait-il si la communauté eût prospéré; si par sa bonne administration, ses brillantes opérations, le mari eût triplé, quadruplé la mise de la femme? Les enfans parleraient-ils encore de réduction? La même chose sans doute; car le principe serait toujours le même.

Supposons que ce soit le mari qui ait mis en communauté plus que sa femme. Par exemple, le mari avait tout son avoir, la femme n'avait que des espérances, et ils ont ameubli tous leurs biens présens et futurs. Les espérances de la femme s'évanouissent en partie, et le mari, par ses faux calculs ou par ses malheurs, perd 20,000 fr. La communauté se dissout; la femme l'accepte, parce qu'il se trouve encore d'actif 10,000 fr. Les enfans feront-ils ici réduire l'avantage que le mari avait fait à sa femme? Non, dira-t-on, parce que c'est lui qui a dissipé les biens.... Que cela fait-il? Car n'allez pas dire que la femme ne peut être tenue au-delà de son émolument dans la communauté et invoquer l'article 1483. Il ne s'agit pas du tout de cela, puisque c'est une donation

que son mari lui a faite. S'il a mis 250,000
fr., tandis qu'elle n'a mis que 10,000 fr.,
c'est comme s'il lui eût fait donation entre-
vifs et irrévocable de cent et quelques mille
francs ; or elle est donc sujette à l'action
en réduction. C'est comme s'il lui eût dit:
Je vous donne 125,000 fr. ; maintenant met-
tons tous nos biens en commun. Certainement l'action en réduction aurait lieu,
quoique le mari eût dissipé tous les biens
qu'il aurait donnés à sa femme, si par un
acte antérieur au contrat de mariage il lui
eût donné des biens, et qu'en se mariant
ensuite elle les eût mis en communauté,
laquelle communauté le mari a entièrement
dissipée. Dans notre espèce, il est vrai, le
mari n'a pas donné antérieurement au mariage ; il a seulement mis en communauté
plus que sa femme. Mais nous disons que
si c'est là un avantage proprement dit, une
donation déguisée, le principe doit être le
même ; la femme doit toujours être soumise
à l'action en réduction, malgré que son mari
ait tout ou presque tout dissipé ; peu importe même que la femme accepte ou répudie. Nous disons qu'il n'y a pas lieu à
appliquer l'article 1483, parce qu'il ne s'agit

pas ici des dettes de la communauté, qu'il s'agit seulement de remettre ce qu'elle a reçu de trop. Nous disons que la femme ne peut objecter que son mari a lui-même dissipé les choses données, parce que cette dissipation n'efface pas en elle la qualité de donataire, et que pour savoir si un donataire est ou non sujet à réduction, on ne demande pas ce qu'il a fait des choses données et ce qu'elles sont devenues. Dira-t-on qu'elle n'est sujette à la réduction que jusqu'à concurrence de ce qu'elle a profité ; que le mari avait retenu tacitement un droit de propriété sur les choses données, comme dans le cas des articles 1082, 1084? Cette objection serait ridicule; ce n'est pas une héritière contractuelle qu'il a faite, ce n'est pas une donation à cause de mort. Le droit qu'il a ne résulte pas de sa qualité de donateur, mais bien de sa qualité de chef de communauté; et si vous convenez que l'avantage n'est pas sujet à réduction, vous ôtez réellement à la femme sa qualité de donataire, vous laissez au mari sa qualité de chef de communauté; autrement vous feriez un donateur qui donnerait et retiendrait, ce qui ne peut être. La seule disposition de la loi que vous pourriez invoquer serait l'article 1093, et il n'est pas difficile de démontrer que cet article ne s'applique nullement à notre espèce. Un seul mot suffira pour convaincre les plus obstinés. Dans le cas de l'article 1093 on fait véritablement un héritier contractuel ou une donation à cause de mort. Le donateur s'interdit par conséquent de disposer de ses propres biens à titre gratuit ; et lorsqu'il meurt, l'époux donataire est soumis à payer les dettes ; puis la donation est faite à la condition que l'époux donataire survivra à l'époux donateur... Conciliez maintenant tout cela avec les principes qui régissent la communauté conjugale, et vous verrez comme cet article est bien applicable à notre espèce. Il n'y a qu'un article qui la régit, c'est l'article 1527 : lisez-le, et vous verrez qu'il ne peut être invoqué que par les enfans d'un précédent mariage ; que pour ce cas seulement la loi a voulu faire une exception à la règle qui permet qu'en matière de société ou de communauté la disproportion des apports est permise sans qu'il en résulte d'avantage sujet à réduction ; ce qui est l'expression de l'article 1505 et sur-tout de l'article 1837.

' Nous croyons donc que les enfans qui
naissent du mariage n'ont l'action en réduction qu'autant que l'époux donataire a
reçu de l'époux donateur des biens qui doivent lui appartenir personnellement et dont
la propriété lui a été transférée comme à
tout autre donataire ; que la disproportion
des mises en communauté n'est point une
donation soumise à cette règle.

Deux questions s'élèvent sur l'article 1509:
la première est celle de savoir s'il s'applique
au cas où la femme renonce à la communauté. Pothier, de même que l'article dont
il s'agit, suppose que la femme qui jouit du
privilége partage la communauté. Quand
elle renonce, ayant perdu tout droit de
propriété sur l'héritage dès le jour de l'apport qu'elle en a fait à la communauté,
elle n'est pas censée avoir conservé sur lui
un privilége. Son privilége se conserve par
l'acceptation, et cela est raisonnable, parce
qu'elle a encore des droits sur l'héritage ;
mais on ne peut concevoir de privilége où
l'on n'a pas même un droit de créance
sur la chose qui est l'objet du privilége.

La seconde question est celle de savoir
si l'article ne s'applique que lorsqu'il y a

ameublissement déterminé. Si, dit M. Delvincourt, d'indéterminé il devient déterminé, l'article 1509 est encore applicable. Il
ajoute qu'il l'est également, si, en conformité
de l'article 1508, la femme a compris quelques-uns de ses immeubles dans la masse
lors de la dissolution. Nous ne le pensons
pas. L'article 1508 suppose que la femme
comprend ses immeubles dans la masse au
moment où la communauté est dissoute; par
cela seul, la femme a manifesté l'intention
de ne pas garder ses immeubles; elle fait
une chose absolument contraire à ce que
permet l'article 1509 : elle ferait donc une
rétractation? Cela ne se peut.

Séparation de Dettes.

La clause de séparation de dettes est une
convention par laquelle les parties conviennent dans leur contrat de mariage que la
communauté ne sera pas chargée des dettes
contractées avant le mariage.

Cette convention est expresse ou tacite:
expresse, voyez l'article 1510; tacite, voyez
l'article 1511 qui décide une question très-
controversée. On ne savait, lorsque les con-

joints apportaient en se mariant, *id est* en
promettant par leur contrat de mariage une
somme de... ou quelque corps certain pour
en composer leur communauté, si leurs
dettes antérieures au mariage étaient par cela
seul censées exclues de la communauté, sans
qu'il fût besoin d'une convention expresse.
L'article 1511 décide affirmativement la qué-
stion, par la raison que si la communauté
est chargée de la totalité des dettes antérieures au mariage, c'est parce que la totalité de leur mobilier y est entrée. Si donc,
au lieu d'une universalité, on n'y met qu'un
corps certain ou une somme certaine, on
doit décider par cela même que la communauté n'est pas chargée des dettes dont il
s'agit. Ne serait-il pas injuste, en effet, que
si chaque époux apportait, je suppose, une
somme de 20,000 fr., la communauté fût
tenue des dettes de l'un d'eux qui pourraient
être très-considérables, tandis qu'il aurait
propre le surplus de son mobilier ?

Au reste nous croyons avoir dit tout ce
qu'on pouvait dire sur cette matière. Mais
ce n'est pas seulement des articles 1510 et
1511 que résulte la séparation de dettes.
Nous avons vu qu'elle résultait de la clause

par laquelle la communauté était réduite aux
acquêts; de la clause de réalisation; nous verrons qu'elle a lieu encore quand il y a exclusion de communauté et séparation de biens.

Nous allons examiner maintenant quelles
sont les dettes comprises dans la convention
de séparation. Ce sont celles dont un conjoint est débiteur envers des tiers, et même
celles dont un conjoint est débiteur envers
son conjoint. Du moment où il y a séparation de dettes, il ne s'opère ni confusion ni extinction d'icelles, comme cela aurait lieu si les époux s'étaient mariés purement et simplement sous le régime de communauté; car alors tout le mobilier, toutes
les dettes et toutes les créances de chacun
des conjoints, tombent dans la communauté.

Quand il y a séparation de dettes, nous
disons que les dettes de chacun des conjoints
sont exclues de la communauté; mais le mobilier et les créances de chaque conjoint
n'en sont pas exclues pour cela; elles y tombent, à la différence du cas où il y a séparation de biens, clause de réalisation, convention d'apport, société réduite aux acquêts, exclusion de communauté. Il est
important de faire cette remarque. Les dif-

férentes clauses qu'on vient d'énumérer
emportent bien séparation de dettes; mais
la séparation de dettes expresse, art. 1510,
n'emporte point réalisation du mobilier et
des créances; si on fesait cette réalisation
ce ne serait plus même une séparation de
dettes proprement dite.

Par conséquent, à la dissolution de la communauté, la dette de l'un des époux envers
l'autre étant devenue créance pour la communauté, sera partagée comme toutes les
autres choses de la communauté. Si donc la
femme devait 10,000 fr. à son mari, la communauté sera créancière de 10,000 fr. de la
femme ; car c'est elle qui sera devenue
créancière. Si la femme accepte la communauté, elle aura la moitié dans cette créance, c'est-à-dire qu'elle ne devra plus que
5,000 fr. ; si elle renonce, elle devra les
10,000 fr.

Si c'est le mari qui doit 10,000 fr. à sa
femme, cette créance étant tombée dans la
communauté, la femme en acceptant y aura
droit pour moitié; si elle renonce, elle n'y
aura aucun droit. Mais, si la femme eût stipulé qu'elle pourrait, en renonçant, reprendre son apport franc et quitte, les héritiers

du mari ou le mari lui-même lui devrait toute la somme.

Du moment où les dettes contractées avant le mariage sont exclues de la communauté, il suit que, pourvu que la cause de la dette soit antérieure au mariage, quoique l'exigibilité de la dette ou l'exécution de l'obligation ne puisse avoir lieu que durant le mariage, elle n'en est pas moins exclue de la communauté. Par exemple, si la condition ou le terme sous lequel elle avait été contractée n'arrive que durant la communauté; car, s'il y a terme, l'obligation a existé dès le jour du contrat; l'exigibilité seule était retardée; s'il y a condition, la condition s'accomplissant, il y a rétroactivité au jour du contrat, parce qu'il n'y a que l'exécution de l'obligation de suspendue.

En vertu de ce principe, si l'un des conjoints a éprouvé des condamnations, *id est* s'il a été condamné à des frais ou à quelque indemnité durant le mariage, et que la cause de cette condamnation soit antérieure au jour du mariage, la dette serait encore exclue de la communauté; ce qui aurait lieu, par exemple, si l'un des époux avait encouru une peine correctionnelle.

On peut en dire tout autant d'un procès
civil commencé avant le mariage et fini durant le mariage, par rapport aux frais auxquels le conjoint a été condamné. Le germe
de la contestation est antérieur au mariage,
et cela suffit. Il y a cependant à distinguer:
si le procès concerne le mari, et que les
frais soient relatifs à l'action principale,
nulle difficulté; mais, s'il y avait des deman-
des incidentes formées pour ou contre le
conjoint durant le mariage, et qu'il suc-
combât, les frais y relatifs seraient au compte
de la communauté, pourvu que ces deman-
des eussent pour objet des choses qui sont
dans la communauté.

Est-ce la femme qui est engagée dans une
contestation avant de se marier? S'il y a
lieu à reprise d'instance, et que l'instance ait
été réellement reprise, les frais qui sont
faits depuis sont au compte de la communauté; le mari autorisant sa femme à con-
tinuer le procès, ne peut se plaindre que
la communauté paie les dépens qu'il occa-
sionne; mais encore faut-il que le procès
intéresse la communauté; car, s'il lui était
étranger, ils seraient pour le conjoint seul:
si la femme n'était autorisée que de justice,

les frais la concerneraient seule. Du reste
voyez au premier volume ce que nous avons
dit sur l'effet de l'autorisation du mari.

S'il n'y a point lieu à reprise d'instance,
par exemple, si l'affaire est en état, les frais
sont encore pour le compte de la femme.

Supposons maintenant que le mari fût
chargé d'un compte de tutelle ou de toute
autre administration particulière qui aurait
continué durant le mariage, le reliquat du
compte ne sera censé compris dans la séparation de dettes que pour raison des
articles dont l'époux était débiteur avant
le mariage.

Pour les intérêts de ces dettes et les arrérages des rentes dues par le conjoint, il
faut distinguer entre ceux échus avant le
mariage et ceux échus depuis. Les premiers
forment un capital, *id est* une dette qui a
la même qualité que la dette et la rente;
pour les seconds, ils sont des charges des
revenus des époux, parce que l'on n'a de
revenus effectifs que ce qui reste, déduction
faite des intérêts et arrérages qu'on doit.
Il en serait de même quand les revenus
ne suffiraient pas; la communauté en serait
également chargée.

L'article 1510 dit : *La clause par laquelle les époux stipulent qu'ils paieront séparément leurs dettes personnelles*, etc., etc. L'article ne distingue pas assez entre les dettes antérieures au mariage et celles postérieures ; la clause de séparation de dettes ne comprend pas toutes les dettes personnelles des époux ; elle ne comprend que les dettes antérieures ; les dettes postérieures au mariage ne sont exclues de la communauté qu'autant qu'il y a clause à cet égard, c'est-à-dire clause de réalisation de tout ce qui adviendra durant le mariage ; car les dettes qui y sont attachées tombent ou ne tombent pas dans la communauté, selon que ces donations et successions y tombent ou n'y tombent pas.

Il y a une troisième espèce de dettes personnelles, qui sont celles contractées par le conjoint, à raison de ses propres ou autrement, et qui sont considérées comme des charges de leurs biens personnels : celles-ci encore ne sont point au compte de la communauté. Néanmoins les dettes contractées pour réparations usufruitières, sont au compte de la communauté.

Effets de la séparation de Dettes.

Que la stipulation soit expresse ou tacite, elle produit toujours l'effet d'obliger les époux à se faire respectivement raison, lors de la dissolution de la communauté, des dettes qui sont justifiées avoir été acquittées par la communauté; et cette obligation est la même, qu'il y ait eu inventaire ou non, art. 1510. Respectivement aux parties entre elles, cet inventaire n'est pas nécessaire, puisque le mobilier tombe en communauté; il ne serait nécessaire qu'autant qu'à la séparation on aurait joint celle de réalisation, et nous avons déjà vu qu'en matière de réalisation et de société réduite aux acquêts on pourrait y suppléer par un autre acte; mais vis-à-vis des tiers il faut un inventaire ou tout autre acte authentique. Il en est de même en matière de séparation de dettes proprement dite; il faut à l'égard des tiers un inventaire ou état authentique antérieur au mariage; autrement les créanciers de l'un et de l'autre époux, sans avoir égard à aucune des distinctions qui seraient réclamées, peuvent poursuivre leur paiement sur le mobi-

lier non-inventorié comme sur tous les autres
biens de la communauté, 1510.

Par ces mots: *sans avoir égard aux distinctions qui seraient réclamées*, qu'entend donc
cet article? c'est-à-dire, sans que l'un des
époux puisse faire distinguer son mobilier de celui de son conjoint. Mais, pour
bien entendre les expressions de l'article
1510, qui ont pour objet d'empêcher que
les créanciers personnels des époux ne soient
trompés, il faut distinguer entre les créanciers du mari et les créanciers de la femme.
L'article ne distingue point, mais les principes généraux du droit l'exigent; car il
semblerait, d'après cet article, que, quand il
y a inventaire, les créanciers personnels du
mari ne pourraient poursuivre que sur les
biens du mari seul. Cependant, que l'état
authentique ou inventaire existe ou n'existe
pas, les créanciers du mari, tant que dure
la communauté, peuvent poursuivre leur
paiement sur les biens de la communauté,
comme sur les biens du mari, parce qu'ils
peuvent exercer les droits de leur débiteur,
qui est le chef de la communauté tant qu'elle
existe. Bien plus; comme le mobilier de la
femme est tombé dans la communauté, et y

eût-il clause de réalisation, comme il y serait tombé également; les créanciers ont
le droit de poursuivre sur ce mobilier, parce
que le mari, leur débiteur, comme chef, a
le droit de le vendre; ce qu'ils peuvent faire
en exerçant ses droits. C'est pourquoi, dans
l'ancien droit, l'inventaire n'était exigé que
pour le mobilier de la femme et pour mettre le mari à couvert des poursuites des
créanciers de celle-ci. Si l'inventaire est
utile à la femme, c'est ponr réclamer à la
dissolution de la communauté le montant
des objets qu'elle a réalisés; mais, si les dettes
du mari ont été acquittées, il en doit compte à la communauté et à la femme. En
matière de séparation de dettes proprement
dite, qui n'emporte point réalisation, l'inventaire dont parle l'article 1510 est inutile
à la femme.

On demandera peut-être ce que gagne
la femme à être séparée de dettes, puisque
dans le fait son mobilier est saisi par les
créanciers du mari? La réponse à cette objection est dans la première disposition de
l'article 1510.

Mais il ne faut pas se dissimuler que la
seconde n'est pas favorable à notre opinion.

En effet elle dit : « Si le mobilier apporté
» par les époux n'a pas été constaté par un
» inventaire antérieur au mariage, les créan-
» ciers de l'un et de l'autre époux peu-
» vent, sans avoir égard à aucune des di-
» stinctions qui seraient réclamées, pour-
» suivre leur paiement sur le mobilier
» inventorié, comme sur tous les autres
» biens de la communauté. » Ces mots: *par
les époux* s'entendent de la femme comme
du mari. On prescrit pour elle l'inventaire;
c'est pour qu'il puisse lui servir. Et vis-à-
vis qui? Vis-à-vis les créanciers du mari.
C'est lorsqu'il n'en a pas été fait qu'on ne
peut réclamer des distinctions; donc, lorsqu'il en a été fait, elle peut en réclamer
comme son mari. C'est le mobilier non-inventorié qu'on peut poursuivre; donc celui
qui est inventorié ne peut l'être. L'article
1510 veut absolument dire cela.

Nous convenons de tout ceci; mais on
conviendra également que les créanciers du
mari ont bien le droit de poursuivre sur le
mobilier de la communauté ; personne ne
ne doute de cette vérité. Or, malgré la simple séparation de dettes, le mobilier de
chacun des époux, celui de la femme comme

du mari, appartient à la communauté, donc
les créanciers du mari y ont droit; il en
est propriétaire, il peut le vendre, il est
donc absurde qu'on ne puisse le saisir.

Supposons même qu'il y ait convention
d'apport: les époux n'ont mis chacun qu'une
somme de 5,000 fr. en communauté, le
reste se trouve exclus et inventorié. Il y a
bien ici séparation de dettes; hé bien, le
mari n'est-il pas propriétaire du mobilier
de sa femme? ne peut-il pas en disposer?
lui doit-il autre chose que la valeur dudit
mobilier? Si l'on admet cela, il faut admettre
que ses créanciers pourront le saisir, que
la femme ne pourra en empêcher. Il serait
ridicule qu'elle en eût perdu la propriété
vis-à-vis son mari, et qu'elle la conservât
vis-à-vis les créanciers de celui-ci. Or, si la
séparation de dettes tacite produit cet effet,
il en doit être de même de la séparation
expresse. Si les créanciers du mari ont droit
au mobilier réalisé, à plus forte raison quand
il ne l'est pas. Il y a donc une contradiction
manifeste entre cet article et l'article 1503,
et tous les principes sur la matière: contradiction qui paraît ne pouvoir être levée
qu'en disant que l'article 1510 ne s'applique

qu'au cas d'une société réduite aux acquêts,
ou que la communauté étant dissoute, la
femme vient réclamer un privilége sur son
mobilier réalisé. Dans cette circonstance,
elle réclame une distinction. Sous d'autres
rapports, l'article 1510 nous semble encore
conciliable avec lui-même et les autres principes de droit. Cet article ne dit pas que
les créanciers du mari n'ont pas le droit de
saisir le mobilier de la femme séparée de
dettes ; il ne pouvait le dire. Pour que la
clause produise son effet, il veut que chacun des époux ait un état du mobilier qu'il
apporte, parce qu'il faut que les créanciers
puissent saisir celui de son débiteur. Si c'est
le créancier de la femme qui se présente,
en vain y aurait-il inventaire du mobilier
de la femme ; si celui du mari n'est pas
constaté, le créancier le saisira. Est-ce le
créancier du mari ? Il pourra saisir quelque
mobilier que ce soit, l'article ne dit pas le
contraire. Ces mots : *sans avoir égard à aucune des distinctions qui seraient réclamées*,
ne veulent pas précisément dire que la femme
a droit d'en réclamer quand il y a inventaire de sa part ; il n'y a que le mari qui
puisse en réclamer, parce que c'est à lui

qu'on s'adresse; mais la loi ne veut pas qu'il
en réclame quand le mobilier apporté par
les deux n'a pas été constaté par inventaire.

Pothier, qui se fondait sur l'article 222
de la coutume de Paris, n'exigeait pas qu'il
y eût inventaire, tant du mobilier du mari
que de celui de la femme, pour que le mari
pût renvoyer les créanciers de celle-ci en
leur comptant du mobilier qu'elle avait apporté; mais qu'on lise cet auteur et l'on
verra qu'il n'est pas un seul instant entré
dans sa pensée que la femme pût empêcher
les créanciers de son mari de saisir le mobilier qu'elle avait apporté. Les auteurs du
Code, qui avaient pour guide ce savant
maître, sont présumés l'avoir suivi en cette
matière, par-tout où ils n'ont pas expressément changé sa jurisprudence, ou en établissant des règles incompatibles avec les
siennes.

Cet inventaire, qui est si nécessaire au
mari, doit être authentique, art. 1510. Un
écrit sous seing privé, même enregistré, ne
suffirait pas. L'inventaire doit toujours être
authentique pour pouvoir être opposé à
des tiers. L'état du mobilier peut être fait
dans le contrat de mariage; mais, pour l'op-

poser avec succès, il faudrait que les objets
fussent estimés. L'article 1510 ne l'exige pas;
l'état authentique dont il parle peut ne pas
contenir l'estimation; alors, si les objets
n'existent plus en nature, comment en fixer
la valeur? On se trouvera nécessairement
embarrassé. Il est vrai que rarement l'état
authentique ne contiendra pas l'estimation,
mais cela peut cependant arriver: en faut-il
conclure qu'il ne pourra pas servir? La loi
est formelle; à ses yeux l'état authentique
suffit. Si les objets n'existent plus en nature,
on devra faire estimer ce qu'ils pouvaient
valoir d'après leur nature, qualité et bonté.

A l'égard des créanciers de la femme,
s'il existe un inventaire ou état authentique
du mobilier qu'elle a apporté ou réalisé, et
que les créanciers soient antérieurs au mariage, le mari peut repousser leur action
en représentant *cet acte*, ainsi que les effets
y compris, s'ils existent encore, ou en comptant de leur valeur suivant l'inventaire,
s'ils n'existent plus.

Cela n'est pas contraire à ce que nous
avons dit, que la clause de séparation de
dettes n'excluait pas de la communauté le
mobilier des époux; mais, comme la com-

munauté n'est pas tenue des dettes, il faut bien cependant que les créanciers puissent se faire payer sur les biens qui appartiennent à l'époux débiteur. Le contrat de mariage ne peut leur ravir ce droit. Le mobilier de la femme est resté le gage de ses créanciers.

L'inventaire, ou état authentique, doit avoir lieu avant le mariage. Néanmoins celui qui résulterait du compte de tutelle que le tuteur rendrait à la femme postérieurement au mariage de celle-ci, devrait suffire ; c'est l'opinion de Pothier et de Merlin.

Le mari doit représenter les meubles réalisés comme les autres. La clause de réalisation n'a aucun effet contre les tiers ; les choses qui en sont l'objet ne peuvent être considérées comme des propres dont le mari doit conserver la jouissance. Ces choses, quoique réalisées, se confondent dans la communauté qui doit ou payer les dettes ou souffrir que la saisie de ces meubles ait lieu. Mais, comme le mari en est devenu propriétaire aux termes de l'article 1503, on pourrait croire qu'il ne peut pas dire aux créanciers de la femme : *Voilà les effets mobiliers de votre débitrice.* Il doit payer. S'il n'est pas

débiteur *in specie* vis-à-vis sa femme, il en
doit être de même vis-à-vis ses créanciers.
Il y a ici un *quasi-usufruit*, comme dans le
cas de l'article 587. La question n'est pas
sans intérêt ; car, si le mari peut les forcer
à discuter le mobilier de sa femme, les frais
de discussion seront pris sur les choses dis-
cutées ; dans le cas contraire, le mari doit le
montant même de l'inventaire, et, lors même
qu'ils seraient obligés d'en venir à l'exécution de ses meubles, c'est lui qui supportera ces frais, et les créanciers auront intact
le montant de l'inventaire. Ce qui ferait
croire qu'il en doit être ainsi, c'est que la
femme ne doit pas avoir une condition pire
que si le mari payait à elle-même. Or, s'il
payait à sa femme, il le ferait sur le pied de
l'inventaire, sans aucune retenue ; si les frais
que feront les créanciers sont prélevés sur
le produit de la vente des meubles de la
femme, elle en souffrira nécessairement ; il
s'en faudra d'une somme égale qu'elle soit
libérée envers eux, c'est-à-dire qu'elle devrait être libérée d'une somme égale au
montant de l'inventaire, et elle ne le sera
pas. Par son refus de payer, le mari lui cau-
serait donc une perte réelle. Comment

d'ailleurs supposer que la femme supporte ces frais de discussion? Les meubles discutés ne lui appartiennent plus.

Quand il y a simplement séparation de dettes, on voit bien, aux termes de l'article 1510, que le mari est quitte en abandonnant ou indiquant les objets inventoriés et appartenans à la femme, et cela est juste; mais le cas est bien différent, le mari ne s'est chargé d'aucune obligation envers sa femme, il n'est pas son débiteur dans cette circonstance, elle ne lui a pas vendu son mobilier moyennant une somme de... Dans l'un et l'autre cas il faut mettre les créanciers au lieu et place de la femme, et leur acccorder les droits qu'elle a elle-même, et rien que les droits qu'elle a.

S'il est échu des meubles à la femme durant le mariage et que le mari en ait fait faire inventaire, il repoussera les créanciers en leur tenant compte du montant ou en les représentant. Mais, si ces meubles ne sont point réalisés, les créanciers des successions ou donations d'où ils seront provenus auront le droit de poursuivre sur les communautés, puisque ce mobilier y tombait et que la communauté est tenue des dettes qui

les concernent ; ces créanciers pourront
même poursuivre sur le mobilier porté dans
le premier inventaire ; car la femme s'est
engagée personnellement, ainsi que le mari;
ils doivent répondre tous les deux de ces
dettes sur leur biens personnels ; d'abord,
en ce que la dette provient du chef de la
femme; en second lieu, en ce que la dette
est dette de communauté.

Il est bien entendu que le mari ne doit
pas rendre aux créanciers les fruits qu'il a
perçus des biens de sa femme avant la demande des créanciers; ces fruits appartiennent toujours au mari et ne font pas partie
des propres conventionnels de la femme.

Mais les créanciers de la femme dont les
titres n'ont pas de dates certaines pourraient-ils réclamer le montant du mobilier
qu'elle aurait réalisé? et, dans le cas d'une
simple séparation de dettes, le mari ne s'af-
franchirait-il de leur action qu'en leur représentant l'inventaire et en leur tenant
compte de son montant? Qu'il y ait réalisation ou séparation de dettes purement et
simplement, ils ne peuvent se faire payer
que sur la nue propriété des immeubles de
la femme, *id est* sur ses propres réels. Il

est vrai que le mobilier réalisé est propre ;
par conséquent qu'ils devraient pouvoir le
saisir-exécuter. S'ils ont droit d'exécuter
les propres réels, *à fortiori* les meubles, *id
est* les propres conventionnels. La raison
pour laquelle ils peuvent exécuter les propres réels, c'est que la nue propriété en
appartient à la femme; la raison qu'ils ne
le peuvent en ce qui concerne les effets
réalisés, c'est qu'ils n'appartiennent pas à
la femme; elle n'est créancière que du montant de leur estimation; que ce serait nuire
au mari que de leur permettre cette exécution; que d'ailleurs il doit jouir des meubles de sa femme, et qu'on ne peut lui ôter
cette jouissance en vertu d'un titre qui n'offre aucune garantie et qui peut être le fruit
de la collusion.

Pothier dit qu'il y a quelque chose de
particulier pour le cas auquel une veuve
débitrice d'un compte de tutelle envers ses
enfans d'un précédent mariage, en contracte
un second avec convention de séparation
de dettes; que, suivant un arrêt de régle-
ment du parlement de Paris, du 14 mars
1731, l'inventaire n'est réputé valable qu'autant qu'il est fait avant le mariage, devant

notaire et en présence d'un tuteur *ad hoc*, nommé aux enfans. Faute de quoi le mari était tenu solidairement avec sa femme du compte de tutelle dû aux enfans, nonobstant la clause de séparation de dettes et nonobstant celle d'exclusion de communauté. Le Code civil n'exige point ce tuteur *ad hoc*. L'article 395 ne fournit aucun argument en faveur du système adopté par cet arrêt, et l'article 1510, que nous examinons, dit, sans aucune distinction, qu'en cas de séparation de dettes, la communauté ne devra pas celle de la femme, antérieure au mariage, au-delà de ce qu'elle aura apporté, quand les meubles seront constatés par inventaire; ce qui doit comprendre les dettes résultant du compte de tutelle dû aux enfans d'un premier héritage, comme les autres dettes de la femme.

Mais il faut qu'il existe un inventaire que le mari puisse opposer aux enfans de son épouse. Pourvu que cet inventaire soit fait et qu'il soit exact, il pourra être opposé aux enfans. Mais n'est-il pas nécessaire d'examiner si l'on s'est conformé au prescrit de l'article 395? L'article 396 ne rend le mari solidaire avec sa femme que pour la gestion postérieure au mariage; dans cet article on suppose que le conseil de famille a conservé la tutelle à la mère. Dans l'article 395 la tutelle n'a pas été conservée à la femme, elle l'a perdue de plein, pour n'avoir pas convoqué le conseil, et la loi rend le mari solidairement responsable *de toutes les suites de la tutelle qu'elle aura indûment conservée.* D'où naît la question de savoir si le mari est également responsable des faits de tutelle antérieurs au second convol. M. Grenier, après avoir cherché à prouver que telle a été l'intention du législateur, d'après ce qui a été dit au Tribunat, termine ainsi : « Cette responsabilité solidaire pour la » gestion passée, comme pour la gestion à » venir, a dû être une peine justement » infligée au nouveau mari, à raison de sa » négligence à faire nommer un tuteur et » à faire un nouvel inventaire. Elle a dû » être une suite de la présomption que le » mari s'empare frauduleusement de tous les » biens de la femme, même de ce qui a » pu provenir de la fortune des enfans mi- » neurs, et il devait en répondre, tout cela » étant ou la propriété des enfans ou le » gage de leurs répétitions. »

On voit que cet auteur suppose qu'il n'a
été fait aucun inventaire du mobilier de la
femme, et qu'on n'a pas convoqué le conseil
de famille. Nous supposons au contraire
que le conseil de famille n'a pas été convoqué pour savoir si la tutelle serait conservée
à la femme, mais cependant qu'inventaire
authentique a été fait des effets mobiliers
de la femme ; alors on ne peut reprocher
au mari de s'être frauduleusement emparé
des biens des mineurs. Je ne sais pas trop
en ce cas ce qu'on peut reprocher au mari.
Sans doute le conseil de famille n'a pas été
convoqué ; mais toujours est-il qu'il a pris
la précaution que lui indique l'article 1510.
Néanmoins il faut faire attention à une
chose : l'inventaire auquel on a procédé
ne constate que le mobilier de la femme et
des enfans ; il ne fait pas mention de l'état
des propriétés appartenantes aux mineurs,
dont ce nouveau mari va prendre lui-même
l'administration. De plus d'une manière la
femme aura pu contracter des dettes envers
ses enfans ; de plus d'une manière on aura
pu leur nuire par suite d'une mauvaise gé-
stion ; si le conseil de famille eût été convoqué pour savoir si la tutelle serait con-

servée, il se serait enquis de l'administration de la femme, et ce n'est que parce
qu'il en aurait reconnu la sagesse, ainsi que
la moralité et la capacité du nouveau mari,
qu'il l'aurait conservée à la mère. On voit
donc que l'inventaire seul ne peut remplir
le vœu de la loi; que les époux, le mari lui-
même, est en faute, puisqu'il est menacé
d'une peine s'il ne remplit cette formalité;
formalité qui lui est prescrite, quel que soit
le régime sous lequel il s'est marié. Néanmoins, s'il s'était marié sous la communauté
légale sans aucune modification, l'article
395 ne dirait rien; car de plein droit toutes
les dettes contractées par la femme seraient
au compte de la communauté; mais, lorsqu'elle a été modifiée, qu'il y a par exemple
séparation de dettes ou même séparation de
biens, le mari doit être garant, parce qu'il
est cause par sa négligence qu'on n'a pas
retiré la tutelle à la mère, qu'on n'a pas plutôt réparé le mal qu'il a fait, et que du
reste ce mal peut être aussi bien attribué
à lui qu'à elle. Mais, lors même qu'il serait
démontré que le préjudice causé par la
femme aux mineurs est antérieur au second
convol, le mari doit la même chose répon-

dre: L'article 395 ne souffre point de distinction; si le mari en voulait faire, on lui
répondrait: Si le conseil de famille eût été
convoqué, on eût pu prendre des mesures
contre la tutrice qui auraient conservé les
droits des mineurs; il était temps encore.

Mais, si vis-à-vis des enfans mineurs le
mari ne peut opposer l'inventaire qu'il a
fait faire, vis-à-vis la femme il pourra toujours prouver que la dette qu'il a payée a
été contractée par elle antérieurement au
mariage.

M. Grenier donne aussi aux mineurs l'hypothèque légale sur les biens du second mari,
qui se trouve, soit dans le cas de l'article
395, soit dans celui de l'article 396; c'est
ce que nous avons dit dans les volumes
précédens. Voyez d'ailleurs M. Grenier lui-
même, p. 615 et suivantes de son premier
volume des hypothèques.

Le même auteur observe que l'article 396
s'applique également au troisième et au qua-
trième mari. Nous ajoutons que l'article 395
s'y appliquerait également.

Si la femme, devenue veuve de son premier mari, a eu le soin de faire procéder
à l'inventaire prescrit par l'article 1442, en

présence du subrogé-tuteur, il est inutile,
quand elle se remarie avec séparation de
dettes, d'appeler un *tuteur ad hoc*, pour procéder à celui dont parle l'article 1510, si
toutefois il en est fait un nouveau conformément à cet article. Il est même inutile
d'y appeler le subrogé-tuteur, parce que,
par le premier inventaire, les droits des
enfans du premier lit sont fixés. Il suffira
donc, conformément à l'article 395, de con-
voquer le conseil de famille, et, conformément à l'article 1510, de faire un inventaire
du mobilier de la femme ; cependant l'inventaire auquel on aura procédé aux termes
de l'article 1442, ne pourrait-il pas dispenser
de celui prescrit par l'article 1510? Du moment où les objets mobiliers de la femme
s'y trouvent mentionnés, il semblerait devoir
suffire. Mais il est à remarquer que dix mois,
un an, auront pu s'écouler depuis la con-
fection de cet acte ; dans cet intervalle la
femme aura pu en acquérir, soit à titre
onéreux, soit à titre gratuit. Que cela fait-
il? Les créanciers saisiront alors ce mobilier, puisqu'il ne sera pas inventorié, qu'il
ne se trouvera ni sur l'inventaire du mari ni
sur celui de la femme ; car, d'après l'article

1510, ils ont droit sur tout ce qui n'est pas inventorié. Il ne faut pas néanmoins se dissimuler une difficulté qui naît de l'article 1510. Lorsqu'il y a eu inventaire du mobilier de la femme, les créanciers de celle-ci n'ont-ils droit que sur ce seul mobilier? Le reste est-il censé appartenir au mari? En d'autres termes, est-il rigoureusement vrai de dire qu'il faut un inventaire du mobilier de l'un et de l'autre époux, quand il y a simplement séparation de dettes? L'article 1510 le fait croire, puisqu'il dit dans sa première disposition, *si le mobilier apporté par les époux*, etc., etc., et dans sa dernière disposition, que les créanciers ont droit sur le mobilier échu durant le mariage, s'il n'a pas été pareillement constaté. Or cela s'entend aussi du mobilier du mari; donc il doit aussi faire constater le sien, et que celui qui ne l'est pas, est présumé appartenir à l'époux débiteur; il faut que l'époux non débiteur prouve son droit de propriété sur le mobilier qu'il veut soustraire à leur action.

Ce qui ne me laisse pas douter que la loi exige que le mari fasse faire inventaire de son mobilier, c'est que, s'il suffisait de représenter un inventaire de la part de la

femme pour forcer les créanciers de celle-
ci à n'agir que sur le mobilier qui y serait
porté, il arriverait que le mari ne ferait jamais inventaire de celui qui écherrait à la
femme; alors il le soustrairait à l'action des
créanciers. C'est donc dans cette crainte
que la loi exige qu'il soit fait inventaire du
mobilier qui échoit à l'un et à l'autre, parce
que les créanciers de la femme, qui ne sont
pas obligés de savoir quelles sont les différentes successions qui échoient aux époux,
ne peuvent savoir si le mobilier qui se trouve dans la maison maritale vient du chef
du mari ou du chef de la femme; il n'y a
qu'un acte authentique qui puisse les en
convaincre. Il peut y avoir fraude, s'il n'y
a pas inventaire de part et d'autre, et c'est
ce que la loi a voulu éviter. Lorsqu'il y a
communauté réduite aux acquêts, comme
la clause emporte séparation de dettes, il
faut prendre la même précaution. L'article
1510 doit être général pour tous les cas où
il y a séparation de dettes expresse ou tacite, si la clause est conçue de manière à
ce que les créanciers puissent être con-
traints de n'agir que sur ce mobilier apporté
par son débiteur.

Cependant, si le mari achète du mobilier pendant le mariage, sera-t-il obligé de le faire constater par un acte authentique ? L'article ne parle que de celui apporté, *id est* celui existant lors du mariage, et de celui qui échoit; or ce dernier s'entend du mobilier qui advient par succession, donation ou legs. Il est prudent de la part du mari de faire constater le mobilier qu'il achète, par acte notarié. Cependant un acte sous seing privé semble devoir suffire, puisque l'acte authentique n'est exigé que pour celui qui échoit, ce qui veut dire celui qui advient à titre gratuit.

Lorsque les époux stipulent une séparation de dettes, il est important qu'ils fassent un état des dettes de chacun d'eux. Autrement, le mari pourrait facilement tromper sa femme; en effet, s'il a beaucoup de dettes, la femme ne les connaissant point, et ne sachant le nombre de celles qu'il aura acquittées aux dépens de la communauté, elle sera nécessairement victime: elle n'aura que la ressource d'une preuve qu'elle ne pourra souvent faire.

Pothier prétend que ce n'est que pendant la durée de la communauté que les créan-

ciers de la femme peuvent poursuivre le
mari, faute de représenter un inventaire;
qu'aussitôt la dissolution de la communauté, il n'ont plus que la voie de saisie-
arrêt entre les mains du mari pour ce qu'il
peut devoir à sa femme. M. Delvincourt
combat cette opinion. Il dit que, lorsqu'il
n'y a pas d'inventaire, les créanciers sont
vis-à-vis le mari comme s'il n'y avait pas
de séparation de dettes. L'opinion de ce dernier auteur nous semble préférable.

Lorsqu'il y a clause de séparation, il est
dû récompense à la communauté des sommes que l'un des époux en a tirées pour
payer ses dettes personnelles antérieures au
mariage, encore bien qu'il se fût réservé
par le contrat de vendre un de ses propres
pour les acquitter et qu'il n'ait point fait
usage de cette faculté. 20 février 1815, Cour
d'appel de Paris. Dans l'espèce l'on avait
prétendu que la vente du propre n'ayant
point été faite, la communauté avait été
très-richement indemnisée par les revenus
de ces biens, dont elle avait profité, et
qu'elle n'aurait point reçus, si le conjoint
eût vendu comme il en avait le droit. Système qui ne pouvait se soutenir: il aurait

fallu que ce conjoint eût exclu de sa communauté les revenus dont il s'agit.

Mais la personne qui réclamait les droits du conjoint non débiteur, c'est-à-dire de celui au préjudice duquel les dettes avaient été acquittées, avait une prétention. Elle voulait exercer la reprise du montant total des dettes payées, avec intérêt à compter du jour de la dissolution. L'arrêt précité a décidé qu'en principe l'époux qui, sous le régime de la communauté, prend des deniers dépendans d'icelle, pour les employer à l'acquit de ses dettes personnelles, est réputé ne faire *qu'un prélèvement anticipé à valoir sur sa part des bénéfices ; qu'il s'opère par là de droit et jusqu'à due concurrence une confusion de ce qu'il prend avec ce qui lui reviendra lors de la dissolution de cette communauté ; que de ces principes il résulte que, dans une telle circonstance, l'époux n'est débiteur que de ce qui manque pour compléter la part de son conjoint ; et qu'il ne doit par là même que les intérêts de cet excédant à compter du jour de la dissolution.* A cet égard nous croyons l'arrêt susceptible de critique. Aux termes de l'article 1473, les récompenses dues par l'un des époux à la communauté emportent intérêt de plein droit du jour de la dissolution de celle-ci. Cet inté-rêt court jusqu'à ce qu'il y ait eu partage de la communauté, jusqu'à ce qu'il y ait eu novation dans la créance. Tant que la com-munauté n'est pas partagée, elle est encore considérée comme un troisième être qui a ses droits particuliers. Il n'est écrit nulle part dans la loi que celui qui acquitte ses dettes personnelles avec les deniers de la communauté ne fait qu'un prélèvement anticipé à valoir sur sa part des bénéfices; il n'est écrit dans aucune loi qu'il s'opère en ce cas et de plein droit, jusqu'à due concurrence, confusion de ce qu'il prend avec ce qui lui reviendra lors de la disso-lution de cette communauté. Cette confu-sion légale ne pouvait résulter que d'une loi expresse, et une loi expresse la contredit de la manière la plus formelle. D'après l'ar-rêt, le conjoint aurait fait un prélèvement à valoir sur sa part dans la communauté, dans les bénéfices de celle-ci, ce qui n'est pas et ce qui ne peut être ; ce serait la partager par anticipation. Il n'y a aucun partage tant que les parties n'ont point fait de partage; lorsqu'on y prend une somme, on contracte une dette envers elle, et voilà tout. Tout ce que pourrait faire le conjoint qui tire une somme de la communauté pour payer ses dettes, ce serait de la compenser avec une somme que lui devrait la communauté. Hé bien, supposons donc que l'un des conjoints soit, avant la dissolution de la communauté, débiteur et créancier envers la communauté. Si la somme qu'il a tirée de la communauté est un prélèvement *anticipé* sur les bénéfices ou sur sa part dans la communauté, et que cela n'excède point sa part dans ladite communauté, il ne devra aucun intérêt; il aura donc le droit de répéter l'intérêt de la somme qui lui sera due? Il faut bien le croire; car, si cette créance est postérieure à la dette, ce n'est pas avec elle qu'elle se compensera. Tout cela serait subversif des principes les mieux établis.

Nous n'avons rien à dire sur l'article 1512.

~~~~~~~~~~~~~~~~~~~~~~~~~~~~~~~~~~~~~~

XIII.e LEÇON.

Clause de Franc et Quitte.

CETTE clause est la stipulation par laquelle le père, la mère ou tout autre parent, tuteur ou étranger, de l'un des époux ou des deux époux, le déclare ou les déclare par le contrat de mariage, franc et quitte de toutes dettes antérieures au mariage ; les deux époux peuvent en effet être tous les deux déclarés francs et quittes. De cette manière, les parens se sont portés forts qu'ils n'avaient pas de dettes.

Il est possible que la déclaration ne soit faite que par les époux eux seuls, et alors elle ne concerne qu'eux ; mais dans ce cas elle n'est qu'une séparation de dettes pure et simple.

Autrefois, quand une telle déclaration avait été faite par les auteurs du conjoint, elle n'avait d'effet qu'entre les auteurs de la déclaration et le conjoint du déclaré franc ; elle ne produisait d'effet contre le conjoint déclaré franc qu'autant qu'il avait fait la même déclaration.

Sous le droit actuel, l'époux déclaré *franc et quitte* est considéré comme ayant été partie dans la déclaration, et de la même manière que s'il l'eût faite lui-même. L'article 1513 donne, en cas de poursuite contre la communauté, une indemnité, soit sur la part du déclaré franc en la communauté, soit sur ses biens personnels, et n'accorde de recours contre les auteurs de la déclaration que par voie de garantie et quand il y a insuffisance dans les biens personnels de l'époux déclaré franc. Notre jurisprudence est préférable à l'ancienne. En effet il y a mauvaise foi de la part de l'époux déclaré franc de ne pas convenir de l'état de ses affaires, s'il les connaît ; cette stipulation est toute à son avantage, ayant lieu pour lui assurer un établissement avantageux.

La clause de franc et quitte peut-elle être faite postérieurement au mariage ? Non, parce qu'elle dérogerait nécessairement au contrat de mariage ; un seul exemple va le prouver. Les époux se sont mariés sous le

régime de la communauté légale. Chacun y
apporte tout son mobilier et toutes ses
dettes. Si la femme renonce à la communauté, elle laisse toutes les dettes qu'elle
avait elle-même contractées au compte de
son mari; si elle est forcée de les payer,
elle a un recours contre lui. Ses parens la
déclarent franche et quitte; elle y accède:
mais cela se fait après la célébration du
mariage. Voilà sa position changée; car,
margré sa renonciation, ses dettes rejailli-
ront sur elle. En effet le mari justifie en
avoir payé pour 30,000 fr.; il a un recours
contre les auteurs de la déclaration, qui, à
leur tour, agiront contre la femme malgré
sa renonciation. Sa position se trouverait
donc changée.

Dans l'ancienne jurisprudence la clause
dont nous parlons n'emportait point de
plein droit séparation de dettes antérieures
au mariage. Les dettes tombaient toujours
dans la communauté; cependant rien ne
s'opposait à ce que, outre la déclaration de
franc et quitte, les époux se séparassent de
dettes.

En est-il de même aujourd'hui? Cet article est un exemple bien frappant du dan-

ger qu'il y a de vouloir juger du droit nouveau par le droit ancien. Les auteurs des
Pandectes, auteurs profondément instruits
et qu'on ne peut s'empêcher d'admirer,
malgré leurs nombreuses erreurs, ont mot
pour mot suivi la doctrine de Pothier. Nous-
mêmes, pleins de la lecture de ce célèbre ju-
risconsulte, et convaincus que le législateur
l'avait suivi dans ce cas comme en tant
d'autres, nous avons long-temps cru que
la clause de franc et quitte n'emportait pas
séparation de dettes antérieures au mariage.
Il suffit cependant de lire l'article 1513, pour
voir qu'il emporte séparation de dettes.
Sans doute il n'a pas pour unique but d'établir
une séparation de dettes entre époux, ce
n'est pas là même son principal motif. Son
principal motif est d'indemniser l'un des
conjoints du préjudice que peuvent lui causer les dettes de celui qui est déclaré franc;
préjudice qui a plus ou moins d'étendue,
selon qu'il est causé au mari ou à la femme;
mais toujours est-il que la clause emporte
séparation de dettes. En effet voilà ce que
porte l'article 1513 : « Lorsque la commu-
» nauté est poursuivie pour les dettes de
» l'un des époux déclaré par contrat franc

» et quitte de toutes dettes antérieures au
» mariage, le conjoint a droit à une indem-
» nité qui se prend, soit sur la part de com-
» munauté revenant à l'époux débiteur, soit
» sur les biens personnels dudit époux ,
» etc., etc. » On défie de ne pas voir là
une séparation de dettes. Quand la communauté a payé, le conjoint du déclaré a droit
à une indemnité qui se prend sur la part
de communauté revenant à l'époux débiteur
ou sur ses biens ; c'est donc parce que la
communauté ne doit pas ces dettes. La loi
ne distingue pas si ces dettes empêchent
seulement la femme d'être remplie de ses
reprises et conventions matrimoniales ; elle
ne distingue pas la sorte de préjudice que
les dettes de son mari déclaré franc lui causent ; la loi dit qu'elle a droit à une indemnité, parce que la communauté a été poursuivie et forcée de payer : la loi disant, *le
conjoint du débiteur* , cela s'entend de la
femme comme du mari. Pothier, lui au contraire, fesait une très-grande différence
entre le mari et la femme. Dans son n.º 366
il enseigne que l'opinion de Lebrun, suivie
par la jurisprudence, est que la femme n'a
point d'indemnité à réclamer si les dettes

13.

de son mari déclaré n'ont fait que diminuer sa part dans la communauté, pourvu
qu'elle soit remplie de toutes ses créances
contre lui ou contre la communauté. Au
contraire, dans son n.º 373, il dit : « Lors-
» que la femme qu'on a déclaré être fran-
» che et quitte n'a fait aucune donation à
» son mari, le mari ne pouvant en ce cas
» avoir aucune créance à exercer contre
» sa femme, le mari ne peut avoir d'autre
» intérêt que celui qu'il a, que les dettes de
» sa femme, antérieures au mariage, ne di-
» minuent pas sa communauté par les som-
» mes qu'il en faudrait tirer pour les ac-
» quitter, tant en principaux qu'intérêts :
» les parens de la fille s'obligent donc, par
» cette convention envers son mari, à payer,
» à la décharge de la communauté, toutes
» les dettes de sa femme antérieures au ma-
» riage. Si elles étaient déjà exclues pour
» le fonds par une clause de séparation de
» dettes, ils seraient censés s'être obligés
» d'acquitter la communauté des intérêts
» desdites dettes courues depuis le mariage,
» et pareillement des rentes constituées,
» etc., etc. »

De cette doctrine ne suit-il pas que le

mari doit être indemnisé du préjudice que
les dettes de la femme causent à la communauté? Il ne s'agit plus ici d'indemniser
le mari pour ses reprises et conventions de
mariage; il s'agit de l'indemniser du tort
que les dettes lui causent quant à la diminution qu'éprouve la communauté, et de ce
que sa part dans icelle sera moindre. Par
le fait, c'est donc ici une séparation de
dettes. Mais ce qu'il y a d'étrange, c'est que,
si cette séparation était expresse, la communauté était aussi indemnisée quant aux
intérêts qu'elles avaient produits. Cette jurisprudence était donc bizarre.

Nous croyons donc, Messieurs, qu'aujourd'hui la clause emporte séparation de
dettes; que la jurisprudence est changée:
nous vous en avons donné la preuve par
l'analyse que nous avons faite de l'article
1513. Nous pouvons même vous faire apercevoir la raison de cette différence. C'est
que du temps de Pothier, la clause n'avait
d'effet qu'entre le conjoint du déclaré et
les auteurs de la déclaration, comme nous
vous l'avons déjà dit, et non entre les époux.
Aujourd'hui elle produit son premier et
principal effet entre les époux; ce n'est que

subsidiairement qu'elle en produit contre les auteurs de la déclaration. Si même il existe inventaire, conformément à l'article 1510, le mari pourra repousser l'action des créanciers de la femme. L'époux lui-même a déclaré qu'il n'a pas de dettes ; c'est donc qu'il entend les exclure de la communauté. Mais vous remarquerez bien que cette clause n'emporte pas réalisation, et qu'elle n'a pas pour effet d'empêcher que les dettes de l'époux non déclaré tombent dans la communauté.   -

Nous disons que, s'il a été fait inventaire du mobilier de chacun des époux, les créanciers de la femme pourront être forcés de n'agir que sur le mobilier de la femme ; la loi ne le dit pas expressément pour le cas qui nous occupe ; l'article 1513 suppose même que la communauté peut être poursuivie pour les dettes de l'époux *déclaré ;* mais il me semble que cet article raisonne dans l'hypothèse où il n'a pas été fait d'inventaire, parce qu'alors la clause n'a pas d'effet vis-à-vis des tiers. Mais, s'il en a été fait, on se trouve dans le cas des articles 1499, 1510, 1511 : nous le croyons du moins.

Examinons maintenant les différens préjudices que les dettes du déclaré peuvent causer à son conjoint.

Ces dettes peuvent causer plusieurs sortes de préjudices. Le premier est celui qui a rapport à la dot et autres conventions matrimoniales dans le cas d'insolvabilité du mari, sur les biens duquel la femme n'a pas de quoi se payer pour une somme égale à celle pour laquelle elle eût été colloquée sans les dettes qu'on lui avait garanti que son mari n'aurait pas. Par exemple, supposons la communauté dissoute et les biens du mari discutés; il n'a laissé aucuns effets mobiliers, ou, s'il en a laissé, ils ont servi à payer des dettes privilégiées, telles que celles du boucher, du boulanger, des domestiques, etc., etc. Les immeubles ont été vendus, déduction faite des frais, 3o,ooo fr., et il se trouve 4o,ooo fr. de dettes antérieures au mariage, mais des dettes hypothécaires, car des dettes chirographaires ne nuiraient pas à la femme. Ces créances de 4o,ooo fr. empêchent la femme de se faire payer de ce qu'elle a le droit de réclamer à son mari, je suppose 5o,ooo fr. Quel préjudice causent les dettes antérieures au mariage? Elles empêchent la femme de toucher les 30,000 fr. provenans du prix des biens de son mari. Ces dettes ne lui causant que ce préjudice, elle n'a donc recours contre les auteurs de la déclaration que pour cette somme, et non pour 50,000 fr.

Nous avons supposé que les biens du mari déclaré franc se trouvaient grévés de dettes hypothécaires, et nous avons vu quelle sorte de préjudice la femme en pouvait souffrir, et quel était le recours qu'elle pouvait exercer contre les auteurs de la déclaration ; les biens du mari se trouvant hypothéqués à des tiers avant le mariage, l'hypothèque de la femme, quoique légale, ne peut marcher en effet avant eux. Mais supposons que les biens du mari déclaré franc ne consistent qu'en mobilier, et que ce mobilier ayant été vendu selon les formes ordinaires, n'ait produit qu'une somme de 15,000 fr., sur quoi il y a 120,000 fr. de dettes, 40,000 fr. dus à la femme, 40,000 fr. dus aux créanciers de la communauté, 40,000 fr. dus antérieurement au mariage ; les créanciers antérieurs au mariage seront colloqués pour 5,000 fr., ainsi que les autres créanciers ; la femme le sera aussi pour cette somme. Sans ces dettes antérieures, combien la femme aurait-elle eu de plus? 2,500 fr.; ces dettes ne lui font tort que de cette somme ; les auteurs de la déclaration ne lui devront donc que 2,500 fr., parce que c'est le seul tort dont ils se sont rendus garans envers la femme : on voit alors que les auteurs de la déclaration ne doivent pas l'indemniser de tout ce que son mari peut lui devoir, mais seulement du préjudice que lui causent les dettes antérieures.

Cependant ces dettes peuvent lui causer d'autres préjudices. Le paiement de ces dettes a nécessairement diminué l'aisance et les affaires de la communauté; l'argent qu'on en a tiré eût été employé à la faire prospérer; on en eût tiré des fruits, c'est-à-dire un intérêt quelconque, une jouissance quelconque; lequel intérêt ou jouissance devrait former un capital pour lequel la femme devrait avoir également un recours. Supposons donc que la femme accepte la communauté; aura-t-elle action contre son mari pour la moitié des capitaux et des intérêts ?

Si la clause emporte séparation de dettes, comme nous le pensons, il n'y a pas le moindre doute en ce qui concerne les

capitaux des dettes. Mais, quant aux intérêts qu'ont produits ces dettes jusqu'au paiement qu'on en a fait, et celui qu'auraient
produit les sommes tirées de la communauté pour acquitter les dettes du déclaré
jusqu'à la dissolution de la communauté,
cela en souffre beaucoup. L'article 1512
porte que la clause de séparation de dettes
n'empêche pas que les intérêts et arrérages
courus depuis le mariage ne soient au compte de la communauté, et nous disons que
la clause de franc et quitte emporte séparation de dettes ; la communauté devrait
donc être tenue de ces intérêts et arrérages. Malgré cela, nous ne le pensons pas.
La clause de franc et quitte renferme un
lien plus fort, une obligation de plus que
la simple séparation de dettes. La clause de
franc et quitte a pour but d'indemniser le
conjoint du déclaré du préjudice que lui
causent les dettes de ce dernier, *id quanti ejus
interest* qu'il fût tel qu'on l'avait déclaré.
D'un côté, en matière de séparation de
dettes ordinaire, le conjoint du débiteur est
comme prévenu que celui-ci a des dettes,
chacun d'eux est censé s'y attendre ; au contraire, quand l'un d'eux est déclaré franc,

et que cette déclaration émane de lui-même,
puisqu'il est présent à la déclaration, on ne
doit pas s'attendre qu'il aura des dettes,
on ne doit pas s'attendre à en payer les intérêts ; quand elles se découvrent, elles sont
une surprise pour le conjoint qui ne doit
pas en être victime, puisqu'on l'avait garanti
qu'il n'y en avait pas. L'article 1528 ne peut
ici être applicable, parce qu'il ne peut
avoir plus de force que la convention des
parties.

En dirons-nous autant de l'intérêt que
le conjoint voudrait réclamer pour les sommes qu'on aura tirées de la communauté
pour payer les créanciers? La question est
beaucoup plus difficile ; car c'est faire produire de plein droit des intérêts dans un
cas non prévu par la loi. Il est bien sensible que ce paiement cause préjudice à la
communauté. Dira-t-on qu'on pouvait s'en
dispenser en laissant vendre les biens du
débiteur? Cela ne dirait rien, car la vente
de ces biens cause également un préjudice,
puisqu'on perd les fruits qu'ils produisaient.
D'un autre côté, en ne fesant pas supporter
cet intérêt à l'époux débiteur ou aux auteurs
de la déclaration, on scinde l'effet de la

Déclaration, on n'imdemnise plus la communauté de *id ejus quanti interest* que le déclaré fût tel qu'on l'avait dit. Peut-on bien dire d'ailleurs qu'un tel intérêt soit légal? Il nous semble bien plutôt conventionnel; car, s'il n'est pas expressément convenu, il l'est tacitement.

Par suite de cette déclaration, il est possible que la femme se soit obligée pour son mari, soit conjointement et solidairement. Devra-t-elle être indemnisée quant à ce par les auteurs de la déclaration? Ces derniers diront qu'ils ne sont point censés avoir prévu ce cas; que si la femme a des créances contre son mari pour s'être engagée avec lui, c'est un fait purement volontaire de sa part; que rien ne l'engageait à le faire; qu'il y a faute de sa part; qu'ils n'ont garanti que quant à ce que la femme pourrait réclamer pour ses conventions matrimoniales, et que leur garantie n'a point lieu relativement à tout ce qui peut y être étranger.

Ce serait un erreur: ces auteurs qui ont déclaré le mari franc, doivent répondre à la femme de tout ce qu'il importe à cette dernière qu'il soit tel, non-seulement quant à

ses conventions matrimoniales, mais encore
quant à ses propres aliénés, dont le prix
n'a pas été remployé. S'ils doivent répondre
de ces dernières créances, ils doivent également répondre à la femme des obligations
qu'elle a pu contracter pour ou avec son
mari, ainsi que nous l'avons dit plus haut;
si elle aliène ses propres, c'est encore vo-
lontairement de sa part, rien ne l'y con-
traignait. La femme ne peut-elle pas dire
d'ailleurs qu'elle n'a fait l'un et l'autre que
parce qu'on lui avait répondu que son mari
n'avait point de dettes antérieures à son
mariage; qu'elle a dû compter sur les biens
de son mari, francs de toutes dettes; que,
sans la déclaration de franc et quitte, elle
n'aurait ni vendu ni contracté aucun engagement pour lui; qu'elle né l'a fait que parce
qu'elle voyait la possibilité d'être payée sur
des biens qui ne devaient rien?

Nous voyons que, relativement à ces deux
sortes de créances, la femme peut avoir un
recours; elle en a un également pour tout
ce dont elle aurait stipulé la reprise en son
contrat de mariage, et même pour son préciput, si elle l'eût stipulé en cas de renonciation à la communauté; également pour

la donation qu'il lui aurait faite par contrat de mariage, en cas de survie ou autrement. Les parens, qui ont eu connaissance de la libéralité, sont censés s'être engagés à la faire bonne, ou plutôt à ce qu'elle ne soit point diminuée par les dettes du mari, antérieures au mariage. Si la donation était postérieure au mariage, il n'y a pas de difficulté, les déclarans n'en répondraient pas.

Voilà différentes créances que la femme peut réclamer même contre les auteurs de la déclaration, mais discussion préalablement faite des biens de son mari.

Si c'est la femme qui a été déclarée franche et quitte, ce qui est toujours le cas le plus rare, le mari a aussi un recours à exercer contre les déclarans ; mais il ne peut s'étendre aussi loin que celui de la femme : on l'étendra, par exemple, à la donation contractuelle que la femme lui aura faite, aux dettes qu'il aura acquittées pour la femme, et qui ont été tirées de la communauté ; mais, si ces dettes résultaient d'actes qui n'auraient pas de dates certaines, le mari pourrait-il recourir contre les auteurs de la déclaration ? L'article 1513 est-il applicable à ce cas ? Sans doute les déclarans sont des tiers; ils ne sont pas aux droits de la femme; ils n'ont pas succédé à son obligation; ils ne sont que ses cautions; ils peuvent dire au mari qu'il pouvait se dispenser de les payer. Il pourrait y avoir une collusion funeste pour les déclarans, dont il faut éviter les résultats. Nous ne pensons même pas que le mari puisse être admis à prouver que ces dettes existaient réellement , parce que rien ne l'obligeait à les payer, opposerait-on même que les créanciers pouvaient poursuivre la femme sur la nue propriété de ses biens.

Si le mari s'est obligé pour les intérêts personnels de la femme, si, par exemple, il a répondu aux ouvriers qui auraient été employés à de grosses réparations concernant un propre de la femme, il aurait encore un recours en garantie contre les auteurs de la déclaration. Mais, si le mari a vendu quelques-uns de ses propres et qu'il n'en ait pas été fait de remploi, la femme ne lui devant rien à cet égard sur ses biens personnels, il n'a aucune garantie à exercer contre les déclarans; car il ne l'a qu'autant qu'il a action sur les biens personnels de la femme; par exemple, s'ils avaient doté

conjointement un enfant commun et que
le mari eût payé toute la dot. Quoique la
femme ne fût point obligée de doler, le
mari n'a pu doter aussi fort que parce que
sa femme dotait conjointement avec lui, et
qu'il savait que les biens qu'elle avait, ayant
été garantis francs, étaient suffisans pour
lui garantir la moitié de la dot.

Cependant il se présente ici une difficulté. Supposons que le mari ait eu connaissance des dettes de sa femme, et que,
malgré qu'il sût qu'elles absorbaient une
partie de son patrimoine, il ait doté conjointement et solidairement avec elle un
enfant commun. Aura-t-il également un
recours contre les auteurs de la déclaration
pour le préjudice que ces dettes lui causent?
La loi ne fesant point cette distinction, nous
pensons que le conjoint peut, dans l'un
comme dans l'autre cas, dire qu'on lui avait
garanti que le déclaré n'avait pas de dettes,
qu'on s'en était fait fort.

Nous voyons donc que, non-seulement la
femme a recours contre les auteurs qui ont
déclaré son mari franc et quitte, mais que
le mari a également cette action contre ceux
qui ont déclaré sa femme. Il existe cepen-

dant une différence ; c'est que le mari peut
exercer son recours durant l'existence de
la communauté, comme après sa dissolution, tandis que la femme ne le peut qu'à
la dissolution. Nous verrons bientôt aussi
qu'il existe d'autres différences entre l'homme
et la femme, quant à ce recours. Mais qu'il
me soit permis de dire ici que la clause
dont il s'agit n'a pas lieu seulement en matière de communauté; qu'il y ait exclusion
de communauté, séparation de biens, régime dotal, cela ne fait rien; on peut toujours établir la clause. En effet il peut toujours importer à chaque conjoint que son
conjoint soit tel qu'on le lui a déclaré; car
il pourrait n'avoir pas fait des sacrifices
qu'il n'a faits que sous la foi que son conjoint
était tel qu'on lui avait dit.

Nous devons dire aussi qu'il ne faut pas
confondre la clause dont il s'agit dans l'article 1513, avec celle par laquelle les parens
d'un conjoint s'engagent à payer ses dettes;
dans ce dernier cas, les parens seraient
obligés de payer sans pouvoir faire discuter
au préalable les biens du déclaré franc, et sans
pouvoir même recourir contre lui; c'est une
libéralité qu'ils sont censés lui avoir faite.

Si c'est la femme qui a été déclarée franche, du moment où cette clause emporte
clause de séparation de dettes en ce qui
la concerne, qu'elle accepte ou répudie la
communauté, elle est tenue de rembourser
aux déclarans ce qu'ils ont payé au mari par
suite de la clause; et après la dissolution de
la communauté, ils en ont la répétition
contre elle, parce que la communauté ne
peut être tenue de ses dettes, attendu la
clause de séparation de dettes. Remarquez
que les déclarans n'ont d'action contre la
femme qu'à partir du jour de la dissolution
de la communauté seulement.

Si c'est le mari qui a été déclaré franc,
et que les auteurs de la déclaration aient
acquitté les différentes créances de la femme
contre lui, ils ont aussi une action de recours sur ses biens actuels ou sur ceux
qu'il pourra acquérir, s'ils ne laissent pas
prescrire leur droit.

Toute personne peut faire la clause dont
il s'agit, *id est* toute personne peut se rendre garante dans cette circonstance, pourvu
qu'elle soit capable de s'obliger; les étrangers, je veux dire les non-parens même
peuvent faire la déclaration; à plus forte

raison, le tuteur le peut-il; l'article 1513
le dénomme même. Relativement à lui, il
me semble qu'il faut distinguer : s'il a pris
sur lui de déclarer le pupille franc et
quitte, il sera responsable ; mais si, après
avoir fait connaître au conseil de famille
l'état des affaires du mineur, il n'a point
induit ce conseil de famille en erreur, et
que celui-ci autorise le tuteur à faire la déclaration, les membres du conseil seront
garans, il n'aura été que leur interprète,
leur mandataire; c'est lorsqu'il parle en son
nom qu'il est garant : si au contraire le
conseil de famille, pour plus grand avantage pour le mineur, c'est-à-dire pour lui
procurer un établissement plus avantageux,
a décidé que le mineur serait déclaré franc,
et que le tuteur n'ait parlé qu'au nom du
conseil de famille, sans parler en son propre nom, le conseil de famille sera responsable; c'est alors que le tuteur n'aura rempli que les simples fonctions de mandataire.
En vain lui dirait-on qu'il connaissait mieux
que personne les affaires du pupille : du moment où il les a fait connaître au conseil
de famille, et que celui-ci a néanmoins pris
la résolution de déclarer le mineur franc,

on ne peut rien imputer au tuteur.

Comme il n'y a pas que le tuteur seul
qui préside au mariage et contrat de mariage du mineur, si d'autres que le tuteur
ont parlé dans la clause de franc et quitte,
ils seront également garans, de même que
le tuteur le sera seul, s'il a seul parlé et
parlé d'après lui-même.

Cependant, si quelques membres du conseil de famille n'eussent pas été d'avis de déclarer le pupille franc et quitte, je ne pense
pas qu'ils fussent garans, si on a mentionné
dans le procès-verbal qui a été dressé le
nom des personnes qui n'étaient pas de
l'opinion qui a prévalu. On ne peut avoir
de recours à exercer contre le juge de paix
qui a présidé à la délibération.

De la Faculté accordée à la femme de reprendre son Apport franc et quitte.

Nous allons parler d'une clause très-usi-
tée dans les contrats de mariage. C'est celle
par laquelle il est permis à la femme de
reprendre franchement et quittement ce
qu'elle a apporté dans la communauté. Cette
clause est très-avantageuse à la femme; car

elle a sa part dans le gain, si la communauté
prospère; si elle ne prospère pas, la femme
ne supporte point les pertes qu'elle a faites,
et néanmoins elle en retire ce qu'elle y a
laissé tomber, 1514.

Cette convention, comme vous le voyez,
est contraire aux règles ordinaires des sociétés. C'est la faveur due aux mariages qui
le veut. Cette clause est par conséquent de
droit étroit.

C'est à la dissolution de la communauté
qu'il y a ouverture à ce droit; par exemple,
par la mort du mari. Alors le droit qui dé-
rive de cette convention est acquis à la
femme; il fait partie de ses biens; elle peut
en disposer. Il est dans sa succession.

Pour que la femme puisse l'exercer, il
faut qu'elle renonce à la communauté; mais
cette renonciation n'est point apposée à la
convention comme une condition qui en
doive suspendre l'ouverture. C'est seulement la charge sous laquelle la femme doit
user de la faculté. Le droit est ouvert par
cela seul que le cas prévu est arrivé, c'est-
à-dire la dissolution de la communauté;
quand même la femme n'aurait pas encore
pris qualité, quand même elle n'aurait point

renoncé à la communauté avant de mourir, le droit se trouverait dans sa succession, il se transmettrait à ses héritiers.

Mais cette clause ne peut être trop clairement conçue. Car, malgré qu'elle soit de droit strict, il est des cas où l'on ne sait trop si l'on doit l'étendre ou la restreindre, lorsqu'on en vient à son exécution.

Supposez, par exemple, qu'il soit dit : En cas de prédécès de la part du mari, la femme survivante, renonçant à la communauté, reprendra tout ce qu'elle justifiera y avoir fait entrer. La dissolution de la communauté arrive, non par la mort du mari, mais par une séparation de corps ou de biens. Le mari dira que la condition sous laquelle la femme devait reprendre ne s'est pas réalisée. Néanmoins les parties ayant prévu le cas de la dissolution de la communauté par le prédécès du mari, elles ne sont pas moins présumées avoir prévu les autres cas de dissolution. On peut ajouter même qu'il eût été immoral de les avoir stipulés. Aussi n'est-il pas d'usage d'en faire mention. Du reste voyez l'art. 1164.

S'il y a eu séparation de corps ou de biens, et que la reprise de la femme ait

été exécutée, il peut y avoir difficulté si
la femme vient à prédécéder; attendu qu'on
avait dit dans le contrat que *la femme survivante et renonçante*, etc., etc. Néanmoins
on décide que le prédécès de la femme
n'apporte aucun changement à ce qui a été
fait en conséquence de la dissolution de la
communauté, sous le prétexte que la clause
n'avait point été étendue aux héritiers de
la femme; le mari ne pourra leur demander
la restitution des reprises. Ces reprises ne
sont point adjugées provisoirement à la
femme, mais bien définitivement. Voyez
Vaslin, coutume de la Rochelle, art. 46,
n.º 51, sauf le cas où la communauté eût
été rétablie conformément à l'article 1451.

La reprise étant accordée à la femme,
elle n'est pas censée être accordée à ses
héritiers, puisqu'elle est de droit strict. C'est
ce que l'article 1514 porte lui-même. Pour
que les héritiers puissent le faire, il faut
que le mari prédécède; alors, si la femme
ne l'a point exercée, ses héritiers renonçant
de son chef à la communauté, pourront
l'exercer. Mais rien n'empêche que la femme
étende la faculté à ses héritiers. Cela doit
être fait par le contrat de mariage; pendant

le mariage cela ne se peut. Quand elle étend
la faculté à ses héritiers, c'est alors la mort
de la femme qui y donne ouverture ; au
contraire, c'est la dissolution de la communauté arrivée par la mort du mari ou par
la séparation qui donne ouverture au profit de la femme au droit résultant de la convention dont il s'agit. Ce principe posé,
nous pourrons facilement décider la question
suivante. Supposons que le contrat de mariage porte : *Advenant le prédécès du mari,
la femme et ses héritiers reprendront*, etc.,
etc. C'est la femme qui prédécède; les héritiers renoncent à la communauté, on leur
oppose de la part du mari que la reprise
étant stipulée pour le cas du prédécès du
mari, et ce cas n'étant pas arrivé, il n'y a
pas ouverture à la reprise.

De la part des héritiers on répond que
ces mots : *Advenant le prédécès du mari*, ne
se rapportent qu'à la femme à qui, par cette
clause, la reprise est accordée en renonçant. Mais à leur égard ayant été aussi
comprise dans la convention, la reprise est
censée leur être accordée pour le cas du
prédécès de la femme, attendu que c'est le
seul cas qui puisse donner ouverture à leur

profit. Un arrêt du 13 décembre 1641 l'a
décidé ainsi, et c'est avec raison. Autrement
il eût été inutile de comprendre les héri-
riers dans la convention, puisque la clause
ne peut produire d'effet à leur égard que
dans le cas où c'est la femme qui prédécède;
or les actes doivent toujours être interprétés de manière à leur donner des effets,
1157.

On dit d'une manière générale: *En cas
de renonciation à la communauté, reprise sera
faite de tout ce que la femme aura mis ou
laissé entrer dans ladite communauté.* Cette
clause est mal conçue, puisqu'elle ne dési-
gne pas à quelle personne le droit appartient; on ne sait si elle ne concerne que la
femme seule, ou si elle s'étend à ses héritiers, s'entendant aussi bien de ceux-ci que
de celle-là; mais la clause est de droit étroit;
c'est pourquoi il ne faut l'appliquer qu'à la
femme seule, attendu qu'il n'y a pas de stipulation contraire.

Nous savons bien que cela contrarie ce
grand principe posé dans l'article 1122 que
l'on est censé stipuler tant pour soi que
pour ses héritiers, *qui sibi paciscitur sibi
hæredique suo paciscitur;* mais nous ne som-

mes pas ici dans les principes du droit
commun, nous sommes dans les cas exor-
bitans de ce droit, ce qui fait que les héritiers ne sont compris qu'autant que la
femme a étendu le droit jusqu'à eux. Quand
telle est son intention, elle doit les comprendre expressément dans la convention;
encore faut-il que les héritiers qui récla-
ment soient de la qualité de ceux dont il
est fait mention dans la stipulation. S'il
était dit, par exemple, que la faculté de reprendre est établie au profit de la future
et de ses enfans, et qu'elle ne laissât que
des collatéraux, la stipulation serait caduque. Sous le nom d'enfans on ne peut effectivement comprendre les collatéraux,
1514; mais sous le nom d'enfans nous comprendrons les petits-enfans; c'est dans l'é-
sprit du Code; voyez l'article 914. En effet
on est présumé avoir autant d'affection
pour ses petits-enfans que pour ses enfans.

Les enfans même d'un premier mariage
s'y trouvent compris.

La femme a dit *qu'elle et les siens* repren-
draient, etc., etc. Sous le mot *siens* com-
prendra-t-on les héritiers quels qu'ils soient?
Non; il ne faut comprendre que les héri-

tiers en ligne directe. Ce mot répond au
mot latin *sui*, qui ne s'appliquait qu'aux
enfans. Dans une acception étendue il dé-
signerait cependant les héritiers quels qu'ils
fussent; mais dans une clause de droit strict,
on le prend dans sa signification naturelle.

Quelquefois on stipule aussi le droit de
reprise dont il s'agit au profit de la future
et des enfans qui naîtront *du présent mariage;*
s'il n'en existe pas, quoiqu'il en existe d'un
premier lit, la stipulation est caduque; l'é-
vénement de la condition n'est pas arrivé.
S'il en naît, les enfans du premier lit pro-
fitent indirectement de la reprise par le
rapport que ceux du mariage *actuel* sont
obligés de faire de cet avantage à la succession de leur mère. Mais il serait possible
que la mère, en accordant la faculté de reprendre aux enfans qui naîtront *du présent
mariage*, les dispensât de rapporter. Le
peut-elle ? Nous ne le pensons pas. Et voilà
les raisons sur lesquelles nous fondons notre opinion :

On ne peut faire de donation qu'à des personnes conçues à l'époque de la donation, du
moins en général, art. 904. Ce n'est que par

exception., exception qu'a fait introduire la faveur due au mariage, que la femme peut stipuler que les enfans qu'elle aura prélè-veront son apport. Toutes les fois que la loi a permis de stipuler au profit des enfans à naître, elle en a fait une disposition ex-presse; et lors même qu'elle dispose en leur faveur, on ne doit pas aller au-delà du cas prévu par la loi. Or la loi n'a dit nulle part que la femme pourrait dispenser du rap-port les enfans en faveur desquels elle étend la faculté de prélever son apport. Ce n'est point dans ce cas qu'on peut donner par préciput; ce serait leur faire un avantage prohibé par l'article 904, ce serait disposer d'avance d'une portion de sa succession, chose qui n'est permise nulle part en faveur de ses enfans du premier degré, quand ils n'existent pas encore. Cet avantage est tel-lement une portion de la succession de la femme, que ses enfans n'y ont droit qu'en acceptant sa succession; c'est un droit qui n'appartient qu'à celui qui est héritier. Ce que les enfans du lit actuel prélèveront doit donc être rapporté aux termes de l'ar-ticle 843

On répond : La femme donne aux enfans

du second lit, cela est permis; or toutes les fois que la loi permet de donner, elle permet de dispenser du rapport, sauf le retranchement, s'il y a lieu. A cette objection on peut également répondre que ce n'est point ici un cas ordinaire; que la clause est exorbitante du droit commun, et qu'on ne peut l'étendre d'un cas à un autre; que la clause est moins faite en faveur des enfans dénommés qu'au profit de sa succession; que si on a limité la reprise au profit des enfans qui naîtraient du mariage actuel, c'est moins pour en priver ceux du mariage précédent que pour ne pas donner au mari le déplaisir de voir reprendre l'apport par des enfans qui ne sont pas les siens. Dans le cas où il n'en naîtrait pas, les parties n'ont pas voulu que ceux du premier lit fissent la reprise; mais lorsqu'elle se fait par un enfant du lit actuel, la reprise cesse alors d'être une libéralité au profit des seuls enfans nés de ce mariage; c'est une augmentation que subit la succession de la mère, et qu'on ne peut diminuer par avance au profit d'enfans qui n'existent pas encore. Autrement il n'y aurait pas de raison pour que la femme ne disposât pas en

faveur de l'aîné ou du plus jeune. Cette reprise qu'elle permet et qu'elle limite aux
enfans qui naîtront, est une reprise que
fera la succession de la femme, sous la condition qu'il naîtra des enfans de son présent
mariage. D'ailleurs remarquez bien, Messieurs, que ce n'est point une libéralité, une
donation dont entend parler l'article 1414.
C'est une simple faculté, un droit pur et
simple pour tenir lieu de la part que les
enfans auraient dans la communauté.

Mais pourrait-elle étendre la reprise aux
enfans de son précédent mariage, *avec dis-*
pense de rapport; le cas est tout différent.
La personne des donataires existe ici. Nous
pensons néanmoins que la libéralité doit
être acceptée: autrement on resterait dans
les termes de l'article 1514; ce ne serait plus
alors qu'une stipulation au profit de la succession éventuelle de la femme.

Quelques autres difficultés peuvent se
présenter; nous allons les parcourir le plus
brièvement qu'il nous sera possible. S'il
était dit que la reprise sera faite par les
enfans qui naîtront du mariage, que ce droit
appartiendra même aux héritiers collatéraux, les enfans d'un précédent mariage s'y

trouveraient compris, la femme étant présumée avoir plus d'affection pour les enfans
de ce mariage que pour ses collatéraux. On
comprendrait également dans la convention dont nous venons de parler les père
et mère, et cela par la raison que nous
venons de donner: des père et mère sont
des objets bien plus chers que des collatéraux.

Vous sentez que si la faculté est stipulée
tant au profit des enfans que des père et
mère de la femme, les collatéraux ne s'y
trouveront pas compris; et que les père
et mère ne l'exerceront qu'autant qu'il n'y
aura pas d'enfans ou de descendans; car,
comme on l'a déjà dit, pour exercer cette
faculté, il faut être héritier. Néanmoins,
si ces père et mère étaient en concours avec
des enfans naturels, ils l'exerceraient pour
leur part.

Si la reprise est stipulée tant en faveur
de la *femme que de ses héritiers*, les collatéraux y sont alors compris; en un mot,
tout héritier tant ascendant que descendant. Mais encore faut-il que la femme ait
des héritiers; car, si sa succession est va-
cante, le curateur ne peut reprendre l'ap-

port. On ne peut présumer que la femme
ait voulu stipuler pour le fisc. (1)

Si la femme n'a pas exprimé le mot *enfans*, mais seulement le mot *héritiers*, et
qu'elle ne laisse qu'un enfant naturel, *quid
juris?* La loi, comme on le sait, refuse à
l'enfant naturel la qualité d'héritier; les héritiers qui partageraient avec lui l'exerceraient pour leur part; l'enfant naturel n'y
aura aucun droit, lors même que toute la
succession lui appartiendrait. C'est là sans
contredit la lettre de la loi; mais est-ce
bien son esprit? Sous le nom d'héritier ne
comprend-on pas celui d'enfant? Cela
serait très-juste, c'était bien l'intention de
la mère; mais si, sous ce rapport, cela est
dans l'esprit de la loi, sous l'autre cela ne
l'est pas. La loi voulant envisager les enfans

_____

(1) Quoique la reprise ait été stipulée pour la femme
et ses héritiers, elle en peut disposer même en faveur de son mari; car, quelque étendue qu'on ait donnée
à la clause de reprise, elle ne confère aucun droit de
propriété en faveur des héritiers, ils ne sont pas pour
cela substitués à la femme. Voyez Vaslin sur la coutume de la Rochelle et les nombreuses autorités qu'il
cite, art. 46, §. 2, n.° 49.

naturels autrement que les autres enfans, il
faut donc, en fesant de telles conventions,
tâcher d'éviter de semblables difficultés·
La loi a été trop peu d'accord avec elle-
même, quand elle a refusé le titre d'héritier
à cet enfant. Elle lui refuse le titre d'héritier, et par le fait il est héritier. Il a un
droit dans la succession de son père et de
sa mère, duquel ceux-ci ne peuvent pas le
priver. Il a une réserve; il a droit de faire
rapporter, de faire réduire les donations
excessives; quand avec de telles prérogatives
on n'est pas héritier, quel est donc le titre
que l'on a ? Jusqu'à présent on s'est tour-
menté pour trouver le titre qui convient à
l'enfant dont nous parlons, et l'on n'a pu y
parvenir : il faut bien cependant qu'il en
ait un ; et aucun autre ne lui convient
mieux que celui d'héritier. Mais il est
vrai qu'il n'a pas la saisine, qui seule donne
ce titre.

L'enfant adoptif peut aussi donner lieu
à des difficultés. Il en est de même de l'héritier contractuel, du légataire universel :
néanmoins nous comprendrons ceux - ci
sous le nom d'héritiers, mais bien entendu
que le légataire universel doit avoir la sai-

sine ; car , s'il y a des héritiers à réserve , il n'est plus héritier.

Lorsque la dissolution de la communauté est arrivée et que le droit est acquis, soit à la femme , soit à ceux qui sont compris dans la convention, nous avons dit qu'il se transmettait , qu'il fesait partie de leur succession ; ils n'y peuvent même renoncer au préjudice de leurs créanciers. Voyez l'article 788, 1167. Mais, s'ils acceptaient la communauté , les créanciers pourraient-ils faire annuler l'acceptation ? Nous avons traité plus haut cette question. Nous persistons à croire que les créanciers peuvent faire annuler l'acceptation pour cause de fraude ; mais il faut la prouver.

Nous avons posé pour règle que le droit de reprendre l'apport de la femme ne pouvait être exercé que par celui qui avait la qualité d'héritier. Il ne faut pas croire cependant qu'il est attaché à la seule qualité d'héritier ; il fait partie de la succession, il en suit le sort et passe dans les mêmes mains. De là la conséquence que si l'héritier compris dans la clause, et au profit duquel le droit est ouvert, accepte la succession de la femme sous bénéfice d'inventaire, et

qu'usant de la faculté que lui donne l'article 802, il abandonne sa succession aux
créanciers d'icelle pour se décharger des
dettes, le droit qu'il avait de reprendre
l'apport de la femme est compris dans l'a-
bandon ; qu'il fait partie de la succession ;
qu'il ne peut appartenir à l'héritier qu'autant que la succession lui reste ; qu'en ab-
diquant l'un, il ne peut s'empêcher d'abdi-
quer l'autre.

Voici un cas qui peut se présenter. La
convention a été stipulée au profit des enfans, le droit s'ouvre ; mais la femme laisse
un légataire universel. Si les enfans renoncent à la succession de leur mère, point
de difficulté, le légataire n'a aucun droit
dans la reprise de l'apport. Les choses
restent au mari, parce que, pour exercer
la faculté de reprendre, il faut, comme on
l'a dit, accepter la succession de la femme ;
et, comme le légataire ne peut les forcer à
accepter, il n'aura aucun droit à la reprise.
Si au contraire ils acceptent la succession
et renoncent à la communauté, étant obligé de faire délivrance au légataire, l'apport
en fera partie. Nous avons supposé là que
les héritiers étaient des légitimaires ; s'ils

15.

ne le sont point, le légataire est saisi de plein droit ; c'est lui qui aura toute la succession : mais , comme il n'est pas nommément compris dans la stipulation, Pothier dit qu'il ne peut exercer la faculté de reprendre. Remarquez , dit-il, que ce n'est pas à la personne comprise dans la stipulation que le droit s'acquiert , c'est à la succession de la femme qu'il est transmis ; et dès que l'héritier n'a pas cette succession, il n'y a aucune reprise , et le légataire, qui ne peut accepter la succession du chef de l'héritier, n'y a aussi aucun droit.

Les raisons de Pothier sont précisément celles qui nous font croire que le légataire a droit à la reprise ; car le légataire universel ne tient plus son droit de l'héritier, il vient *jure suo*, quand il n'y a pas d'héritiers à réserve. Il a la saisine, il est donc un véritable héritier. Ainsi, quand la faculté est étendue aux héritiers quels qu'ils soient, le légataire universel s'y trouve compris. Mais il ne serait pas compris dans la clause, si elle ne comprenait que les héritiers collatéraux, parce qu'il n'est pas un héritier collatéral, un héritier du sang.

Nous venons de voir quelles étaient les

personnes auxquelles on pouvait étendre le
droit d'exercer la reprise ; il s'agit maintenant d'examiner quelles sont les choses qui
sont l'objet de la stipulation. L'article 1514
s'en explique, mais il est du nombre de
ceux qui ont besoin d'être interprétés. C'est
à celui qui rédige la clause de bien se pénétrer de l'intention des parties, et de ne
pas l'établir de manière à ce qu'il y ait
équivoque ou obscurité. Il faut toujours se
rappeler que la clause est de droit étroit ;
par conséquent, si la femme stipule qu'en
renonçant à la communauté elle reprendra
ce qu'elle a apporté, la convention ne doit
concerner que ce qu'elle avait lors du mariage, et non ce qui lui est advenu depuis
par succession, donation, legs. Si l'on veut
étendre la convention à ces dernières choses,
il ne faut pas se contenter de dire que la
femme reprendra ce qu'elle a apporté à la
communauté, il faut ajouter : *Et tout ce
qu'elle y aura fait entrer depuis*, ou bien : *Et
tout ce qui y sera entré à cause d'elle.*

Un notaire peu attentif peut aussi employer ces expressions : *La future renonçante
à la communauté reprendra la somme par elle
apportée en dot et tout ce qu'elle montrera y*

avoir apporté de plus. Ces mots : Tout ce
qu'elle montrera avoir apporté de plus ,
peuvent donner lieu à contestation. S'en-
tendront-ils seulement de ce qui sera advenu à la femme depuis le mariage , ou de
ce qu'elle avait lors du mariage ? Si la femme
n'a apporté qu'une somme fixe et certaine
qui composait sa dot , ou si elle met une
certaine somme en communauté et qu'elle
se réserve le surplus de ses biens mobiliers,
il y a réalisation dans l'un comme dans
l'autre cas ; mais l'équivoque existe. On ne
sait si ces mots : *Ce qu'elle montrera y avoir
apporté de plus ,* comprennent tout-à-la-fois
et cette réserve qu'elle s'est faite et qu'elle
a réalisée, et en même temps tout ce qui lui
sera advenu depuis. Néanmoins ces mots :
*Tout ce qu'elle montrera y avoir apporté de
plus ,* ne peuvent s'entendre que de ce
qu'elle a eu depuis le mariage ; il était même
inutile de stipuler la reprise de ce qui a été
réalisé : cela est de droit. D'un autre côté,
ces mots *ce qu'elle montrera avoir apporté de
plus* étant au futur , c'est de toute nécessité
au moment de la dissolution qu'il faut se
reporter pour savoir ce que la femme a effectivement apporté à la communauté. Cela

ne contredit pas ce que nous avons dit en parlant de la clause par laquelle la femme dit qu'elle *reprendra ce qu'elle a apporté;* car ces mots ne présentent pas tout-à-fait le même sens. Ils ne sont pas conçus *au futur;* c'est au temps du mariage qu'il faut dans cette circonstance se reporter.

Nous avons parlé de la clause par laquelle la femme, mettant une somme de. . . en communauté, réaliserait ainsi le surplus de son mobilier ; et nous avons dit qu'elle avait également la faculté de reprendre ce qu'elle justifierait avoir apporté de plus. Cette clause peut encore faire naître des doutes: on pourrait croire que la femme aurait alors réalisé son mobilier présent et futur, ce qui n'est pas; le mobilier futur ne serait point réalisé. Il y a une différence entre la clause de réalisation et la faculté de reprendre *franchement* et *quittement.* Dans le premier cas, ce sont des propres conventionnels que la femme a faits et que ses héritiers, quels qu'ils soient, ont le droit de reprendre. La clause dont parle l'article 1514 ne donne pas ce droit à tout héritier de la femme; il faut qu'il soit compris dans la convention. Une autre différence, c'est que pour exercer la faculté de reprendre l'apport de la femme, il faut renoncer à la communauté; et la clause de réalisation ne l'exige point.

Il arrive parfois que la convention de reprendre l'apport de la femme est faite sous la déduction d'une certaine somme que le *mari pourra retenir* pour l'indemniser de telle ou telle chose. Si la dissolution de la communauté a lieu par le prédécès du mari, on demande si ses héritiers, débiteurs de la reprise envers la femme, auront le droit de retenir la somme que le mari aurait pu retenir. Cette question ne se décide plus par l'article 1514, lequel ne concerne point le mari. La convention dont il s'agit ici n'est pas, comme celles dont il s'agit dans l'article 1514, de *droit strict*. Le mari est censé avoir stipulé pour ses héritiers comme pour lui-même. La femme ne peut exiger d'eux plus qu'elle n'a stipulé ; et elle n'a pas stipulé la reprise de tout ce qu'elle a apporté, puisqu'elle ne l'a stipulé que sous certaine déduction. Les représentans du mari ne doivent pas plus qu'il n'aurait dû lui-même.

Supposons à présent que les époux aient

dit : La future, en cas de renonciation, reprendra ce qu'elle a apporté ; ses héritiers,
quels qu'ils soient, le reprendront également-
ment ; mais ceux-ci ne reprendront que
sous telle déduction. Le mari meurt, le
droit est ouvert à la femme ; elle meurt
elle-même, et avant d'avoir accepté ou répu-
dié la communauté ; ses héritiers y renoncent de son chef.... Peuvent-ils demander
aux héritiers du mari la reprise de ce que
la femme a apporté ? Oui sans doute ; mais
seront-ils obligés de souffrir la réduction
portée dans la clause ? Cela n'est pas une
question faite pour vous embarrasser, d'a-
près les principes que nous avons professés
en commençant cette matière. Le droit s'est
ouvert au profit de la femme, il s'est trouvé
dans sa succession, il doit être exercé par
ses héritiers de la même manière qu'elle
aurait pu l'exercer elle-même.

Quid en ce cas ? La future et les enfans
qui naîtront du mariage actuel reprendront
ce qu'elle a apporté en communauté. Les
enfans qu'elle a d'un mariage antérieur feront la même reprise, mais sous la déduction
de la somme de trois mille francs.

La femme prédécède et laisse un enfant

de son dernier mariage et un autre de son premier ; il y a ouverture à la reprise au profit des deux , puisqu'ils sont tous les deux compris dans la clause. Mais la déduction des 3,000 fr. aura-t-elle lieu pour le tout, ou seulement pour partie? Il faut faire déduction de la moitié. Il est de règle en effet que, lorsqu'une disposition est faite au profit de quelqu'un sous une condition onéreuse , celui au profit duquel elle est faite ne peut être tenu de la charge que pour la même partie. L'enfant du premier lit n'est héritier de sa mère que pour moitié, il n'a droit également à la reprise que pour moitié; il ne doit donc être tenu d'acquitter la charge aussi que pour une moitié ; car il faut supposer que l'intention des parties n'a été de lui imposer la déduction de 3,000 fr. que dans le cas où il se trouverait seul héritier de sa mère , c'est-à-dire que dans le cas où il aurait toute la reprise. 1,500 fr. seront déduits sur la reprise ; mais qui supportera cette charge de 1,500 fr.? Est-ce l'enfant du premier lit? Est-ce la succession de la mère ? C'est la succession de la mère; car c'est un avantage indirect qui serait fait à l'enfant du second mariage , et dont il ne

peut profiter que sous l'obligation du rapport; ce qu'il reçoit d'un côté il est tenu
de le remettre de l'autre. C'est vis-à-vis le
mari qu'il ne doit pas souffrir de réduction;
mais vis-à-vis son frère il en doit souffrir.

Nous allons terminer cet article en exa-
minant comment la reprise s'exerce.

Nous poserons pour règle qu'elle ne doit
point se faire en nature. Le mari ou ses
héritiers sont débiteurs de la somme que
les effets valaient lorsqu'ils sont entrés
dans la communauté. On suit l'estimation
qui a dû en être faite à cette époque; mais,
si les effets se trouvaient en nature lors de
la dissolution de la communauté, la femme
ou les héritiers, au profit de qui reprise est
ouverte, auront-ils un privilége sur eux au
préjudice des autres créanciers du mari? On
pourrait peut-être aussi demander s'ils n'ont
pas le droit d'être payés avant elle. Ce qui
le ferait croire, c'est que les effets de la
femme ont appartenu à la communauté,
qu'ils sont devenus leur gage; néanmoins le
droit d'en réclamer le montant est une convention de mariage qui la rend créancière
dès le jour même du mariage. Ce n'est pas
d'ailleurs seulement de la communauté

qu'elle est créancière, elle l'est de la succession du mari.

Comme sur les meubles elle ne peut
exercer d'hypothèque légale, la question de
savoir si elle a un privilége sur les choses
qu'elle a apportées est du plus grand intérêt.
Puisqu'on lui accorde ce privilége en matière de réalisation, il faut bien le lui accorder dans l'espèce proposée, puisqu'il y
a même raison. Cependant pour exercer ce
privilége il faut qu'elle soit munie d'un inventaire, ou de tout autre acte authentique
contenant l'état des objets qu'elle a apportés.

Mais vis-à-vis les héritiers du mari, s'ils
se trouvent en nature, *quid juris?* Aura-t-elle
le droit de se les faire restituer ? Pourra-t-
elle les forcer à les lui restituer ? Il faut
distinguer :

Si l'apport de la femme consiste en immeubles et qu'ils n'aient pas été vendus,
l'opinion commune est que la femme a le
droit de les reprendre, par argument de
l'article 1509.

Si l'apport consiste en effets mobiliers,
cette clause n'a pas plus de force que celle
de réalisation. Ces objets n'appartiennent

plus à la femme, elle les a aliénés. Elle ne peut invoquer la disposition de l'article 1509, parce qu'elle est aussi de droit étroit. C'est déjà beaucoup, dans le cas où elle a fait un ameublissement, qu'elle puisse, en vertu de la clause qui nous occupe, reprendre en nature les immeubles qui en étaient l'objet ; mais il est vrai qu'il y a des raisons pour ce cas qui ne militent pas pour l'autre. D'ailleurs il est possible que l'ameublissement soit indéterminé, alors les héritages n'ont pu être vendus sans le consentement de la femme. S'il est déterminé, et qu'elle n'ait ameubli que jusqu'à concurrence d'une certaine somme, il en est de même ; elle conserve donc dans ces deux cas un droit de propriété sur ces héritages. Si elle a ameubli en entier un héritage qui n'a point été estimé lors du contrat de mariage, il est encore juste qu'elle le reprenne, *s'il n'a pas été vendu.* Telle est l'opinion de Pothier, qui néanmoins convient qu'on peut la révoquer en doute. En effet on ne peut transmettre à autrui plus de droits qu'on n'en a. Néanmoins, d'après les raisons alléguées par cet auteur, n.º 407, on ne peut s'empêcher de décider que cette alié-

nation est permise au mari ; mais , comme
il le dit lui-même, on fait bien dans le contrat de mariage de donner au mari le droit
de disposer des héritages ameublis.

Pothier ajoute qu'en cas d'aliénation on
en doit compte à la femme , pour le prix
qu'ils ont été vendus , s'ils l'ont été sans
fraude. Il faut également avoir égard à l'état
où étaient les héritages lors du mariage,
et celui où ils étaient lors de la vente. Il
faut voir si le mari y a fait faire des réparations , des améliorations; alors il faudrait
lui en faire raison. Si au contraire le mari
les avait dégradés , c'est lui qui devrait faire
raison à sa femme de ce qu'ils auraient été
vendus de plus sans les dégradations.

Pothier dit , n.º 409 , que si le mari avait
fait des améliorations du consentement exprès de sa femme , il devrait lui être fait
raison du prix qu'elles ont coûté ; que si
elles ont eu lieu sans le consentement exprès de sa femme , on doit faire raison au
mari de ce que l'héritage s'en trouve plus
précieux. Nous n'avons pas fait cette distinction, quand nous avons parlé dans notre
premier volume des différentes impenses
qui sont faites sur les propres des époux.

Nous ne voyons même pas pourquoi Pothier
fait ici cette distinction ; car, si le consentement que la femme donne aux améliorations que fait son mari autorise celui-ci à
réclamer la totalité des déboursés, il s'en-
suivrait que lorsque le mari en ferait sur
ses propres, il devrait toujours compte à
la communauté de tout ce que celle-ci aurait fourni, sans distinguer si les dépenses
étaient nécessaires, utiles ou voluptuaires.
Remarquez cependant qu'en parlant des
différentes impenses nous n'avons fait que
suivre la doctrine de Pothier. Selon nous,
que la femme donne ou ne donne pas son
consentement, il faudrait toujours distinguer quelle est la nature de l'impense, c'est-
à-dire, si elle est nécessaire, utile ou vo-
luptuaire. Car à quelle fin le consentement
de la femme ? Il ne peut avoir d'autre effet
que celui de mettre la femme sur le même
rang que son mari, quand ce dernier a fait
des améliorations aux propriétés qui sont
propres à lui ; or, quand il en fait, Pothier
dit lui-même qu'il faut distinguer si elles
sont nécessaires, utiles ou voluptuaires. Il
n'aurait pas, par hasard, voulu parler ici
d'acquisitions qu'il aurait ajoutées aux hé-

ritages ameublis ? La femme n'y aurait aucun droit ; ce serait des acquêts sur lesquels
ne s'étendrait pas sa reprise.

Nous avons dit que, lorsque l'héritage
ameubli par la femme n'avait pas été estimé
et qu'il se trouvait encore dans les mains
du mari à la dissolution de la communauté,
elle avait le droit de le reprendre. Il n'y
a rien que de juste en cela ; car la femme
ne pouvait exiger autre chose que la valeur
qu'il se trouve avoir dans ce moment, autant
vaut qu'elle le reprenne.

Mais supposons que l'héritage ou que les
héritages ameublis déterminément aient
été estimés par le contrat de mariage ; supposons que ces héritages estimés par le
contrat de mariage aient été vendus pour
un prix au-dessus ou au-dessous de leur
estimation, *quid juris ?*

Il semble que cette estimation a été faite
pour que la femme ait une reprise au moins
de la somme à laquelle elle a été portée.
Les parties semblent s'être proposé ce
qu'elles se proposent en matière de réalisation. Ce n'est donc point pour la somme
moyennant laquelle les héritages ont été
vendus, mais bien pour leur estimation ,

que la reprise doit être exercée par la
femme. En effet cette estimation est présumée avoir pour objet d'éviter la fraude
de la part du mari, dans la prévoyance de
la vente qu'il en pourrait consentir. La
femme reprend alors réellement ce qu'elle
a apporté, c'est-à-dire la somme pour laquelle elle a aliéné conditionnellement à la
communauté. C'est à celle-ci d'en faire son
profit ; car, quand même il serait vendu
au-dessus de l'estimation portée au contrat
de mariage, par la similitude qu'il y a entre
ce cas et celui où ce sont des objets mobiliers, on peut dire que la femme ne doit
réclamer que le prix porté en l'estimation.
Il est vrai que c'est reconnaître que la
femme a entièrement perdu la propriété ;
alors que devient l'argument tiré de l'article
1509 ? Car on ne dira certainement pas que
dans le cas de l'article 1509 la femme avait
aussi perdu la propriété ; elle ne l'a pas
perdue, puisqu'elle accepte la communauté
et que son acceptation ayant l'effet rétroactif
la rend copropriétaire. Elle est donc censée
avoir toujours eu des droits dans la communauté et avoir toujours possédé avec son
mari les biens qui la composent ; que ce

n'est que lorsqu'elle renonce qu'elle est
censée n'y avoir jamais eu aucun droit.

On dira peut-être qu'en matière d'immeubles l'estimation ne fait jamais vente,
et cela par argument de l'article 1552. Le
cas n'est plus le même , l'ameublissement
emporte tellement vente, que, malgré la
stipulation de reprise de la part de la femme,
si l'immeuble est vendu par le mari, elle
ne peut attaquer l'aliénation ; du moins
Pothier le dit, et c'est aussi l'opinion de
M. Delvincourt. Dans le cas de l'article
1509, on accorde une faculté à la femme;
pourquoi? C'est qu'elle a accepté la communauté , qu'il s'agit de partager ses propres
immeubles ; du fait de cette acceptation il
résulte qu'elle a conservé sur eux le *jus in
re*. C'est pourquoi on peut facilement se
déterminer pour l'opinion que la femme,
dans le cas où l'héritage a été estimé , n'a
pas le droit de le réclamer en nature : cela
est même équitable ; car , comme ce n'est
qu'une simple faculté que l'article 1509 accorde, et que les héritiers du mari ne peuvent jamais forcer la femme à reprendre
son immeuble, elle ne manquera pas, dans
notre hypothèse, de renoncer à la faculté;

si l'immeuble a diminué de valeur ; inconvénient qui n'a pas lieu dans le cas de l'article 1509 pris dans son véritable sens,
puisque le conjoint le prend sur le pied
de la valeur actuelle. Cela prouve du moins
que l'argument qu'on voudrait tirer de l'article 1509 n'est pas fort concluant. D'un
autre côté, on soutiendra peut-être que,
dans le cas qui nous occupe, ce n'est pas
une faculté de la part de la femme de reprendre l'immeuble ; qu'elle doit au contraire et dans tous les cas le reprendre,
c'est-à-dire que les héritiers du mari peuvent l'y contraindre ; que ce n'est pas par
argument de l'article 1509 qu'elle doit le
reprendre ; mais parce que c'est sa chose,
que c'est cette même chose qu'elle a déclaré
par son contrat de mariage avoir le droit
de reprendre, puisqu'elle a dit qu'elle reprendrait son apport. Nous n'en doutons
pas quand le bien n'a pas été estimé : elle a
stipulé la reprise de son apport, elle le
trouve en nature, elle n'a aucune raison
pour se refuser à le prendre ; on n'a aucune
raison pour le lui refuser, puisque c'est sur
le pied qu'il vaut ; que, dans tous les cas,
il devrait lui être rendu ; mais, quand il y a

16.

estimation de cet immeuble, d'un côté nous
voyons une grande similitude avec le cas où
ce sont des objets mobiliers dont elle a stipulé la reprise (et personne ne doute ici
que c'est la valeur qu'ils avaient à l'époque
du mariage qui doit lui être rendue), pourquoi ? Parce que ces objets ont été confondus dans la communauté ; qu'ils lui ont
été aliénés moyennant une somme qui serait
due sous une condition ; que ces choses
sont devenues la propriété de la communauté. On dira : Quand c'est un immeuble
qui a été mis en communauté, comme il est
toujours facile de le reconnaître, qu'il n'est
pas sujet à changer de valeur, il n'y a pas
autant de danger à le faire reprendre à la
femme. La chose est beaucoup plus prati-
cable ; mais toujours est-il qu'il a été estimé;
or à quelle fin cette estimation, si ce n'est
pour en transférer la propriété? On répon-
dra peut-être que c'est pour juger des détériorations qui peuvent être commises ;
cette réponse n'est pas sans force, elle peut
se fortifier en outre de cette idée : Que la
femme a-t-elle stipulé ? La reprise de son
apport. En quoi consiste-t-il ? En immeubles.
Que lui est-il dû ? Ce qu'elle a apporté.

Donc il faut lui remettre ses immeubles ;
mais cela ne détruit pas entièrement ces
raisons : Que tout ce qui est mis dans la
communauté appartient à la communauté ;
que les immeubles ameublis sont aliénés à
son profit, puisqu'elle en est maîtresse ; que
la femme en a perdu toute propriété, puisqu'elle ne peut en empêcher la vente ; que,
s'il est permis de reprendre ces biens, ce
n'est que dans les cas prévus par la loi, c'est-
à-dire dans le cas de l'exception de l'article
1509 ; que dans l'hypothèse posée la femme
ne peut reprendre, et qu'on ne peut lui
faire reprendre l'immeuble estimé, parce
que cette estimation est présumée avoir eu
lieu pour fixer la reprise ; que la femme ne
peut y prétendre aucun droit qu'en acceptant la communauté : en y renonçant,
elle n'y en a aucun ; elle n'est plus que créancière. Nous ne pensons pas qu'on puisse
raisonnablement opposer à cette décision
l'article 1552. Dans le cas de cet article, le
mari n'a pas même le droit de vendre, droit
qu'il a dans notre hypothèse.

Si l'opinion contraire est reçue, il faut
alors admettre que, malgré l'estimation qui
a été faite de l'immeuble, s'il est vendu, ce

sera , non le prix pour lequel il aura été
estimé que la femme aura reprise, mais celui pour lequel il aura été vendu ; l'estimation n'ayant eu lieu que pour déterminer
les détériorations causées par le mari, dans
le cas où elle le reprendrait, c'est-à-dire
dans le cas où il n'aurait pas été vendu.
Alors qu'arrivera-t-il ? que le mari fesant
de mauvaises affaires sera libre de déterminer la reprise de la femme ; elle invoquera
le moyen de fraude ? Mais l'immeuble peut
avoir été vendu à bas prix , sans qu'il y ait
eu pour cela aucune collusion entre le vendeur et l'acquéreur ; et c'est là un inconvénient. Dira-t-on qu'elle reprendra , en cas
de vente, la somme portée en l'estimation?
C'est alors établir une distinction entre les
immeubles estimés et ceux non-estimés ;
c'est alors reconnaître qu'elle avait aliéné
son immeuble; c'est le mettre sur la ligne
des objets mobiliers; donc elle ne doit pas
le reprendre en nature, c'est alors vendre
et ne pas vendre, ce qui est contradictoire.
Si le contrat de mariage portait que l'estimation donnée à l'immeuble est pour fixer
la reprise en cas de vente de l'immeuble et
de renonciation de la part de la femme, il

n'y aurait pas de difficulté; mais, si le contrat de mariage n'en dit rien, cela est-il sous-entendu? C'est la question. De telles conditions ne se présument pas.

La question que nous venons d'agiter ne tiendrait-elle pas à celle de savoir pour qui l'héritage estimé périra, s'il vient à périr. Pour décider cette dernière question il faudrait également décider la première; car, si une fois l'on avait décidé si l'estimation fait vente ou non, on saurait pour qui l'héritage a péri.

Si l'héritage n'eût pas été estimé, nous pensons bien qu'il périrait pour la femme, et nous nous fondons sur ce que les rentes et créances qui constitueraient l'apport de la femme, périraient bien pour elle, le mari n'étant responsable que des actes conservatoires.

Nous devons cependant nous fixer. Sur la question précédente nous n'avons fait que donner des raisons pour et contre, sans nous prononcer. Nous pensons qu'il ne faut point avoir égard à cette estimation, attendu qu'on ne sait point quel est le motif pour lequel elle a eu lieu; ce qui fait que le cas doit être le même que si elle n'avait point été faite. Mais nous croyons aussi qu'il est plus conforme aux principes de dire que le mari n'a pu vendre l'immeuble affecté du droit de reprise, parce que la femme a sur lui un droit subordonné à une condition suspensive. On ne voit pas pourquoi ce cas ferait exception à la règle générale.

Si l'apport de la femme consiste en droits incorporels, en rentes et créances, et que le remboursement en ait été fait, point de difficulté. S'il a fait inutilement des diligences pour faire payer les débiteurs, il ne doit restituer à la femme que les titres. Si les termes n'étaient point encore expirés à l'époque de la dissolution de la communauté, il en serait de même. Le mari n'a pu être ici propriétaire; car n'ayant que les titres, il n'a pas encore les choses qui en sont l'objet : il est même possible qu'il ne les touche jamais. L'article 1514 dit encore que la femme ne peut reprendre ses apports que déduction faite de dettes personnelles à la femme que la communauté aurait acquittées. La raison en est que l'on ne doit accorder à la femme la reprise que de ce qu'elle a effectivement apporté; or la femme,

en apportant à la communauté l'universalité
de son mobilier, n'y a effectivement apporté que ce qui reste, déduction faite des
dettes qui en étaient une charge ; elle ne
doit donc alors les reprendre que sous cette
déduction.

Il suit de là que cette clause emporte,
quant à la femme, séparation de dettes ; cependant elle ne l'emporte pas nécessairement ; car, si la reprise n'était pas de l'u-
niversalité de ce que la femme a apporté,
mais d'une certaine somme ou d'une certaine
chose, elle exercerait sa reprise sans aucune
déduction. Si la reprise était simplement
d'une quotité de l'apport, la communauté
ferait déduction d'une quotité semblable ;
c'est-à-dire que la femme devrait une quotité de ses dettes semblable à celle qu'elle s'est
réservé le droit de réclamer. Remarquez
aussi que cette séparation de dettes n'étant
que conditionnelle, elle ne peut être opposée aux créanciers de la femme qui
voudraient agir sur les biens de la communauté.

Si la femme ne reprend que ce qu'elle
avait en se mariant, ce qui lui advient durant le mariage tombant dans la commu-

nauté, les dettes qui en sont une suite sont au compte de la communauté.

Si la femme n'use pas de la faculté de l'article 1514, si elle accepte, il n'y aura pas eu de séparation.

La reprise que la femme exercera en conséquence de la clause dont il s'agit dans l'article 1514, sera, sauf conventions contraires, de tout ce qu'elle justifiera avoir apporté dans la communauté, ainsi que nous l'avons déjà dit. On devra même comprendre tout ce qui, durant le mariage, aurait pu augmenter cet apport ou la dot de la femme; par exemple, les alimens fournis aux deux époux par les parens de la future; c'est ce qui a été décidé par un arrêt du parlement de Grenoble de juillet 1681.

Quid des profits d'un traité particulier à la femme par rapport à ceux qui ont été faits durant la communauté? Vaslin a donné à cette question un très-long développement. Il dit qu'il ne faut pas confondre ces profits avec les fruits proprement dits, lorsque ces profits surviennent pendant le mariage, soit qu'ils fussent casuels et incertains, soit qu'ils fussent assurés. Ils sont un accessoire inséparable du droit ou du titre en

vertu duquel ils pouvaient être prétendus;
ils ne font qu'un avec ce droit ou titre; ils
ne sont qu'un seul et même capital dont la
liquidation ne peut être faite qu'après la
consommation du traité. D'où il faut conclure que le titre productif des profits appartenant à la femme, elle a droit, en renonçant à la communauté, de reprendre tout
le bénéfice qu'il avait produit, sur-tout le
mari n'y ayant contribué en rien, et d'ailleurs n'ayant pas pris pour son compte l'é-
vénement du traité, moyennant une somme
en cas de renonciation à la communauté.

Vaslin compare ce cas avec celui d'un
billet de loterie. Il dit: Rien n'est plus ca-
suel qu'un billet de loterie. Cependant, parce
que c'est un objet réel par rapport à l'espérance qui y est attachée, quelque éloignée
qu'elle soit, il est certain que si la femme,
au temps du mariage, a un billet de loterie
qui n'ait pas fait partie de l'évaluation de
sa dot, et que ce billet gagne un lot, le
produit de ce lot fera partie des reprises
de la femme, parce que ce lot doit suivre
la condition du billet qui appartenait à la
femme indépendamment de sa dot.

De même, continue le même auteur, si

la femme a un intérêt dans l'achat de la coupe d'une forêt dont l'exploitation s'achève durant la communauté; si elle a un intérêt dans un navire; le navire étant en voyage lors du mariage; enfin, si elle a un intérêt dans toute autre société, et que rien de tout cela ne soit apprécié à forfait pour former la dot de la femme, de manière que le mari ne prenne pas ces objets pour son compte et risque, nul doute que ce qui en proviendra par l'événement des comptes à régler ne soit sujet à reprise, comme formant une augmentation des droits dotaux de la femme, et cela sans aucune distraction pour raison des profits que ces mêmes objets auront pu engendrer durant le mariage.

Mais, si ces objets avaient été évalués à forfait, et compris dans la dot de la femme établie par le contrat de mariage, ce serait autre chose. La femme ne pourrait reprendre que cette évaluation, et la raison en est sensible; c'est qu'alors tout étant au risque du mari, il est bien juste que les profits, s'il en survient, tournent à son avantage ou à celui de la communauté, puisqu'en cas de perte elle aurait été aussi pour lui ou pour la communauté.

Cette opinion n'est pas seulement celle
de Vaslin qui l'a aussi fait juger par un arrêt qu'il cite en sa coutume de la Rochelle.
Les auteurs les plus recommandables la
professaient également sous l'ancien droit.
En parlant de la clause de réalisation, nous
avons peut-être trop légérement glissé sur
cette question. Nous avons considéré que
les produits étaient toujours considérés
comme des fruits civils. Nous croyons que
la distinction de Vaslin est dans l'esprit de
notre nouvelle législation. Il faut voir si la
chose, c'est-à-dire le droit, l'action qui est
la cause de ces produits, est passée en propriété au mari; s'il a pris sur lui les risques
que la femme peut courir pour son capital, pour sa mise sociale; si, en un mot, le
mari est devenu cessionnaire de sa femme
à cet égard; ce qui ne peut avoir lieu que
par suite d'une convention expresse et une
évaluation du droit. Cela s'applique par conséquent à la réalisation proprement dite
dont parle l'article 1500.

Si pendant le mariage il échoit à la femme
une succession dans laquelle se trouvera
une action de la nature de celle dont on
vient de parler, il faudra faire la même dis-

tinction, et s'il arrivait que le mari n'eût
fait aucun inventaire, la femme, en prouvant
les profits qu'elle aurait faits à cause de
son action, y aurait droit et ils feraient partie de sa reprise.

On ne pourrait assimiler le cas en qué-
stion avec celui d'une rente, soit foncière,
soit perpétuelle, soit viagère. Ici la femme
ne court pas des chances de pertes. Ces
chances du moins ne sont pas de la nature
de celles dont nous venons de parler. Il
n'est pas juste, par exemple, que lorsque
la femme a assuré un vaisseau pour une
somme de 50,000 fr., le mari, qui n'a pas
pris sur lui la perte de ces 50,000 fr., par-
ticipe dans le gain qu'elle fera.

On ne peut dire non plus que ce gain
doit appartenir à la communauté, parce
qu'il est le produit de l'industrie de la femme ; ce n'est pas le produit de son industrie, puisqu'il est dépendant d'un fait antérieur au mariage, et qui n'exige les soins
ni du mari ni de la femme.

S'il exigeait les soins, les travaux du mari
ou de la femme, *quid juris ?* Nous pensons
que le mari doit ses soins à tout ce qui intéresse sa femme et qu'il les lui doit gratui-

tement. De même que si la femme s'était
réservé propres les revenus de tel ou de tel
de ses propres, le mari devrait l'administrer gratuitement; de même, si sa femme
se trouve seule et personnellement engagée
dans une opération qui exige les soins d'elle
ou de son mari, il doit les donner sans
aucune récompense ou salaire; sauf le cas
où il aurait coûté des sommes à la communauté, ou qu'on n'aurait pu donner des soins
aux affaires de la femme qu'en laissant périr
celles de la communauté.

XIV.e LEÇON.

SECTION 6.e

Préciput conventionnel.

En matière de communauté, nous appelons préciput ce que le survivant des époux a le droit de prélever sur les biens de la communauté lors du partage qui en est à faire. Ce prélèvement se fait avant tout partage, art. 1515. Il suit de là qu'il n'y a de préciput que lorsque les époux sont convenus d'une communauté ou société d'acquêt. Il est d'un usage très-fréquent. Mais si les époux n'en stipulent pas, aucun des époux n'en peut prétendre, parce que le préciput légal est abrogé depuis la loi du 17 nivôse an 2. Nous ne dirons rien de ce préciput. Nous nous occuperons seulement du préciput conventionnel.

Le préciput conventionnel est ordinairement stipulé au profit du survivant des époux. Néanmoins il peut être stipulé au

profit de l'un d'eux seulement. Mais pourrait-on stipuler qu'en cas de mort de l'un
d'eux, ses héritiers préleveront une somme
par forme de préciput sur les biens de la
communauté? On peut stipuler tant pour
soi que pour ses héritiers ; c'est la règle
générale. Dans le sens de l'article 1515, on
n'est pas censé le faire ; c'est une exception
au principe ; mais rien ne s'oppose à ce
qu'on revienne à la règle. D'ailleurs le préciput par lui-même n'est point un avantage ;
c'est une convention de mariage, c'est ce
que porte à-peu-près l'article 1516. On
peut bien stipuler des parts inégales dans
la communauté et étendre la clause aux
héritiers ; on peut stipuler qu'un seul des
époux, en certains cas, aura toute la communauté ; la clause qui étendrait la faculté
de prélever le préciput au profit des héritiers de l'un des époux, par la même raison doit être valable ; elle n'a rien de contraire à l'ordre public ni à la loi ; au contraire, l'article 1497 prévient que le législateur ne s'est occupé que des principaux cas
qui modifient la communauté, et qu'il est
d'autres modifications qu'on peut lui faire
subir.

Si l'on peut étendre la clause de préciput à tous ses héritiers, pourrait-on aussi bien l'étendre au profit d'un seul? Il n'y aurait pas de raison pour ne pas y comprendre un étranger. On dira que c'est une donation, une libéralité soumise à une condition suspensive et permise par les articles 1168 et 1121 ; que les époux sont libres de disposer de leurs biens, et de subordonner des dispositions aux cas de leur décès. Nous ne pensons pas que ce soit de cette manière que la question doive être envisagée. La communauté est une sorte de société entre le mari et la femme, eux seuls peuvent y avoir droit. D'un autre côté, il n'est pas permis, en matière de société, de stipuler des avantages pour des personnes qui n'y ont rien mis, ni soin, ni industrie, ni chose mobilière, ni chose immobilière.

Nous avons bien décidé plus haut que la clause pouvait avoir lieu au profit des héritiers de l'un des époux ; mais le cas n'est plus le même. D'abord il est de principe qu'on est censé stipuler tant pour soi que pour ses héritiers. D'un autre côté, la loi elle-même permet qu'on stipule que les héritiers de l'un des époux auront des parts

inégales, qu'ils auront toute la communauté
ou qu'ils auront pour tout droit de communauté une somme ; mais on ne peut,
pour l'espèce proposée, argumenter de ces
dispositions, parce qu'il n'y a pas même
raison; d'ailleurs, quand la loi permet de
stipuler des parts plus fortes au profit des
héritiers de l'un des époux, c'est au profit
de tous les héritiers, et non au profit d'un
seul.

Nous n'entendons pas dire pour cela que
la stipulation doive toujours être annulée.
Si elle est faite au profit de tel héritier pré-
somptif du mari ou de la femme, et qu'il
recueille à lui seul la succession de l'auteur
de la stipulation, celle-ci produira son effet;
mais, s'il ne se trouvait pas héritier à l'ouverture du droit, il ne pourrait prétendre
au prélèvement, parce qu'on stipulait pour
lui en tant qu'il serait héritier. S'il ne se
trouvait pas seul héritier, il peut s'élever
une difficulté d'un autre genre; les autres
héritiers prétendront participer au prélèvement. En effet il sera obligé de leur rapporter.

Mais le conjoint ne pourrait-il concevoir la clause de manière à ce que le droit

fût restreint à celui-là seul qui serait désigné? Dans ce cas il nous semble qu'une acceptation est nécessaire de la part de cet
héritier; ce n'est plus un préciput proprement dit, c'est une donation sujette aux formalités ordinaires, et il est indispensable
que les choses qui en seront l'objet soient
désignées et détaillées dans un état estimatif, conformément à l'article 948. Si les
choses étaient indéterminées, par exemple,
si on eût dit que le mari stipule que Pierre,
l'un de ses héritiers présomptifs, aura droit
de prélever sur la communauté tous les
livres de jurisprudence qui s'y trouveront,
nous pensons que l'article 948 pourrait
être invoqué et que la clause serait inutile.

Dès que le préciput est un prélèvement,
il faut que la femme accepte la communauté, 1515; à moins que le contrat de mariage ne lui réserve ce droit, même en renonçant; même article. L'effet de cette convention est alors de rendre le mari garant
du préciput; et, en cas de renonciation, la
femme est créancière du montant du préciput contre la succession de son mari. Mais,
dans le cas où elle accepte la communauté,
est-elle créancière de la succession de son

mari, de ce qui se trouve manquer dans la
communauté pour la remplir de son préci-
ciput? Faites attention à ces mots: *Hors le
cas de cette réserve , le préciput ne s'exerce
que sur la masse partageable*; donc, quand la
réserve est faite, le préciput s'exerce sur
les biens du mari. L'article se prête à cette
interprétation. Est-ce bien là son véritable
sens? Quand la femme accepte, elle ne doit
faire qu'un prélèvement sur la masse; elle
n'a rien, quant à ce préciput, à répéter sur
les biens de son mari. Elle ne devait le
faire que dans le cas où elle userait de son
droit, c'est-à-dire qu'elle renoncerait; elle ne
renonce pas, alors elle est dans les termes
du droit ordinaire; l'événement de la condition n'est pas arrivé, le préciput se borne
à la communauté; autrement ce ne serait
pas un préciput, ce serait une donation
proprement dite, que le mari aurait faite à
la femme en cas de survie. Ces mots: *A moins
que le contrat de mariage lui ait donné ce
droit même en renonçant,* signifient seulement
que, lorsque la femme renonce, elle a action
même sur les biens de son mari. C'est toujours dans la supposition que la femme qui
a stipulé un préciput, même en cas de re-

nonciation, renonce effectivement, que raisonne l'article que nous voyons, lorsqu'il
donne action sur les biens personnels du
mari. Pothier pense néanmoins que, lorsque
la femme a stipulé un préciput en cas de
renonciation, cette clause a l'effet de la
rendre créancière de la succession de son
mari, de ce qui s'est trouvé de manque
dans les biens de la communauté, pour la
remplir en entier de son préciput. Nous
avons peine à croire que ce soit là le sens
et l'esprit de l'article 1515. Il nous semble
que, dans le sens de cet article, la femme
n'a droit à son préciput sur les biens de
son mari que sous une condition qui est
celle qu'elle renoncera. N'ayant pas renoncé,
la condition n'est point arrivée; alors elle
n'a droit que sur la masse partageable. Telle
est l'opinion des auteurs des Pandectes.
Massé dit le contraire, et il faut convenir
que l'article manque de clarté. Cependant
Merlin, Bourjon, Lebrun, Vaslin, coutume
de la Rochelle, professent l'opinion que
nous embrassons.

L'époux prélève son préciput franc des
dettes de la communauté; c'est la communauté qui les acquitte. Le survivant n'est

point tenu, des dettes au-delà de la moitié,
à raison de son préciput. Mais rien n'empêche les créanciers de poursuivre leur
paiement sur tout ce qui compose la communauté. Bien plus, c'est que toujours on
doit commencer par liquider la communauté: (on suppose que la femme l'a accé-
ptée) chacun exerce ses droits, c'est-à-dire
qu'il reprend ses propres, tant réels que
fictifs, ses remplois, ses indemnités, ses
créances; tout cela étant étranger à la communauté, passe avant le préciput. On règle
néanmoins aussi toutes les récompenses et
indemnités dues à la communauté, tant par
l'un que par l'autre des époux; puis, comme
on l'a dit déjà, on déduit tout ce qui est
dû par la communauté aux étrangers: la
masse de la communauté se trouve alors
nette, et c'est sur cette masse que se prélève le préciput.

De cette manière il se trouve que le
survivant ne prend le préciput que pour
moitié sur la part du prédécédé, confon-
dant l'autre moitié sur lui-même. Il a la
moitié dans la communauté ; le préciput
étant une charge de la communauté, il doit
donc à lui-même la moitié du préciput.

Rien n'empêche cependant qu'on ne stipule qu'il sera pris en entier sur la part du pré-décédé. La masse se composera de la même manière : la moitié en appartient au survivant, et le préciput se prend sur l'autre moitié. Toutes ces clauses sont valables aux yeux de la loi. On a dit qu'il était ordinairement stipulé au profit du survivant ; mais on peut également le stipuler au profit de l'un d'eux seulement, en prenant soin d'exprimer si c'est à la condition de survie ou non ; car, dans le silence des parties, il n'est dû qu'en cas de survie. On peut même convenir qu'il n'aura lieu qu'en cas d'enfans, ou qu'en cas d'enfans il sera réduit à une somme de…. Cela s'entend dans ce sens que les enfans existeront à l'époque de la dissolution de la communauté. En un mot, cet avantage n'a pour fondement que la volonté des époux.

Le préciput se stipule, soit en argent, soit en effets de la communauté : dans ce dernier cas, il faut dire jusqu'à concurrence de quelle somme, ou suivant l'estimation qui en sera faite. Il se peut cependant que le préciput trouve sa limite dans la nature des choses qui en sont l'objet ; toutes celles d'un autre nature s'en trouvent exclues de plein droit. Par exemple, si le mari est militaire et qu'il ait stipulé qu'il reprendrait ses armes, ses chevaux, ses vêtemens, il peut alors reprendre tout ce qui appartient à cette classe de choses, quelle que soit la somme à laquelle elles montent, pourvu néanmoins que le prix n'en soit pas excessif et qu'il soit proportionné aux facultés des parties; car, quoiqu'elles n'aient pas limité le préciput à une somme déterminée, elles sont néanmoins censées convenues d'un préciput proportionné à leurs moyens. Si donc il est excessif, les héritiers du prédécédé peuvent le faire réduire.

On doit faire retrancher aussi ce qui, pendant la dernière maladie, paraîtrait avoir été acheté dans la vue de grossir le préciput, c'est-à-dire de frauder.

En faveur de la femme, il est souvent dans ses habits, linge, dentelles, bijous, joyaux et diamans à son usage; quelquefois sa toilette. L'étendue d'un tel préciput dépend beaucoup des termes de la clause. S'il porte sur ses habits ou linge, ses joyaux n'y sont pas compris; le mot habit se rapporte à tout ce qui sert à vêtir le corps, et le linge est une partie des vêtemens.

Il n'en est pas de même des dentelles; elles sont considérées comme parures.

Les bijous et joyaux sont les bracelets, pendans d'oreilles, et autres ornemens.

Ils ne se trouveraient point compris sous l'acception *toilette* ; mais ils entreront dans le préciput , si l'on dit : *Et généralement tout ce qui se trouvera servir à l'usage de la future.* Pothier dit que dans l'acception du mot joyaux il faut comprendre la montre de la femme, sa tabatière, son éventail. Il dit que le mot joyaux a plus d'étendue que le mot *ornamenta* des Latins , et il a raison.

Vous sentez qu'on évite bien des difficultés, quand on dit dans le contrat de mariage quelle est la somme jusqu'à concurrence de laquelle tous ces objets seront prélevés; il faut remarquer en effet qu'un époux, dans la vue de grossir son préciput d'une manière considérable , pourrait employer tout l'argent de la communauté à l'acquisition de choses du genre désigné. Le mari sur-tout pourrait rendre l'avantage très-inégal entre lui et les héritiers de sa femme.

On fait bien d'exprimer aussi que l'époux

aura le choix de prendre, ou les objets, ou
la somme de...; car, si les choses désignées
ne se montent pas à la somme fixée pour
limite du préciput , le survivant ne peut
demander le supplément. C'est sur-tout dans
l'intérêt de la femme que cette stipulation
doit être ainsi faite; car le mari , dans l'intention d'empêcher sa femme d'exercer uti-
lement son préciput , détournera les objets,
les donnera , les vendra , ou ne souffrira
pas qu'il en soit acheté durant le mariage.

Nous avons déjà touché un mot de la
disposition de l'article 1516. Il dit que le
préciput n'est point un avantage sujet aux
formalités des donations, mais comme une
convention de mariage. Cela est vrai, quand
il doit se prendre sur les biens de la communauté; ce n'est alors qu'une condition
de société, une part sociale. Par conséquent
il n'est point sujet au retranchement de la
réserve légale, si ce n'est dans le cas d'un
second mariage. Voyez les articles 1098 ,
1527. Si ce qui revient pour préciput , joint
à la donation qui pourrait être faite, excède
ce qui est dit en l'article 1098, on doit réduire l'avantage jusqu'à concurrence.

Mais, quand le préciput est stipulé en cas

de renonciation , comme il s'exerce sur les
biens personnels du mari, c'est alors une
véritable donation, sujette à réduction dans
le cas où il y a excès. Il faut convenir néanmoins que l'article 1516 combiné avec le
1515 ferait croire le contraire ; car le législateur semble qualifier de *préciput* même
la clause par laquelle on stipule que la
femme aura droit à une somme de...,
même en renonçant. On croirait d'autant
plus qu'il n'est pas réductible, même en ce
cas, qu'il semble stipulé pour tenir lieu de
l'apport qu'on a fait à la communauté. Néanmoins il faut dire qu'il y a lieu à réduction;
autrement on prendrait cette voie pour
éluder la loi sur le taux de la quotité disponible.

La femme n'a point d'hypothèque légale
sur les biens du mari relativement à son
préciput, s'il ne doit se prendre que sur la
communauté ; car il ne doit se prendre
qu'après que les dettes ont été payées. Mais,
s'il est stipulé en cas même de renonciation,
la femme peut invoquer son hypothèque,
parce que c'est une convention matrimoniale
qui ne regarde pas seulement la communauté, mais encore les biens personnels du

mari, et qui les frappe conditionnellement dès l'époque du mariage.

Nous allons voir maintenant ce qui donne ouverture au préciput : l'article 1517 établit que c'est la mort naturelle ou civile. Mais il peut arriver que les deux époux périssent dans le même événement, sans qu'on pût savoir quel est celui qui a péri le premier ; faudra-t-il alors recourir aux présomptions établies au titre des successions ? On a recours à ces présomptions, lorsque deux personnes sont appelées à se succéder réciproquement, *id est* quand elles sont héritières l'une de l'autre. Dans notre espèce, elles ne sont pas appelées à se succéder réciproquement ; mais il s'agit d'un droit subordonné à la condition de survie : c'est donc un cas semblable. Il s'agit d'un droit qui appartient à celui qui survivra ; on ne sait pas celui qui a survécu : faut-il laisser la clause ou le droit en suspens, ou plutôt sans exécution ? La loi, en établissant des présomptions, les a-t-elle limitées au seul cas d'une succession ? Non-seulement il ne s'agit pas ici d'une succession ; mais, lors même qu'il s'agirait d'une succession testamentaire ou contractuelle, on ne pourrait recourir aux présomptions. Ces présomptions sont établies dans la prévoyance du cas où l'on ne sait à qui décerner les deux successions qui viennent de s'ouvrir : on ne sait où sont les héritiers ; la propriété reste incertaine, reste flottante. Mais dans le cas qui nous occupe, de même que dans celui d'une succession testamentaire ou contractuelle, dans celui même d'une donation avec stipulation du droit de retour, il n'y a pas cet inconvénient à redouter ; chacun laisse des héritiers qui recueilleront les biens abandonnés. On rentre alors dans le droit commun ; c'est à celui qui prétend droit à prouver son droit, article 1315. Le testateur et le légataire sont décédés dans le même événement; on ne sait quel est celui qui a survécu ; il n'y a aucune nécessité à ce que le testament soit exécuté, cela n'est pas d'ordre public du moins ; et il est contraire à l'intérêt social qu'une succession reste sans héritier. Le légataire n'ayant droit au testament que dans le cas où il survivra au testateur, c'est à ses héritiers à prouver qu'il a survécu. Le donataire et le donateur contractuels ont-ils péri ensemble ? Pour que la dona-

tion soit caduque, il faut que le donataire
et sa postérité soient décédés avant le donateur; c'est donc aux héritiers du donateur à le prouver. En matière de préciput,
c'est le survivant qui y a droit; c'est aux
héritiers de la femme à prouver cette survie, et même preuve est à faire par ceux
du mari, s'ils prétendent le même droit;
autrement le préciput ne s'exerce point,
parce qu'il n'y a point nécessité à cela.

Néanmoins on pourrait prouver par témoins quel est celui qui a survécu. La preuve
testimoniale ne peut être rejetée, parce
qu'on n'a pu s'en procurer une autre.

L'article 1518 parle aussi de l'ouverture
du préciput; il décide ce qu'on doit faire
quand la dissolution de la communauté arrive du vivant des époux. Il dit que celui
qui a obtenu le divorce, ou la séparation de
corps, conserve ses droits au préciput en
cas de survie; qu'il n'y a pas lieu à la délivrance, avant que l'événement de la survie
soit arrivé. Ces mots, *Celui qui a obtenu le
divorce, ou la séparation de corps, conserve,*
etc., etc., feraient croire que celui contre
lequel il a ou elle a été prononcée ne les
conserve pas; ce qui est conforme aux ar-

ticles 299 et 300. Il n'est pas question dans l'article que nous examinons de la séparation de biens ; en effet le mari dans ce cas ne perd pas ses droits aux avantages que sa femme lui a faits. La raison n'est pas en effet la même ; en matière de simple séparation , le mari peut n'avoir pas démérité de sa femme ; il peut avoir eu pour elle tous les soins , les procédés , la tendresse dont le mariage lui fait un devoir ; tandis qu'en matière de divorce ou de séparation, il y a preuve du contraire. Cependant rappelez-vous que nous avons démontré, dans notre premier volume , que celui contre lequel la séparation de corps a été prononcée ne perd point son expectative. Inutile de revenir sur cette question , relativement à laquelle la jurisprudence semble fixée.

Si c'est la femme qui a obtenu le divorce ou la séparation , la somme ou la chose qui constitue le préciput reste provisoirement au mari , à la charge de donner caution. Mais comment interpréter cette disposition finale de l'article 1518 ? Est-ce à dire qu'il faudra donner au mari le préciput en entier, lui faire prélever sur la communauté la somme ou la chose qui est l'objet du préciput ? C'est ce que semble dire l'article ; cela n'est pas cependant.

S'il consiste en une somme d'argent, on partage comme s'il n'y avait point de préciput, et le survivant se trouvera créancier de la succession du premier mourant de la moitié de la somme.

S'il consiste en effets, on fait une estimation des choses sujettes au préciput de chaque conjoint, afin de déterminer la somme que la succession du premier mourant devra au survivant lors de l'ouverture du droit. Chacun d'eux prend sur le pied de l'estimation les choses sujettes à son préciput, non en les prélevant de suite, puisque le préciput n'est pas encore ouvert ; mais en les précomptant sur sa part, à la charge par sa succession, dans le cas où il mourrait le premier, de tenir compte au survivant de la moitié de l'estimation du préciput ; c'est ainsi que cela se pratiquait autrefois. Voyez Pothier. De cette manière, on voit que l'époux ayant droit au préciput se trouve dans la même position (du moins quant au préciput) que si la dissolution de la communauté était arrivée par la mort de l'un des époux.

Si la femme l'avait stipulé même en cas de renonciation, et qu'elle renonçât en effet, les héritiers du mari lui devraient tout entier le préciput. Elle ne peut être ici obligée de faire confusion sur elle-même, puisqu'elle ne partage pas la communauté. Nous observerons même qu'il a été jugé que si les parties avaient stipulé un préciput en cas de dissolution de la communauté, les juges pourraient ordonner la délivrance du préciput dès le moment de la dissolution, encore qu'elle ait eu lieu par une séparation. Voyez un arrêt de rejet, Sirey, tome 11, page 352. Dans l'espèce, la dissolution avait eu lieu par suite du divorce ; mais on eût décidé de même si la dissolution avait eu lieu par séparation.

Le mari seul est obligé de donner caution ; la femme en est dispensée ; le mari, dans ce cas, n'a qu'une créance contre la succession de sa femme, si le droit souffre à son profit.

Si le mari, obligé de donner caution, n'en trouve pas, cela l'obligera-t-il à délivrer de suite le préciput à sa femme ? Non ; une telle circonstance ne peut rendre exigible

un droit non encore ouvert; on ne pourra
même ordonner le dépôt des choses af-
fectées au préciput , puisque le mari a le
droit d'en jouir. Si le mari avait une hypothèque à offrir, la femme ne pourrait
s'empêcher de l'accepter; mais , s'il n'en a
pas , c'est au tribunal d'ordonner que la
somme, objet du préciput , sera versée à
la caisse publique , à celle d'amortissement
qui en paiera intérêt. Les parties pourront
convenir qu'elle sera placée avec intérêt et
privilége sur quelque bien immobilier.

S'il consistait en effets mobiliers, la vente
en devrait être faite et les deniers qui en
proviendraient devraient être placés de la
manière qu'on vient d'indiquer.

Un arrêt qu'on trouve dans Sirey , tome
7 , 2.ᵉ partie , page 346 , a décidé que la
simple espérance qu'a la femme d'un gain
de survie en usufruit l'autorise à demander
caution pour sureté des meubles et effets
mobiliers qui sont l'objet de son droit
éventuel.

Nous ne donnerons point d'explication
sur l'article 1519 ; il est facile à entendre,
et le principe qu'il renferme est parfaitement connu de tout le monde.

Cependant, si le préciput avait été stipulé, même en cas de renonciation, et qu'il consistât à reprendre, par exemple, les bijous que la femme aurait apportés en communauté, n'aurait-elle pas un privilége sur ces objets ?

Nous allons citer un arrêt qui n'est pas sans intérêt, il est assez récent; on le trouve dans Sirey, tome 23, page 427. Le voilà: Lorsque dans un contrat de mariage qui place les époux sous le régime de la communauté, il est dit: Le survivant des époux, après le prélèvement des reprises respéctives sur les biens de la communauté, jouira sur ces mêmes biens d'un préciput et d'un augment du préciput, ainsi que de l'usufruit de la part du prémourant ; cette clause n'offre pas au profit du survivant une mutation passible du droit proportionnel. Ce n'est là qu'une modification de la communauté, au moyen de laquelle le prémourant est censé n'avoir eu aucun droit acquis aux gains de survie ni à l'usufruit stipulé. On cite dans l'arrêt l'article 1525 et la loi du 22 frimaire an 7, article 69, §. 4, n.º 2. De tels arrêts sont des bienfaits dont la société doit être reconnaissante

envers nos tribunaux. Ils la consolent des
nombreuses vexations auxquelles elle est en
butte, faute d'une loi au moyen de laquelle on
puisse se défendre soit contre l'ignorance,
soit contre la mauvaise foi. Hé quoi ! c'est
à la France qu'il manque une loi, une jurisprudence sur l'enregistrement des actes !
qu'il manque une loi, oui ; car je n'appel-
lerai pas lois ce chaos impénétrable de lois
que nous avons sur cette matière, dont
l'obscurité, l'absurdité, l'iniquité, la bar-
barie, doivent faire gémir tout citoyen le
moins imbu des principes du juste et de
l'injuste.

SECTION VII.

Clauses par lesquelles on assigne à chacun des conjoints des Parts inégales dans la Communauté.

Nous avons vu que, quand il s'agit de communauté légale, chacun des époux a droit à la moitié des biens qui la composent. Quand la femme accepte, c'est une société qui a existé entre les époux; chacun a le droit de réclamer un partage égal. Mais l'article 1497 nous a prévenus qu'on pouvait déroger à la communauté légale, et dans l'une des huit modifications qu'il indique se trouve la clause qui permet d'assigner aux époux des parts inégales dans cette espèce de société qui va exister entre eux.

L'article 1520 consacre des conventions d'inégalité; il indique même plusieurs manières de déroger au partage égal, encore ne les spécifie-t-il pas toutes. Il suffit que la stipulation ne soit pas contraire aux lois, aux mœurs, à l'ordre public, pour être exécutée. L'article 1520 n'est que démonstratif. Par exemple, on peut faire un contrat de mariage où il serait dit que la femme survivante aurait les trois quarts de la communauté, s'il n'y avait pas d'enfans, et seulement le quart s'il y en avait. Cette clause est alors faite contre les héritiers du mari, c'est contre eux que la femme stipule. Elle stipule seulement à son profit, et non dans l'intérêt de ses héritiers. Si elle vient à mourir la première laissant des enfans, ils ne pourront pas invoquer la clause et demander les trois quarts; parce que le cas prévu n'est pas arrivé, qui était la survie de la femme; ce n'est en effet que dans ce cas que les parties ont réglé d'une manière inégale le partage de la communauté. Du moment où l'on n'a rien dit sur le cas où la femme prédécéderait, les choses sont restées soumises aux règles communes.

Si au contraire elle avait survécu au mari, sans qu'il y eût d'enfans, et qu'elle fût ensuite décédée avant même d'avoir accepté, cela serait bien différent; ses héritiers auraient droit aux trois quarts, parce qu'ils viendraient par droit de transmission.

Mais supposons que la clause ne dise pas:

La femme survivante ; supposons qu'elle dise simplement : *La femme aura droit aux trois quarts de la communauté ;* sans l'étendre ni aux enfans ni aux héritiers de la femme, elle meurt : est-elle censée avoir stipulé tant pour eux que pour elle ? Malgré que ces clauses soient en général de droit strict, il me semble que chacun des époux, en ne subordonnant pas son droit à quelque condition, est censé stipuler tant pour ses héritiers que pour lui-même. Cependant, s'il était dit que le mari ou la femme aura droit à un préciput, et que le conjoint qui l'aurait stipulé vînt à prédécéder, ses héritiers ne pourraient le prétendre; pourquoi, quand cet époux stipule une portion plus forte que l'autre, la stipule-t-il également au profit de ses héritiers ? La raison n'est-elle pas la même ? Si la clause de l'article 1515 est de droit étroit, celle de l'article 1520 ne l'est-elle pas également ? n'est-elle pas aussi une exception à la règle commune? Ces mots de l'article 1520, *Soit en donnant à l'époux survivant, ou à ses héritiers ;* ces mots, disons-nous, *ou à ses héritiers,* font entendre aussi que, lorsque la clause n'est pas étendue aux héritiers, elle ne les con-

cerne pas. On se trouve dans la règle ordinaire. Nous n'en persistons pas moins
dans l'autre opinion. Nous nous fondons
d'abord sur l'article 1514, où le législateur
a pris soin de dire d'une manière formelle
que la femme n'était point censée stipuler
tant pour elle que pour ses héritiers ; ce
que ce même législateur n'a pas expressément dit dans l'article 1520 ; ces mots *ou à
ses héritiers* qui s'y trouvent signifient seulement qu'on peut faire contre les héritiers,
nous pouvons même dire au profit des héritiers, des conventions qui dérogent à la
règle générale. En ce qui concerne l'article
1515, où il s'agit du préciput, certainement
nous ne pensons pas que le droit s'étende
aux héritiers du prédécédé: il n'y a qu'une
convention qui puisse leur donner ce droit;
pourquoi? C'est qu'il est considéré comme
un gain de survie, tandis que le partage
inégal, c'est-à-dire la clause qui assigne à
l'un des époux une plus forte somme, n'est
pas considéré comme telle ; c'est une convention de société purement et simplement;
elle ne ressemble à l'autre que parce qu'elles
sont toutes les deux des conventions de
mariage; mais elles ont leur différence dans

les résultats , comme dans les principes. Ainsi, de ce qu'en matière de préciput on n'est censé stipuler que pour soi , ce n'est pas une raison pour que dans le cas de l'article 1520 on ne soit bien censé stipuler tant pour soi que pour ses héritiers ; rien n'indiquant que la clause soit ici de droit strict; il faut plutôt croire qu'elle laisse les parties dans les termes du droit commun , qui dit qu'on est présumé stipuler tant pour soi que pour ses héritiers, et tout porte à croire que telle a été l'intention des parties. Par exemple , la femme stipule qu'elle n'aura qu'un quart dans la communauté, comment supposer que l'intention des parties a été que, si elle prédécédait, ses héritiers auraient la moitié de la communauté ? De même que lorsqu'on stipule un forfait de communauté , c'est-à-dire une somme certaine pour tout droit de communauté , on est censé stipuler tant pour soi que pour ses héritiers , ainsi que nous allons le voir bientôt.

Lisez l'article 1525 , et supposez qu'il soit dit que la communauté appartiendra en totalité au mari , sauf à la femme de reprendre ses capitaux ; pensez-vous qu'il ne soit pas

aussi dans l'esprit de cet article que les héritiers du mari aient le même droit du moment où la clause ne limitera pas ce droit
au mari , en ajoutant , par exemple , ces
mots , S'il survit ?

Demandons maintenant, si, quand il y a,
au profit de l'un des époux, une stipulation
qui lui donne une plus forte portion qu'à
l'autre, cette convention, qui renferme une
espèce de libéralité, est sujette à réduction?
Le législateur n'a point répété dans la section où se trouve l'article 1520 ce qu'il a
dit dans l'article 1516. Nous disons ce qu'il
a dit dans cet article, quoique la réduction
ne soit pas une formalité; mais dans l'article 1516 l'esprit de la loi est certainement
bien que le préciput ne soit pas considéré
comme un avantage sujet à réduction; du
moins en général , il ne veut pas qu'on
le mette sur la ligne des donations; mais
il n'a pas voulu dire non plus que cet
avantage ne serait jamais considéré comme
une donation; au contraire, il peut être considéré comme tel dans certains cas, par
exemple, quand il y a des enfans d'un précédent mariage. Cela seul devait l'empêcher
de dire que le préciput n'était point une

donation et n'en aurait jamais les effets. Ce n'est pas que le législateur n'ait parfaitement rendu son idée en se servant du mot *formalités*, qui s'applique plutôt à ce qui est considéré comme extrinsèque que comme intrinsèque, et qui concerne la manière de faire plutôt que la manière d'exécuter l'acte. Quoi qu'il en soit, cette disposition n'est pas d'une interprétation par trop difficile; et nous dirons sur la question proposée ce que nous avons dit sur l'article 1516, c'est-à-dire que, s'il n'y a point d'enfans de précédens mariages, la stipulation est une convention de société, et non un avantage proprement dit; mais que, lorsqu'il y a des enfans de mariages antérieurs, il peut y avoir lieu à réduction, et que l'article 1098 ne cesse pas d'être applicable. Par conséquent, si la femme a stipulé qu'elle aurait, je suppose, un quart dans la communauté, et qu'elle ait des enfans d'un précédent mariage, on verra si cette disposition jointe à d'autres qu'elle pourrait avoir faites à son mari, excède le taux de la loi. En cas d'affirmative, il y aura lieu à réduction; mais les enfans du premier mariage, qui seront la cause de ce retranchement, n'en profiteront pas seuls, étant obligés de rapporter à la succession de leur mère ; les enfans du mariage actuel en profiteront indirectement. Si la femme a les trois quarts et que le mari ait des enfans d'un premier mariage, il en sera de même.

Mais il est possible que le contrat soit aléatoire. Par exemple, si la femme a stipulé qu'elle aurait un quart, si elle n'avait point d'enfans du présent mariage, et les trois quarts, si elle en avait. La femme court une chance, qui devrait empêcher les enfans de son précédent mariage de se plaindre et de demander la réduction.

La loi n'a point distingué, quand elle a défendu de donner au-delà de ce que permet l'article 1098, soit directement, soit indirectement. Elle ne veut que dans aucun cas on élude sa prohibition ; peu importe que l'époux qui a des enfans d'un mariage antérieur coure une chance favorable, il suffit que par le fait le second époux ait eu plus que la loi ne le permet.

Mais dans une pareille hypothèse, si le cas favorable à l'époux qui a des enfans d'un premier lit arrive, les héritiers de l'autre époux peuvent-ils s'opposer à l'exécution

de la clause, sous le prétexte qu'il n'y a pas
réciprocité? En effet ils diront que, si la
clause n'a pu être exécutée contre les héritiers de la femme, elle ne doit pas non
plus être exécutée à leur profit, c'est-à-dire
contre les héritiers du mari. La question
dépend de celle de savoir si la clause est
nulle ou seulement réductible ; si elle
n'est que réductible , et nous la croyons
telle, le mari devait s'y attendre; il devait
savoir qu'on ne peut éluder l'article 1098;
que s'il a fait lui-même un avantage, par
cela seul qu'il devait s'attendre à la réduction, il n'a pu être déterminé par l'espoir
de la réciprocité ; rien ne s'opposait à ce
qu'il donnât plus et même tout ce que l'article 1094 permet; les différens avantages
que se font les époux par contrat de mariage ne sont point censés être la condition l'un de l'autre ; la donation du mari
envers la femme peut être vaine, parce que
la portion disponible, par exemple, serait
déjà excédée, sans pour cela que la donation que la femme lui aurait faite par le
même contrat dût également rester sans
exécution. Il aurait au moins fallu exprimer
que la clause favorable à l'un ne serait exé-

cutée qu'autant qu'il serait décidé que l'a-
vantage fait à l'autre serait lui-même suscé-
ptible d'exécution ; que dans le cas où il ne
le serait pas, les deux avantages seraient
réputés non écrits.

Nous pourrions, à l'appui de ce qui vient
d'être dit, citer un arrêt rapporté par Ri-
card, Traité des donations, qui est en date
du 23 mai 1586, et prononcé en robes rou-
ges par le président Brisson. Cet arrêt a
jugé en conséquence que les donations
mutuelles, quelque égales qu'on puisse les
supposer, ne sont pas moins sujettes à réduction que les donations simples. Depuis
cet arrêt, la jurisprudence du parlement de
Paris n'a pas varié.

Mais remarquez que, lorsqu'il y a lieu à
la réduction dont nous venons de parler,
on doit prendre en considération la mise
de chacun des époux en communauté, afin
de la balancer avec la portion qu'il doit
avoir dans la communauté; par exemple, un
des époux met un quart de moins dans la
communauté, et l'on stipule qu'il aura un
quart de moins dans le partage qui se fera
à la dissolution.

Lorsque les époux stipulent la clause pré-

vue par l'article 1520, il ne faut pas stipuler
que chacun supportera dans les dettes une
portion différente de celle qu'il doit avoir
dans le partage. Il faut que la portion dans
le passif soit égale à celle du passif, *et vice
versâ*. L'on n'a point d'égard au cas où elle
est moindre ou plus forte; on ne distingue
pas. S'il est dit que la femme aura le tiers
de la communauté, on ne peut convenir
qu'elle paiera dans les dettes ni plus ni
moins d'un tiers; si cela était permis, tantôt le mari serait à même de s'avantager
aux dépens de la femme; par exemple, en
fesant des acquisitions à crédit, dont la femme
qui n'aurait qu'un tiers dans la communauté, paierait cependant la moitié, et dans
lesquelles acquisitions il aurait les deux
tiers ;

Tantôt la clause permettrait au mari
d'avantager la femme; par exemple, si elle
avait une portion dans les dettes inférieure
à celle qu'elle a dans l'actif, le mari ferait
des acquisitions dont il devrait le prix en
totalité; la femme partagerait les acquêts
et ne paierait que le tiers des dettes, par
exemple.

La loi, comme vous le voyez, prohibe de

telles clauses. Elle ne les répute même pas
non écrites ; elle les déclare nulles, et les
conjoints et les héritiers partagent également la communauté, tant activement que
passivement, art. 1521. Ainsi il n'y aurait
pas que la clause par laquelle il serait dit
que l'un aurait sa part franche de dettes
ou qu'il en supporterait une moindre que
celle qu'il a dans l'actif, que l'on devrait
annuler; on ne laisserait pas subsister da-
vantage la première partie de la convention. La raison en est que ces deux conventions sont inséparables l'une de l'autre. En effet l'époux qui consent à la réduction de sa part au tiers ou au quart,
n'y consent que parce qu'on la lui accordait franche, ou qu'il n'était obligé à payer
qu'une portion de dettes moindre de ce
tiers ou de ce quart. La dernière partie
de la convention étant une condition de la
première , la nullité de la dernière doit
entraîner la nullité de la première.

Clause à forfait.

Les époux sont également libres de convenir que l'un d'eux ou ses héritiers n'au-

ront pour tout droit de communauté qu'une
somme qu'on détermine. Cette clause s'appelle *clause à forfait*. C'est l'article 1522
qui la permet et qui la régit avec les articles 1523 et 1524. Cette clause oblige l'autre époux ou ses héritiers à payer la somme
convenue, soit que la communauté soit
bonne ou mauvaise, suffisante ou non pour
acquitter la somme.

Il faut néanmoins distinguer en cette matière. Mais auparavant fesons une remarque;
c'est que la clause peut comprendre seulement le conjoint, ou seulement ses héritiers, ou le conjoint et ses héritiers. Si elle
comprend le conjoint, soit le mari ou la
femme, elle est de plein droit étendue à
ses héritiers; mais si elle ne comprend que
les héritiers, sans parler de leur auteur,
c'est-à-dire du mari ou de la femme, elle
ne reçoit aucune extension; ceux-ci ne seront point exclus du partage égal; la clause
ne sera exécutée qu'autant que l'époux à la
succession duquel ils seront appelés sera prédécédé; s'il avait survécu, la clause serait
caduque. C'est là la lettre et l'esprit de l'article 1523.

Cet article prouve la justesse de notre

raisonnement sur la question que nous avons
agitée sur l'article 1520. En effet, si en matière de clause à forfait les conjoints sont
censés stipuler tant pour eux que pour leurs
héritiers, il en doit être de même quand
ils stipulent des parts inégales. Mais, s'il était
dit que les héritiers de l'un d'eux n'auraient
qu'un quart, qu'un tiers, il faudrait encore
suivre la disposition de l'article 1523; la
clause n'empêcherait pas le conjoint de venir par portion égale, s'il survivait.

Nous observerons aussi que le mot *survit*,
qui se trouve dans cet article, ne doit pas
être pris à la lettre. M. Delvincourt pense
qu'il en serait de même si la dissolution
de la communauté avait lieu par suite d'une
séparation.

Supposons d'abord que c'est le mari qui
retient toute la communauté, moyennant
une somme que pourront réclamer pour
tout droit la femme ou ses héritiers; s'il n'y
a pas dans les biens de la communauté de
quoi payer cette somme, le mari ne sera
point admis à rétracter la clause, il ne
pourra point dire que la clause n'a été établie qu'en sa faveur; qu'il a droit par conséquent d'y renoncer, afin de se décharger

19.

de l'obligation de payer la somme en offrant d'admettre les héritiers de la femme à partager légalement avec lui. La raison en est que cette clause est une convention de mariage ; que c'est une cession que la femme a faite à son mari de la part certaine qu'elle aurait eue dans la communauté, et le prix de cette cession est dû aux héritiers de la femme, en quelque état que se trouve la communauté à sa dissolution. Le mari aurait bien profité du bénéfice de la clause, si la communauté eût été avantageuse ; il est juste qu'il en supporte la perte quand elle est mauvaise. C'est un contrat aléatoire qui a été fait ; le cas est le même que s'il s'agissait de la cession d'un droit successif. C'est une chance que chacune des parties a courue ; cela suffit pour que le prix de la cession soit dû.

Mais, s'il était dit que la femme ou ses héritiers auraient une somme de.... pour tout droit de communauté, *si ladite somme s'y trouve, ou si tant s'en trouve,* le cas serait différent ; on déciderait autrement. La somme ne serait due que jusqu'à concurrence de l'actif de la communauté, déduction faite des dettes.

Si la femme était débitrice envers la
communauté, le mari pourrait, sur la somme
à laquelle ses héritiers ont droit, faire déduction; il peut même réclamer le surplus,
si cette déduction n'acquitte pas la femme
ou ses héritiers. Cela aurait lieu, par exemple, si durant le mariage la femme avait doté
conjointement avec son mari, des biens de
la communauté, quelques-uns de leurs enfans; alors on mettrait au rang des créances de la communauté ce qui en a été
tiré pour acquitter la part de la femme
dans le paiement de cette dot.

Toujours dans le cas prévu, c'est-à-dire
lorsque le mari retient tous les biens de la
communauté à la charge de donner telle
somme aux héritiers de la femme, il est
tenu de la totalité des dettes de la communauté; et, indépendamment de la somme
portée par la convention, il doit payer aux
héritiers de la femme tout ce que la communauté doit à celle-ci pour vente de ses
propres et autres reprises, sans que les héritiers de la femme soient obligés de faire
confusion; c'est ce que porte l'article 1524.
Les créanciers de la communauté n'ont
même aucune action contre eux, même

article, ni contre la femme par conséquent,
si le mari est le prédécédé; les créanciers
ne peuvent avoir d'action contre elle ou
contre eux, qu'autant que ladite femme se
sera obligée personnellement. Cela vient de
ce que les héritiers auxquels le mari paie
la somme portée par la convention, ainsi
que la femme à laquelle les héritiers du
mari paient la même somme, n'ont aucune
part dans la communauté, et que ce n'est
que comme portionnaires des biens qui la
composent qu'ils sont tenus envers les
créanciers. Si elle était portionnaire dans la
communauté, les créanciers seraient payés
avant elle; elle ne devrait venir à partage
qu'après qu'elle serait payée, mais n'ayant
aucune part dans la communauté, n'étant
créancière que d'une somme de..., qui lui
tient lieu de sa portion dans la communauté, devant avoir cette somme que la
communauté soit bonne ou mauvaise, elle
a une action personnelle contre les héritiers de son mari, qu'elle peut exercer sur
tous les biens qui appartiennent à ce dernier; et comme c'est en vertu d'une convention de mariage, elle a même une hypothèque légale. Mais sur le mobilier elle

vient par contribution au marc le franc avec
les autres créanciers. Sous ce rapport, la
clause à forfait offre plus d'avantages qu'une
clause qui assignerait à chacun des époux
des parts égales ou inégales.

Une clause peut être ainsi conçue : En
cas de prédécès de la femme, ses héritiers
collatéraux auront la liberté de demander
au survivant une somme de 10,000 fr., avec
défense à ces héritiers d'intenter une action
en partage de la communauté contre le
mari. Alors naît la question de savoir s'il
y a forfait de communauté. Il y a forfait
de communauté. En conséquence les héritiers de la femme n'ont pas l'option
d'accepter la communauté ou de s'en tenir
à la somme fixée. Mais ces mots : Auront
la *liberté*, etc., etc., sembleraient leur donner l'option, si l'on n'ajoutait pas ceux-ci
avec défense, etc., etc.

Nous allons voir maintenant ce qui a lieu
quand on est convenu que c'est le mari qui
n'aurait pour tout droit de communauté
qu'une somme de... Cette clause, comme on
l'a déjà dit, s'étend également à ses héritiers.

Ce cas diffère essentiellement de celui
que nous venons d'examiner.

Remarquez que ce que nous venons de dire de la femme qui a une somme certaine pour tout droit de communauté, et ce que nous allons dire du mari qui a pour tout droit de communauté également une somme de..., nous en dirons tout autant pour le cas où il serait dit que le *survivant* aurait pour tout droit de communauté une somme; et cela selon que ce serait le mari ou la femme qui aurait survécu.

Nous avons vu que, quelque mauvaise que fût la communauté, quand la clause portait que cette somme serait payée aux héritiers de la femme pour tout droit de communauté, le mari ne pouvait se dispenser de leur payer la somme franche et quitte des dettes de la communauté, dont le mari restait chargé; qu'il en était de même quand la femme avait survécu et que la clause lui accordait le même droit, les héritiers du mari étant obligés de remplir les mêmes obligations.

Au contraire, c'est la femme survivante ou ses héritiers qui, moyennant une somme, ont droit de retenir toute la communauté; cette convention ne les prive pas du droit de renoncer à la communauté, quand elle

se trouve mauvaise, et d'abandonner au mari
tous les biens de la communauté, et ce fesant, elle se décharge de l'obligation d'en
acquitter toutes les dettes, art. 1524, dernière disposition.

Cette différence a sa source dans ce principe, qui veut que le mari ne puisse jamais
renoncer à la communauté, pas plus que
ses héritiers qui succèdent à toutes ses obligations; qu'au contraire la femme et ses
héritiers ont toujours ce droit, droit qui
leur appartient tellement qu'on ne peut dans
le contrat de mariage faire aucune stipulation qui y déroge.

Lors donc que la femme juge à propos
de renoncer, la convention dont il s'agit
est sans effet. Par cette renonciation de la
femme, les héritiers du mari ont toute la
communauté; ils ne peuvent exiger de la
femme survivante la somme portée dans la
convention, et ils restent obligés à l'acquittement de toutes les dettes. Les créanciers
n'ont aucune action contre la femme, puisqu'elle ne prend rien dans la communauté, sauf
aux créanciers de la femme à attaquer cette
renonciation aux termes de l'article 1167.

Lorsque la femme ou ses héritiers usent

du droit de prendre tous les biens de la communauté, en payant la somme stipulée, on peut se demander s'ils sont obligés d'acquitter indistinctement toutes les dettes même au-delà de leur émolument. L'article 1524 dit positivement que la femme, en ce cas, est tenue de toutes les dettes. Nous ne pensons cependant pas qu'il en soit ainsi. C'est un principe certain, invariable, que la femme ne peut être tenue des dettes au-delà de son émolument dans la communauté, quand du moins elle a fait inventaire; qu'elle ne peut même renoncer à ce droit; certes cette clause serait une manière indirecte de renoncer à ce privilége, si on admettait que la femme qui en profite est indistinctement obligée aux dettes. D'ailleurs ne serait-il pas trop au pouvoir du mari de ruiner sa femme, en contractant des dettes qu'elle ne connaîtrait pas toujours en acceptant la communauté? Elle pourra donc abandonner les biens de la communauté, et les créanciers n'auront d'action que contre les héritiers du mari, qui, s'ils ont accepté la succession de ce dernier, ne pourront s'y soustraire.

Nous avons vu plus haut que lorsque la

femme avait une somme pour tout droit de communauté, elle avait sur les biens de son mari une hypothèque légale, et que sur le mobilier elle venait par contribution. Nous n'en dirons pas autant du mari; quand c'est lui qui a une somme certaine pour tout droit de communauté, il n'a point d'hypothèque sur les biens de sa femme. Il ne peut venir non plus par contribution avec les créanciers de la communauté; car, d'un côté, il est responsable envers eux comme chef de communauté; d'un autre côté, la femme peut lui dire qu'elle ne doit point au-delà de son émolument dans la communauté; mais si le mari ou ses hériritiers ne sont en concours qu'avec des créanciers personnels de la femme, *id est* des créanciers autres que ceux de la communauté, il viendra aussi par contribution en sa qualité de créancier de la femme, à moins qu'elle prouve que les dettes de la communauté vont au-delà de son émolument : ce qui lui permet, comme nous l'avons vu, d'abandonner les biens de la communauté; mais alors elle n'a rien à réclamer: cela équivaut à une renonciation de sa part à la communauté.

L'article 1525 se réfère à l'article 1520.
La convention dont il parle est un gain de
survie, dont l'exécution ne peut avoir lieu
que dans le cas de la mort naturelle ou civile de l'un des conjoints. Si la communauté
se dissout autrement, la clause ne peut
s'exécuter, puisqu'il n'y a pas de survivant;
son effet est suspendu comme tous les autres
droits éventuels qui dépendent du prédécès
de l'un des conjoints. C'est pourquoi l'on
procède comme s'il s'agissait d'un préciput;
on liquide la communauté, on la partage,
comme si la clause n'existait pas, et chaque
époux conserve le droit, contre la succession du prémourant, de répéter la moitié
que celui-ci aura eue dans la communauté.
On doit en dire autant quand il y a clause
à forfait, c'est-à-dire quand elle est conçue
de manière à ce que le survivant ait toute
la communauté, moyennant une somme
de... Mais, si les époux avaient seulement
des parts inégales dans la communauté, il
en serait autrement, la convention n'étant
plus un gain de survie. Il en est de même
quand la clause à forfait n'est pas subordonnée à la condition de survie. Par exemple, s'il est dit que le mari aura pour tout

droit de communauté une somme , qu'il survive ou non , dans ces deux cas l'article 1518 ne peut s'appliquer.

La loi n'exige point , dans le cas de l'article 1525 , de caution de la part du mari , lorsque le mariage est dissous autrement que par la mort naturelle ou civile, comme elle le fait dans le sens de l'article 1518. Comme c'est une condition rigoureuse, il est de principe qu'elle doit être restreinte aux cas où elle est expressément exigée. Mais nous conviendrons qu'il y a absolument même raison que pour le cas de l'article 1518 , et qu'il devrait y avoir même décision ; on peut dire même qu'il y a plus de motifs encore d'exiger la caution dans le cas de l'article 1525 que dans l'autre. D'ailleurs l'article 1525 ne prévoit pas le même cas ; s'il l'eût prévu , il n'eût pas manqué de décider de la même manière ; s'il se présentait, c'est alors à l'article 1518 qu'il faudrait recourir , par argument du moins.

Nous avons dit que la convention de l'article 1525 renfermait un gain de survie. Nous avons des observations à faire à cet égard. D'abord on peut stipuler que l'avan-

tage n'aura pas lieu indistinctement au profit du survivant. On peut stipuler le droit
au profit de l'un ou de l'autre ; on fait bien
néanmoins de dire s'il lui appartiendra en
cas de survie. Alors on lève des difficultés ;
car, s'il n'en est rien dit, si l'on stipule
simplement le droit en faveur de l'un des
époux, cela est-il censé dit sous la condition
qu'il survivra ? Les héritiers de celui au
profit duquel on aura fait la stipulation
jouiront-ils de la même prérogative ? On
peut même demander s'il est permis de stipuler le droit en faveur seulement des héritiers des époux. Nous ne considérons
cette clause comme un gain de survie, qu'autant qu'on a exprimé qu'elle aurait lieu au
profit du survivant. Si l'on a exprimé que
ce serait le mari ou la femme à qui appartiendrait toute la communauté, sauf à l'autre
à reprendre ses apports, nous pensons que
ce conjoint est censé avoir stipulé au profit
de ses héritiers, comme cela a lieu en matière de forfait de communauté, par argument de l'article 1523. A plus forte raison,
de même qu'en matière de préciput pen-
sons-nous que la clause puisse être étendue
aux héritiers seulement du premier mou-

rant, ou des héritiers de l'un ou de l'autre
des époux. Les raisons sont les mêmes ; les
mots *ou à l'un d'eux seulement*, qui se trouvent dans les articles 1520 et 1525, viennent
encore à l'appui de cette opinion. On ne
pourrait ici nous objecter l'article 1093, où
il est dit que les donations de biens à venir,
ou de biens présens et à venir, sont censées
faites sous la condition de survie. La clause
dont parle l'article 1525 n'est point une
disposition semblable à celle de l'article
1093 ; d'ailleurs l'article 1525 dit qu'elle
n'est point un avantage sujet aux règles
des donations, soit quant au fond, soit
quant à la forme.

Si l'un des époux retient toute la communauté, l'autre a le droit de faire la reprise de ses apports ; même article 1525.
Cela a même lieu de plein droit, lorsque
les parties n'en ont rien dit. Cette reprise
s'étend non-seulement aux apports, mais
encore aux capitaux tombés dans la communauté du chef de l'époux à qui n'appartient pas la communauté. Les parties font
encore très-bien de s'expliquer quant à
cette reprise ; elles font bien de dire si ce
sont seulement les capitaux et les meubles

qui existent lors du mariage, ou s'ils y comprennent ceux qui adviendront par la suite.
S'il y avait clause de réalisation des meubles
existans lors du mariage, ceux qui adviendraient par la suite appartiendraient-ils de
plein droit à la communauté? Il semble que
l'intention des parties a été de vouloir ré-
streindre la reprise aux objets réalisés. L'é-
tendue de la reprise semble fixée aux choses
réalisées ; car il n'est pas de rigueur que cet
époux reprenne tout ce qu'il a apporté :
le contraire peut être stipulé, et cette stipulation peut même être implicite, comme
dans le cas proposé.

Néanmoins nous déciderons le contraire.
Quand les époux réalisent leur mobilier,
ils le rendent propre. L'époux qui a fait la
réalisation est devenu créancier de la communauté du montant ; il a à cet égard
une reprise. Par conséquent on ne doit
plus le considérer comme un apport qu'on
reprend pour tenir lieu d'une part sociale.
La reprise doit encore porter sur les autres
choses qui sont tombées dans la communauté ; c'est précisément de ces choses-là
que l'article 1525 entend parler. Il veut que
l'autre époux reprenne ce qui est tombé

en communauté de son chef; or ce qu'il a réalisé n'y est pas tombé. On voit d'ailleurs, à la manière dont est conçu cet article, que l'époux retire tout ce qui est advenu à la communauté à cause de lui; peu alors doit importer le titre qu'on donnera à l'apport, sauf aux parties à restreindre cette reprise.

Ainsi, si les parties ont gardé le silence sur le mode d'exercer le droit, la loi ne fesant aucune distinction et la clause n'étant pas régie par les règles ordinaires, tout apport, tout capital tombé en communauté du chef de l'époux dont il s'agit, sera prélevé par ses héritiers. Cette reprise par conséquent ne se bornera pas aux choses qui de droit n'entrent pas en communauté; ce qui signifierait que ce qui de droit entre en communauté appartient à l'autre époux. Quel avantage n'en résulterait-il pas pour ce dernier? Non-seulement le mobilier, et les créances et autres droits incorporels mobiliers de l'autre époux, lui appartiendraient, mais encore tout ce qui, en fait de mobilier, lui adviendrait par succession, donation, legs et autrement.

De cette manière il est visible que tout l'avantage du survivant se bornera aux

profits et bénéfices que la communauté aura
faits.

Bien mieux : vous remarquerez qu'on ne
pourrait pas faire une stipulation portant
que toute la communauté appartiendra en
entier à l'un d'eux, sans que l'autre ou ses
héritiers ait le droit d'y faire aucun prélèvement, aucune reprise. L'article 1520 dit
en effet que c'est en certains cas qu'on peut
stipuler que la communauté appartiendra
en totalité à l'un des époux ; ces cas doivent
être ceux prévus par l'article 1525. Or cet
article veut que les héritiers du prédécédé
fassent la reprise de ce que son auteur y
a apporté.

Mais il n'y a pas de doute que cette reprise ne puisse être limitée aux choses qui
existaient lors du mariage , puisqu'il est
permis de stipuler une somme certaine pour
tout droit de communauté. La loi ne détermine même pas quel doit être le montant
de cette somme ; elle ne dit pas qu'il faut
qu'elle soit au moins égale à la mise en
communauté, ou si l'on veut aux apports
de l'époux qui la stipule ; elle ne dit pas qu'elle
est nulle, si elle est inférieure à ses apports.
Il la déclare valable, quelle qu'elle soit, sauf

le droit des enfans d'un premier lit; hors
le cas d'enfans d'un premier lit, il n'y a
point lieu à retranchement; c'est une convention de mariage, aléatoire dans ses effets, et qui peut aussi bien être avantageuse
que désavantageuse; car rien n'assure que
la communauté prospérera.

L'article 1525 s'explique mieux que l'article 1516, malgré qu'ils soient tous les deux
dans le même esprit. Il ne faut cependant
pas prendre l'article 1525 à la lettre. Comme
cet article est placé sous des rubriques qui
établissent des exceptions aux règles, on
pourrait croire qu'il n'y a que la clause par
laquelle l'un des époux doit avoir la totalité de la communauté qui n'est point un
avantage sujet aux règles des donations,
soit quant au fond, soit quant à la forme;
encore cette disposition doit-elle s'interpréter par la précédente qui se trouve dans
le même article, où il est dit que c'est à la
condition que l'autre époux prélèvera ses
apports et capitaux; ce qui ferait croire
que, s'il y avait une convention par laquelle
cet autre époux ne pourrait retirer qu'une
certaine portion de ses apports, ou qui ne
lui donnerait qu'une portion inférieure dans

20.

le partage de la communauté, comme le
tiers ou le quart; ce qui ferait croire, disons-nous, que dans ces cas et autres semblables, cet avantage serait sujet aux règles
des donations, soit quant au fond, soit
quant à la forme. Ce n'est cependant pas
de cette manière que l'article 1525 doit être
entendu; car, si donner la communauté entière à l'un n'est pas un avantage sujet à
réduction, *à fortiori* quand le quart ou le
tiers est donné à l'un et les trois quarts seulement ou les deux tiers à l'autre, ce tiers
ou ce quart peut en effet offrir plus d'a-
vantage au conjoint que la reprise de ses
apports. Mais faut-il en dire autant pour le
cas où l'époux stipule la reprise d'une certaine somme ou des apports de son mobilier jusqu'à concurrence de la somme de...?
On peut dire que c'est là une convention
qui a pu être la condition *sine quâ non* du
mariage, et dont les effets étant éventuels,
incertains, peuvent avoir un avantage pour
le conjoint. Cette clause en effet peut être
plus favorable que celle par laquelle on se
met en communauté purement et simplement, où quelquefois l'un apporte pour
100,000 fr. de mobilier, tandis que l'autre

n'apporte rien et quelquefois même des dettes énormes; et certainement dans ce cas il
n'y a point lieu à la réduction de l'avantage, sauf toujours le cas des articles 1098,
1527.

Lorsque chacun des conjoints a une quote-
part dans la communauté, nous n'en doutons pas, il n'y a point lieu à réduction.
Nous en avons donné des raisons suffisan-
tes. Mais, lorsque l'un des conjoints stipule
une certaine somme pour tout droit de
communauté, laquelle est au-dessous de ses
apports, ou qu'il ne stipule que la reprise
d'une portion de ses apports, telle que celle
du mobilier qu'il avait lors de son mariage,
et qu'il abandonne à la communauté tout
ce qui lui adviendra, en fait de meubles, par
succession, donation ou legs, il n'y a, à proprement parler, rien d'aléatoire dans cette
convention; ce n'est pas même pour ainsi
dire mettre ses biens en communauté, c'est
les donner à son conjoint; ce n'est plus
pour l'utilité de deux associés qu'on fait
tomber ces biens dans la maison sociale,
c'est pour l'avantage d'un seul des associés.

Car, que la communauté prospère ou ne
prospère pas, la condition du conjoint sera

toujours la même, et il court les risques
de l'enrichir sans courir la chance d'en bé-
néficier. On peut répondre, il est vrai, que
le conjoint qui retient toute la communauté
est tenu de toutes les dettes; que sous ce
rapport le contrat est aléatoire; que chacun des conjoints a couru une chance favorable. Cette objection ne manque pas
d'être spécieuse; malgré cela on peut aisément la réfuter. En effet on suppose précisément que la communauté est avantageuse;
par conséquent le conjoint n'a pas à se
plaindre d'avoir acquitté des dettes considérables. La seule possibilité qu'il pût y
en avoir qu'il absorbât toute la communauté n'empêche pas l'avantage indirect
qui résulte de la modicité de la reprise, et
des capitaux et apports qui y sont tombés
du chef de l'autre conjoint; car il s'agit
précisément de savoir si celui-ci a enrichi
celui-là, et a en sa faveur excédé la quotité
disponible. Il est vrai que s'il y avait dans
le contrat quelque chose qui balançât l'a-
vantage qu'il fait, il ne devrait pas y avoir
lieu à réduction, comme nous l'avons vu
en matière d'ameublissemens généraux. Mais
qu'est-ce que cet avantage pour l'un de

n'être pas tenu des dettes, et ce désavantage
pour l'autre d'être tenu de les payer en
totalité? Je suppose même que cela soit
entré en considération dans le contrat,
chose qui n'est pas trop présumable, on
sera toujours obligé de convenir que cette
chance n'est pas réciproque, puisque, de
quelque manière que la clause soit conçue,
la femme n'est jamais tenue des dettes au-
delà de son émolument; or, si c'est le mari
qui ne doit retirer qu'une portion de ses
apports, il est bien certain qu'il ne peut
courir aucune chance favorable, et qu'elles
sont toutes favorables à la femme. L'objé-
ction manque donc de force; et, s'il est démontré qu'elle ne peut se faire en tous les
cas, s'il est démontré que dans tous les cas
le contrat n'est pas aléatoire dans l'espèce
que nous avons posée, il en résulte que la
clause renferme un avantage indirect, et,
comme on ne se trouve plus dans les termes de l'article 1525, il faut décider que
s'il y a réellement excès dans la libéralité,
car c'en est une véritable, elle pourra être
réduite. Il en sera de même, et à plus
forte raison, lorsque dans un contrat de
mariage deux époux stipuleront que le sur-

vivant aura la propriété des effets mobiliers délaissés par le prédécédé. Cette stipulation doit être considérée comme un avantage attaquant la quotité disponible, et non comme une donation de communauté permise par l'article 1525; c'est ce qui a été décidé par la Cour de Bruxelles. Voyez Sirey, t. 11, 2, p. 335.

Il faut donc bien se garder de confondre la donation des effets mobiliers qu'un époux laisse à son décès, avec cette donation de la communauté permise par notre article 1525. La première renferme tous les biens meubles indistinctement; la seconde ne renferme *ni les apports faits à la communauté, ni les capitaux acquis durant le mariage*, et c'est ici qu'on peut dire avec avantage : *l'époux qui a toute la communauté est tenu de toutes les charges.*

L'article 1525 permet au conjoint qui n'a pas droit à la communauté de retirer ses capitaux; mais, si la communauté n'a plus rien, *quid juris?* Ce n'est qu'à l'égard de la femme que cela peut faire une question. Nous pensons que la femme ne pourra rien réclamer de son mari. L'article 1525 n'est nullement conçu comme l'article 1522. La

clause dont il s'agit dans l'article 1525 diffère essentiellement de la clause à forfait.
La communauté seule est débitrice dans le
cas de cet article.

Les auteurs des Pandectes disent sur
l'article 1525 qu'ils ont eu connaissance
d'un contrat de mariage où l'on avait stipulé
que le survivant des époux aurait la totalité
en usufruit des biens composant la communauté. Ils ajoutent: Cette clause donnera
lieu à la question de savoir par qui les
dettes devront être payées. Selon eux, le
survivant devra contribuer à la moitié des
dettes seulement, à raison de son usufruit.
Leur pensée n'est pas suffisamment rendue.
La question elle-même n'est pas assez clairement posée. Que veut-on dire quand on
stipule que le survivant aura l'usufruit de
la totalité de la communauté? Il nous semble que l'on veut dire que la nue propriété
du tout appartiendra aux héritiers de l'autre. Il faut convenir que c'est là une étrange
stipulation; néanmoins elle est valable. Alors,
pour savoir comment les dettes seront
payées, il faut consulter l'article 612 du
Code civil.

A-t-on entendu que le survivant aurait

pour lui la moitié de la communauté, plus
l'usufruit de la part du prémourant? Quant
à la question de savoir comment les dettes
seront payées, c'est encore au titre de l'u-
sufruit qu'il faut recourir.

Mais dans ces deux cas serait-il bien permis
aux héritiers du prémourant de retirer les
apports et capitaux qui seraient tombés de
son chef dans la communauté? Nous en
doutons: ce n'est nullement notre opinion.

Par arrêt de rejet, Sirey, t. 7, 2, p. 839,
il a été jugé une question que nous rappe-
lons seulement pour la faire connaître.
La voici: Lorsqu'en vertu d'une clause de
son contrat de mariage, le survivant des
deux époux demeure propriétaire de tous
les meubles et effets mobiliers de l'autre,
la prescription des créances que la communauté avait sur un particulier devenu héritier des immeubles du prédécédé, et qui se
trouvent dès-lors dévolues au survivant,
est suspendue dès ce moment jusqu'après
la liquidation de la communauté, entre le
survivant et cet héritier.

L'inventaire prescrit par les articles 1499
et 1504 est indispensable pour l'application de l'article 1525.

Lorsque l'un des époux a stipulé qu'il aurait pour tout droit de communauté une somme de..., ou qu'il a limité la reprise de ses apports, il peut s'élever quelques difficultés qu'on fait bien de prévoir lors du contrat. Par exemple, la somme qui aura été stipulée pour forfait de communauté empêchera-t-elle le conjoint de réclamer les habits et linge à son usage? Nous ne le pensons pas. Il ne peut sortir tout nu de la maison maritale. Toutes les nippes et hardes servant immédiatement à son usage, lorsque la quantité n'en est pas excessive et n'excède pas la mesure d'une honnête entretien, doivent lui appartenir indépendamment de la somme convenue. M. Proudhon, en son Traité de l'Usufruit, en donne une excellente raison; c'est que la communauté doit fournir à l'entretien et par conséquent à l'habillement des époux; d'où il résulte que celui d'entre eux pour lequel on en fait faire ne reçoit que ce qui lui est dû, quand on les lui remet, et en conséquence il ne peut en devoir aucun rapport.

Il est possible que l'un des époux ait fait un ouvrage d'esprit. A qui appartiendra-t-

il en cas de forfait de communauté? Qu'il
y ait ou non forfait de communauté, le
titre, la propriété de l'ouvrage, appartiendra toujours à l'auteur, ou à ses héritiers.
La communauté n'aura droit qu'aux seuls
bénéfices acquis au moment de la dissolution de la communauté; il en est de même
des armes d'un militaire, de ses marques de
décoration.

Communauté à titre universel, 1526.

La clause dont il s'agit dans l'article 1526,
est celle par laquelle on met en communauté, soit tous ses biens meubles et immeubles, présens seulement, ou présens et
futurs, ou futurs seulement. Rien ne s'oppose
à ce qu'on y mette une quotité seulement,
soit un tiers, un quart, etc., etc. Quand
l'intention des parties est d'établir une telle
communauté, elles ne peuvent trop bien
s'expliquer, afin de ne mettre en communauté que ce qu'elles veulent y mettre, et
d'y mettre tout ce qu'elles ont effectivement
l'intention d'y mettre. Mais observez que,
quelque étendue que soit la mise en communauté, rien n'empêche un donateur d'ap-

poser à sa libéralité la condition que les biens qui en sont l'objet ne tomberont point dans la communauté, et cette condition reçoit son exécution.

Quand la communauté comprend tous les biens quels qu'ils soient et de quelque manière qu'ils adviennent aux conjoints, la communauté supporte toutes les dettes quelles qu'elles soient, ainsi que toutes les dépenses faites, soit pour eux, soit pour leurs enfans, soit pour leurs propriétés.

Mais *quid juris* quant aux amendes et réparations civiles auxquelles la femme aurait été condamnée pour quelque délit ? La communauté n'en est point tenue ; on ne peut agir que sur la part de la femme dans la communauté, quand elle sera dissoute. L'article 1425, quoique sous la rubrique de la communauté légale, peut servir ici d'argument. D'ailleurs l'article 1528 tranche toute difficulté, sauf les cas où le mari est civilement responsable; voyez ce que nous avons dit sur les articles 1424 et 1425.

La communauté dont il s'agit ici ayant de très-grands rapports avec la clause d'ameublissement qui peut être universelle, à titre universel, à titre particulier, nous nous croyons dispensés d'entrer dans de plus grands développemens ; nous y renvoyons. Nous avons vu en effet le cas où elle comprenait les biens présens et à venir, tant meubles qu'immeubles ; celui où elle comprenait seulement les biens présens ; nous avons prévu également celui où la clause comprenait seulement les biens à venir. Nous avons dit quels étaient les biens qui dans toutes ces circonstances se trouvaient exclus de la communauté ; nous avons vu quelles étaient les dettes qui tombaient ou ne tombaient pas dans la communauté.

Nous ne ferons que quelques observations. Si les époux stipulent simplement une communauté universelle de tous biens, sans rien dire de plus, quels biens seront compris dans la clause? Les biens présens seulement, ou ceux à venir? Il est certain qu'elle ne comprendra pas les uns et les autres. Comme Pothier, nous pensons qu'elle comprend les biens présens ; nous pensons que les époux ont eu l'intention de contracter une société plutôt pour le temps présent que pour le temps à venir.

Des mineurs peuvent faire la convention dont il s'agit, sauf l'application de l'article 1398. Ceux qui ont des enfans d'un précédent mariage le peuvent également, sauf ce qui est dit aux articles 1098 et 1527.

La clause dont parle l'article 1526 est désavantageuse à la femme; elle doit surtout, ainsi que son mari, faire dresser un état de tous ses meubles et un inventaire de son mobilier, s'il se trouve exclus de la communauté; par exemple, si elle n'a mis en communauté que tous ses biens à venir.

Dispositions communes aux huit sections ci-dessus, art. 1527.

L'article 1527 porte des dispositions qui sont communes à toutes les clauses que nous venons d'examiner.

Il commence par dire qu'il existe, indépendamment des modifications qui viennent d'être expliquées, d'autres modifications encore dont la communauté conventionnelle est susceptible.

Dans sa seconde disposition, il observe néanmoins qu'il ne doit point être établi dans le contrat de mariage de clauses qui blessent ou les lois, ou les mœurs, ou l'ordre public, et il indique des articles dont la violation n'est pas permise. Nous avons expliqué ces articles.

La troisième et dernière disposition est relative aux seconds mariages. Il répète ce qui se trouve déjà exprimé si énergiquement dans l'article 1098. Mais la disposition de l'article 1527 était nécessaire, parce qu'au moyen des différentes clauses qu'on vient de voir, on aurait cru être autorisé à éluder l'article 1098. L'article 1527 porte donc que *toute convention qui dans ses effets tendrait à donner à l'un des époux au-delà de la portion réglée par l'article 1098, est sans effet pour tout l'excédant de cette portion.* Là se trouve confirmé ce que nous avons eu l'occasion de dire plusieurs fois sur les dispositions qui seraient faites quand il y a des enfans d'un précédent mariage. Observez néanmoins que l'article 1527 renferme un vice de rédaction ; il semblerait qu'il suffit qu'il y eût des enfans d'un premier lit, pour que l'un ou l'autre des époux ne pût excéder le taux fixé par l'article 1098. C'est l'époux qui a des enfans de ce premier mariage qui ne peut excéder ce taux ; mais l'autre époux, qui n'a point d'enfant d'un premier lit, peut envers celui qui en a faire toutes les dispositions portées dans l'article 1094.

La fin de l'article 1527 a pour objet d'autoriser le partage égal des profils de la communauté, dans laquelle des mises inégales ont pu avoir lieu, sans que ce partage égal puisse être réputé un avantage; cependant on ne doit pas l'étendre à une clause qui appellerait le survivant à la totalité de ces mêmes bénéfices : il y aurait alors avantage indirect, lequel est prohibé lorsqu'il y a des enfans d'un précédent mariage, dit un arrêt de la Cour de cassation du 2 mai 1808.

Rien n'empêche cependant qu'une femme qui se remarie, ayant des enfans d'un premier lit, ne stipule une exclusion de communauté; pourquoi, s'il y avait communauté d'acquêts, et que le mari, en cas de survie, dût avoir tous les bénéfices, y aurait-il avantage prohibé? La femme ici ne donne rien du sien, elle ne manque que d'acquérir. Cependant elle perd les revenus de ses propres, elle perd son industrie, son travail; mais elle perd également tout cela quand

il y a exclusion de communauté; et remarquez que les dernières expressions de l'article 1527 ne s'appliquent point à ce cas,
mais seulement à celui où il y a des mises
inégales, et dans la supposition d'un partage.
Dans aucun cas les époux ne sont con-
traints de stipuler que la femme aura droit
de partager la communauté; l'avantage n'est
donc pas sujet à réduction, par cela seul
que la femme s'interdit le droit de prétendre à une part dans la communauté; que
pour savoir si elle élude la loi, c'est sa mise,
son apport qu'il faut considérer. Si en stipulant qu'elle n'aura rien à prétendre dans
la communauté, elle ne se réservait pas le
droit de prélever ses apports, sans doute
dans ce cas il y aurait lieu à la réduction; mais,
quand elle ne donne rien du sien, la clause
devrait être exécutée, la perte de ses revenus ne caractérisant pas l'avantage dont
il s'agit; car de plein droit ils sont destinés
aux charges du mariage. L'on pourrait donc
conclure que le conjoint qui a des enfans
d'un premier mariage peut faire la convention dont parle l'article 1525. Il est vrai
que les revenus de la femme peuvent être
très-considérables; alors c'est bien un avan-

tage réel que la femme fait à son mari, et
que cet avantage soit direct ou indirect, la
loi le prohibe toujours; à moins de soutenir
qu'une femme qui a des enfans d'un premier lit ne peut faire une exclusion de
communauté sans s'exposer à faire réduire
l'avantage qui en résulterait pour son mari.
Cependant il n'y a pas tout-à-fait même
raison. D'abord il est à remarquer que l'article 527 est sous la rubrique du régime de
communauté, par conséquent il semble ne
devoir pas s'appliquer au régime exclusif
de communauté. D'un autre côté, quand il
y a exclusion de communauté, le mari est
responsable du mobilier de sa femme, du
moins celle-ci le reprend à la dissolution
du mariage, et elle a à cet égard une hypothèque légale sur les biens de son mari.
Dans le cas de l'article 1525, elle n'a pas,
du moins nous le pensons, d'hypothèque
pour la reprise de ses apports et capitaux;
cette différence, en supposant qu'elle soit
réelle, pourrait bien faire admettre que
dans un cas l'avantage serait sujet à réduction, et que dans l'autre il ne le serait
pas. Cette opinion se fortifierait en même
temps de cette idée que l'article 1527 sup-

21.

posé un partage à faire entre les époux.

Cependant cela n'est pas très-concluant;
car, si la femme recouvre ses capitaux et
ses apports, elle sera absolument dans les
mêmes termes que la femme qui s'est mariée sans communauté ; et si l'on décide
que dans le cas de l'article 1525 l'avantage
est sujet à réduction, il faut également décider qu'il y a lieu à réduction en matière
d'exclusion de communauté; et c'est ce que
nous ne pouvons nous empêcher de croire,
d'après l'arrêt du 2 mai 1808 que nous
avons déjà cité. Vous le trouverez dans
Merlin, au mot secondes noces, art. 2, §.
7. Voila ce qu'en substance il porte : Le sens
de l'article 1527 est seulement que, nonobstant les prohibitions d'avantages aux
détriment des enfans d'un premier lit, un
second époux, eût-il dans la communauté
un apport moindre que celui de son époux
convolé en secondes noces, ne serait pas
censé avantagé au préjudice des enfans de
ce dernier, en prenant sa moitié dans les
bénéfices communs. Le mot bénéfice, dans
cet article 1527, s'entend donc de ceux
qu'un époux tient de la loi qui forme sa
part légale dans la communauté, c'est-à-dire

la moitié, *quod ei competit ex beneficio legis, non ex beneficio hominis*. Ce mot exprime enfin ce qui advient à chacun des époux ou à leurs héritiers, par la liquidation d'une société conjugale qui augmente son actif; c'est de cette portion, de cette moitié des profits communs que parle la loi.

La Cour de Bordeaux vient de rendre un arrêt dans une question tout-à-la-fois bien importante et bien difficile. Il s'agissait de savoir si la réduction peut être demandée par l'époux donateur lui-même, ou si ce droit n'appartient pas exclusivement aux enfans du premier lit. Dans l'espèce, la femme donatrice avait obtenu une séparation de biens, et c'est après cette dissolution qu'elle demandait la réduction. L'arrêt décide affirmativement la question. Cet arrêt est fondé principalement sur ce que la femme, en mobilisant ses biens, de quelque nature qu'ils fussent, *a mis toute sa fortune à la disposition de son dernier époux;* qu'elle l'a rendu maître de faire de ses biens ce que bon lui semble; que d'un autre côté l'article 1099 déclare l'avantage nul. Malgré le juste respect qu'inspire la décision de cette Cour célèbre et les auteurs

qui ont professé la même doctrine, **nous**
ne pouvons nous empêcher d'être d'un avis
contraire. Nous avons trouvé dans le développement des moyens plaidés par le dé-
fenseur du mari, des raisons qui nous ont
convaincu; raisons qui ont la plupart été
puisées dans les auteurs qui ont traité de la
matière. Nous ne les reproduirons point ici;
nous renvoyons à l'arrêt, qu'on trouve dans
Sirey, t. 24, 2 p., p. 218.

Les raisons invoquées par la Cour de
Bordeaux sont loin d'être dénuées de force; cependant il est possible d'y répondre.
Nous savons qu'il est de principe qu'on
ne peut transmettre à autrui plus de droits
qu'on n'en a. Le mari n'ignorait pas que l'a-
vantage que lui avait fait sa femme était sujet
à réduction. Les tiers ont dû, en se fesant
représenter le contrat de mariage, s'attendre également à une action en réduction;
ainsi il ne faut donc pas craindre que le
mari dissipera les biens de la femme, et
rendra illusoire l'action en réduction et la
disposition de l'article 1098. Si cette crainte
était réelle, il y aurait un moyen bien simple d'éluder l'article 1098 : la femme ne demanderait ni séparation de biens, ni la ré-

duction de la disposition; le mari vendrait, dissiperait les deniers, ou les donnerait à ses propres enfans, et ceux d'un premier lit ne pourraient plus invoquer l'article 1098, puisqu'ils ne pourraient attaquer les tiers. Cependant, si de son vivant la femme n'a pas fait réduire la donation et que le mari ait vendu les biens, est-ce que les enfans du premier lit ne pourront agir contre les acquéreurs? Nous croyons pouvoir garantir qu'ils ont cette action, ou la loi serait bien peu conséquente avec elle-même; or, s'ils ont cette action en tout temps, il n'y a pas de raison, il n'y a pas de nécessité du moins pour que du vivant des deux époux cette réduction soit demandée; du moment où les héritiers du premier lit seront toujours à temps de le faire, il faut dire qu'il en est de ce cas comme des autres, que l'action ne doit être intentée que lorsqu'il sera bien prouvé qu'il y a avantage indirect et lieu à la réduction. Mais, dira-t-on, la femme a obtenu sa séparation; son mari a tout vendu ou presque tout vendu. Si la femme n'intente l'action en réduction, elle se trouvera dans la misère. S'il reste quelque chose, s'il est encore dû par les acquéreurs, elle

fera faire des saisies et partagera avec son
mari. S'il ne reste plus rien, ou lui dira:
Pourquoi n'avez-vous pas plutôt intenté
votre action en séparation? Mais, lors même
que, par des raisons légitimes, la femme
aurait retardé son action en séparation, et
qu'on verrait là un motif qui légitimerait
l'action en réduction, faut-il pour cela blesser
les règles les plus positives, les principes
les plus certains, et tomber dans des inconvéniens encore plus grands? En effet la
loi a défendu qu'on donnât au-delà de la
part d'un enfant le moins prenant, ou au-
delà du quart des biens du donateur. A
quelle époque faut-il s'arrêter pour savoir
si on a donné au-delà du prescrit de la loi?
La loi se tait à cet égard, ou, si elle parle,
c'est pour dire que c'est à l'époque de la
mort du donateur, parce qu'elle l'a dit
d'une manière générale au titre des donations et testamens; et l'exception qu'on veut
y apporter pour le cas particulier dont nous
parlons n'est pas suffisamment fondée. Est-
il possible de s'arrêter à une autre époque,
ou d'en fixer une autre? Non, parce que ce
n'est qu'à cette époque qu'on peut savoir s'il
y a véritablement excès dans la disposition,

La disposition est nulle, dit-on... Mais c'est
précisément la question. Elle n'est pas nulle,
elle est réductible, puisque l'époux donataire a toujours le droit à une portion
d'enfant ou au quart des biens. Y eût-il
même nullité, il faudrait attendre la mort
du donateur, parce que ce ne sont pas les
biens qu'il possède au moment du contrat
qui sont la base de la réduction ; ce sont
ceux qu'il laissera à son décès, puisque c'est
une part dans sa succession qu'il a donnée.
L'époux à qui l'on donne une portion d'enfant est un véritable héritier contractuel,
qui, comme tout autre héritier, est tenu des
dettes du défunt au prorata de sa portion
héréditaire ; de là bien des conséquences.
Mais, dira-t-on toujours, la femme a mo-
bilisé tous ses biens présens et à venir,
elle a tout mis en communauté ; donc il
y a excès. Cette conséquence est fausse :
d'abord il est possible que les enfans qui
font obstacle à ce que l'ameublissement soit
valable pour le tout, et qui peuvent être la
cause de la réduction, viennent à mourir ;
alors la réduction ne doit plus avoir lieu,
il n'y a plus d'excès dans la libéralité. D'un
autre côté, ne peut-il pas échoir au mari

des successions considérables ? Ne peut-il pas lui être fait des donations, des legs ? Alors, si de son côté il a ameubli, il peut n'y avoir pas excès dans la libéralité ou dans la prétendue donation de sa femme. Il peut, il est vrai, n'avoir pas ameubli ; hé bien, ferons-nous une exception pour ce cas particulier ? Non encore, parce que, comme on l'a dit, les enfans du premier lit peuvent mourir avant leur mère. D'ailleurs, malgré l'ameublissement général et indéfini de la femme, il peut arriver que des donations lui soient faites à la condition qu'elles ne tomberont pas dans la communauté ; alors l'ameublissement qu'elle a fait peut ne pas renfermer un avantage indirect. Ainsi, du moment où la règle sur laquelle on fonde la réduction qu'on veut permettre à la femme de demander n'a rien de fixe et de positif, qu'elle laisse les droits des parties dans le vague et l'incertitude, il faut la rejeter. Supposons en effet que la femme ait ameubli tous ses biens présens et futurs ; le mari n'a rien mis en communauté : voilà bien le cas le plus favorable à la réduction. La femme, lors de son mariage, n'avait que pour 20 à 3o,ooo fr. de fortune ; mais elle

avait beaucoup d'espérances. Elle obtient
une séparation de biens; elle demande la
réduction de l'avantage indirect qu'elle a
fait à son mari et l'obtient également; six
mois après, un legs lui est fait à la condition que les choses léguées lui seront propres, lors même qu'elle rétablirait la communauté avec son mari, et ces choses sont
d'une valeur de 100,000 fr. On conviendra
bien que ce cas peut arriver et qu'alors on
a eu tort de réduire la donation; on conviendra bien également que l'avantage que
le mari a reçu de sa femme doit recevoir
son exécution malgré la séparation, puisque l'article 1527 ne permet que la simple
réduction à la portion réglée par l'article
1098. Il faudra donc alors permettre au mari
de revenir contre la réduction, et forcer la
femme d'augmenter la part de ce mari dans
les biens de celle-ci. Il ne se contentera
pas et ne doit pas se contenter du quart
des biens existans au moment de la séparation.

Nous sentons bien qu'on dira: L'avantage
que la femme a fait à son mari résulte de
l'ameublissement qu'elle a fait, de la mise
en communauté de chacun, de la commu-

nauté enfin qui a existé entre eux; la séparation l'a détruite cette communauté, elle
n'existe plus; par conséquent le mari ne peut
avoir aucun droit sur les biens advenus à la
femme postérieurement au jugement de séparation; la cause de l'avantage a cessé, l'effet doit cesser. Ce n'est pas là notre opinion.
Si cela était, il faut convenir que la séparation serait bien fatale au mari; ce serait
donner à cette séparation le même effet qu'à
la dissolution du mariage par la mort de la
femme, et l'on ne peut concevoir qu'il soit
obligé de se contenter de la portion qui lui
reviendrait alors d'après le nombre d'enfans
existans: il a droit à une part d'enfant; or
quelle est la part des enfans de la femme à
cette époque? Est-ce qu'il y a lieu au partage de ses biens à cette époque?

Supposons un autre cas: supposons que
les biens légués à la femme lui soient advenus aussitôt la séparation, et avant que le
mari n'ait eu la part dont on vient de parler. Cette part s'étendra-t-elle seulement sur
les biens de la femme tombés dans la communauté? ne pourra-t-il rien prétendre sur
ceux qui se sont trouvés exclus? La qué-
stion serait la même si les biens étaient pro-

venus à la femme depuis l'action en séparation, mais avant la prononciation du jugement. Il est vrai que dans l'un comme dans l'autre cas, il s'agit de biens qui n'appartiennent
plus à la communauté, ce qui fait qu'ils ne
diffèrent pas beaucoup du premier ; mais ils
prouvent du moins à quelle conséquence
entraîne le principe que nous combattons.

Allons plus loin. Admettrons-nous qu'il n'y
a qu'une séparation de biens qui permette
à la femme l'action en réduction ? Si cette
action lui appartient on ne voit pas pourquoi elle serait dépendante de la séparation
de biens. Car la crainte que le mari dissipe
les biens de sa femme existe quoiqu'il n'y
ait pas lieu à l'action en séparation. Il ne
faut qu'un moment pour que le mari perde
toute sa fortune, ou vende tous ses biens.
Pour être conséquent il faut admettre que
l'action en réduction est indépendante de
la séparation ou de la dissolution de la communauté. La réduction a donc lieu ; elle
n'aura pas sans doute l'effet de dissoudre la
communauté, elle n'empêchera pas d'y tomber les biens qui écherront à la femme. Hé
bien ! dans ce cas, le mari sera-t-il privé du
droit de prendre sa portion d'enfant ou son

quart sur les biens qui seront échus postérieurement à la réduction? Probablement.
Cette réduction aura l'effet de détruire le
contrat de mariage. Il n'y a pas de doute,
puisqu'il est nul. Mais, s'il est nul, le mari
n'en doit aucunement réclamer l'exécution.
Car enfin ou la clause est nulle, ou l'effet en
est seulement réduit. Si la clause est nulle,
la femme ne doit rien à son mari. Si l'effet
est seulement réductible, c'est à l'époque de
l'ouverture de la succession qu'il faut se reporter, c'est-à-dire à l'époque du partage de
cette même succession; c'est à l'époque où
chaque enfant viendra réclamer sa portion.
Si vous donnez au mari sa portion à l'époque
de la réduction, ce n'est plus une portion
d'enfant. Vous aurez donc anéanti le contrat
de mariage! et on doit le dire, vous l'aurez
anéanti sans savoir s'il y avait réellement lieu
à l'anéantir: l'événement a même appris qu'il
n'y avait pas lieu à l'anéantir. Vous avez fait
plus, vous avez dissous la communauté par
un moyen que la loi ne reconnaît pas, par
un moyen que la loi n'a énuméré dans aucune
disposition. Qu'on ne nous dise pas que la
réduction n'a lieu qu'en cas de séparation;
car ce serait une absurdité, ce serait rendre

l'action de la femme illusoire par l'impossibilité où elle serait souvent de l'intenter ;
ce serait l'exposer à une ruine totale, car au
moment où elle s'y attendrait le moins, le
mari aurait tout perdu ou tout aliéné; ce qui
est d'autant plus vrai que l'arrêt de la Cour
de Bordeaux lui refuse l'action contre les
tiers.

Tout cela démontre jusqu'à la dernière
évidence, selon nous du moins, que la femme
n'a pas l'action en réduction, que cette action
n'appartient qu'à ses enfans du premier lit,
lors de l'ouverture de sa succession, et non
plutôt, ce qui serait encore plus contraire
aux principes.

~~~~~~~~~~~~~~~~~~~~~~~~~~~~~~~~~~~~~

SECTION IX.

Conventions exclusives de la Communauté.

Il résulte de la disposition de l'article
1529 et de celle de l'article 1392, qu'il existe
un contrat mitoyen entre le régime dotal
et celui de la communauté, et qu'il ne suffit
pas d'exclure la communauté pour se soumettre au régime dotal. La différence entre
ces deux régimes, c'est-à-dire entre le régime dotal et l'exclusion de communauté,
est immense. Le régime dotal a pour principaux caractères, d'abord la distinction des
biens en dotaux et paraphernaux, ensuite
l'inaliénabilité du fonds dotal. Dans l'exclusion de communauté il n'y a qu'une seule
classe de biens ; ils sont tous libres, tous
peuvent être vendus avec le consentement
des deux époux.

Il est facile de voir que l'exclusion de
communauté forme un régime particulier,
un troisième régime. Le Code n'énumère
cependant que deux régimes, celui en com-

:nunauté, et celui qu'on appele dotal. Le
Code ne dit pas positivement qu'il y a un
troisième régime, il le laisse apercevoir.
Cela vient de ce qu'on appelait pays de communauté ceux où la communauté était de
droit, par opposition à ceux où le régime
dotal était le droit commun ; et comme
c'était dans les pays de communauté que
l'on pratiquait les clauses qu'on appelle ex-
clusives de communauté, le législateur les a
regardées, par une espèce d'habitude, comme
fesant partie du régime en communauté.
Pour plus grande clarté peut-être eût-il
mieux valu dire de suite qu'il y avait trois
régimes différens sous lesquels on pouvait
se marier.

L'exclusion de communauté se divise
en exclusion de communauté proprement
dite et en séparation de biens. Ainsi cette
section se divise en deux paragraphes

§. 1.er

*De la Clause portant que les Epoux se marient
sans communauté.*

Le contrat de mariage avec exclusion de

communauté est celui où les futurs, sans
se soumettre, comme on l'a dit, au régime
dotal, conviennent qu'il n'y aura pas communauté entre eux. La clause ainsi conçue
pourrait s'entendre également d'une séparation ; aussi fait-on bien d'ajouter qu'il n'y
aura pas pour cela séparation de biens entre
les époux, qu'ils veulent être régis par les
dispositions qui se trouvent dans le premier
paragraphe de la neuvième section de la
partie du Code qui traite de la communauté
conventionnelle. Alors les parties font entendre qu'elles agissent en connaissance de
cause. Nous ajouterons cependant que, par
cela seul que les époux disent qu'il n'y aura
point communauté entre eux, ils se sont
soumis à l'exclusion de communauté proprement dite, et non à la séparation de biens.
C'est ce que porte l'article 1530. En effet
un des grands effets de ce régime c'est de
priver la femme de l'administration de ses
biens, tandis qu'en matière de séparation
elle a de plein droit cette administration.
Non-seulement en exclusion de communauté
la femme n'a pas l'administration de ses
biens, mais encore tous les fruits et revenus
qui en proviennent sont censés apportés

par elle pour soutenir les charges de mariage, et appartiennent par cela seul au
mari, 1530. A la dissolution du pacte qu'ils
ont fait, le mari ne doit compte à sa femme
ou aux héritiers de celle-ci que de la seule
nue propriété des biens qu'elle a apportés ;
mais il doit lui remettre non-seulement ses
immeubles ou le prix qui en est provenu,
mais encore tout son mobilier, ses créances
et autres droits incorporels, enfin tout ce
qui a appartenu à la femme, excepté ce qui
est considéré comme fruits et revenus. Car,
du moment où il n'y a pas communauté
entre eux, leurs biens meubles ne se confondent pas plus que leurs biens immeubles.
Il est néanmoins prudent de la part de la
femme d'en faire dresser inventaire estimatif; car, si le mari ou ses héritiers ne peuvent
restituer en nature, ils devront restituer le
montant des objets. Nous disons *restituer en
nature :* il ne s'agit pas ici en effet de l'une
de ces clauses où la propriété du mobilier
de la femme passe au mari; l'estimation qui
en peut être faite ne fait point vente; chacun reste propriétaire de ses propres choses. Cela résulte évidemment de la disposition de l'article 1531 et de celle de l'article

22.

1532. Nous allons revenir sur ce point. Ayant le droit d'administrer les biens de la femme, il a le droit également d'intenter toutes les actions mobilières et possessoires qui compètent à celle-ci; il a également le droit de percevoir tout le mobilier qui échoit à la femme durant le mariage, par succession, donation ou autrement. Il n'a même pas pour cela besoin de son consentement, parce qu'il y a des droits, art. 818.

Du moment où la loi donne au mari l'administration des biens de la femme, nous n'avons pas besoin de dire quels sont les différens actes qu'il a le droit de faire; ce sont tous ceux d'un usufruitier, auquel l'article 1533 l'assimile, quoiqu'il y ait quelque différence entre eux. Mais cette administration peut finir avant la mort de l'un des époux, soit par une séparation de corps ou de biens. L'article 1531 dit positivement que la séparation de biens peut être demandée et prononcée lors même qu'il y a exclusion de communauté. Mais comment demander la séparation de choses qui n'ont pas été réunies? Car, du moment où il y a exclusion de communauté, les choses n'ont pas été mêlées. Si les biens n'ont pas été

mêlés , l'administration des biens l'a été.
Le mari a eu sur les biens de la femme un
droit qu'il n'aurait point eu s'ils eussent été
mariés avec séparation de biens: comme on
l'a dit plus haut, l'exclusion de communauté
n'est pas la séparation. La femme peut avoir
vendu ses biens du consentement de son
mari qui en a touché le prix ; la dot de la
femme pouvait être en effets mobiliers que
le mari a vendus ; cette dot peut être en péril ;
la fortune de la femme est menacée ; la séparation de biens est alors son unique refuge :
elle doit y recourir, et elle produira des effets
que n'avait point l'exclusion de communauté.

Si dans le mobilier apporté en dot par
la femme, ou qui lui est échu pendant le
mariage, il y a des choses dont on ne peut
se servir sans les consommer, il doit en être
joint un état estimatif au contrat de mariage ; on en fait un inventaire lorsqu'il
échoit, et le mari doit alors en rendre le
prix d'après l'estimation., art. 1532. A défaut
d'inventaire, voyez ce que nous avons dit sur
l'article 1499.

Pour les choses qui se dégradent par l'usage,
comme le linge, il doit en être fait au moins
un état, afin de pouvoir les rendre sans diffi-

culté dans l'état où elles seront. Le mari en est usufruitier, art. 1533, et, comme nous l'avons déjà dit, les choses de cette espèce doivent être rendues en nature et sans indemnité pour la détérioration que l'usage leur aura fait subir. L'inventaire n'est pas absolument indispensable pour les choses qui ne se consomment point *primo usu ;* il est seulement nécessaire. Nous disons que l'inventaire n'est pas indispensable, parce que l'inventaire entraîne toujours après soi l'estimation, et qu'il suffit que la femme puisse reconnaître les choses qui lui appartiennent ; que la propriété n'en est pas transférée au mari: néanmoins, comme il est responsable de la perte arrivée par sa faute, comme il peut vendre ces objets, et qu'en fait de meubles possession vaut titre, ce qui empêche la femme de revendiquer; tout cela rend l'estimation, c'est-à-dire l'inventaire, très-nécessaire.

Tant que les objets vendus par le mari et appartenans à la femme non commune n'ont pas été livrés, elle peut s'opposer à la délivrance, elle peut en empêcher la saisie. Nous verrons plus tard s'il en est de même en régime dotal.

Ici se renouvelle une difficulté que nous
sommes loin de croire avoir résolue ; c'est
de savoir si la femme n'ayant pas fait faire
un état de son mobilier lors de son mariage,
elle peut faire la preuve de sa consistance
par témoins ou commune renommée. Il n'y
a pas de doute que cette preuve ne peut
être opposée aux tiers. Il faut dire également que ce cas n'est point soumis à d'autres règles que celles qui existent en matière
de société d'acquêt, de clause de réalisation
ou de convention d'apport. Si la preuve
permise par l'article 1415 peut avoir lieu
dans le cas des articles 1499 et 1500, il faut
également l'admettre en matière d'exclusion
de communauté et de séparation contractuelle. Nous persistons toujours dans l'o-
pinion que la preuve n'est pas permise.
Nous persistons à dire que l'article 1528 ne
peut être invoqué en cette circonstance,
parce qu'il n'ajoute rien à l'article 1415 qui
suppose l'existence du mariage et qui attribue le défaut d'inventaire à la négligence du
mari; que le mot *toutes les fois* qui s'y trouve,
ne peut s'étendre au cas d'une réalisation
auquel le législateur n'est pas présumé avoir
pensé en ce moment. L'article 1415 est re-

latif aux successions qui échoient aux époux;
le défaut d'inventaire est très-préjudiciable
à la femme dans ce cas, à cause des dettes
qui sont à la charge de la communauté et de
l'époux; cependant, comme ce défaut d'inventaire est nécessaire dans beaucoup d'autres
circonstances qui naissent pendant le mariage, c'est pourquoi le législateur a ajouté,
et toutes les fois que ce défaut, etc., etc.

Mais encore une fois, si dans le cas de l'article 1415 et dans celui de l'article 1504 qui en
est la répétition, le législateur a dû accorder
une faveur à la femme, il n'y a pas le moindre motif pour lui en accorder une semblable quand il s'agit de constater le mobilier qu'elle a apporté en se mariant. Aux
yeux de l'homme le moins accoutumé à
commenter la loi, cette femme ne mérite pas
plus d'indulgence que son mari, à qui certainement la preuve dont il s'agit est refu-
sée; si la loi la refuse au mari, donc il la
refuse à la femme, puisqu'ils sont en égalité
de position. La loi a-t-elle quelque part
manifesté plus d'indulgence pour une femme
majeure, capable et non mariée, que pour
l'homme majeur et capable? Non. Pourquoi
donc faire exception pour ce cas? Pour

que cette exception existât, il faudrait qu'elle
fût clairement et énergiquement écrite dans
la loi, et l'on conviendra au moins qu'il y
a doute, obscurité à cet égard dans l'article 1415 et dans l'article 1528 combinés.
D'un autre côté, examinez le motif de la loi
quand elle refuse la preuve testimoniale.
C'est d'éviter une foule de contestations qui
rempliraient les tribunaux, si elle était admise en toute circonstance; c'est d'empêcher
qu'on ne trouvât des témoins complaisans.
La loi a voulu ôter une ressource à la cor-
ruption, dont nous connaissons les si fu-
nestes effets. La loi a voulu en conséquence
obliger les parties à se procurer une preuve
écrite , toutes les fois qu'il s'agira d'une
somme ou valeur excédant 150 fr. Ainsi l'article 1341 est d'ordre public , il est dans
l'intérêt de la société , qui a toujours à gémir des différends qui existent entre citoyens,
et sur-tout des crimes dont ils se rendent
coupables. Or ces motifs que nous supposons
à la loi et qui sont réels existent-ils pour
le cas qui nous occupe? Et si la loi a été
soigneuse d'éviter des contestations; si elle
a été soigneuse d'éviter le scandale d'un
procès, c'est sur-tout entre mari et femme,

où les passions ne manquent jamais de mettre en jeu tout ce qui peut à-la-fois être
l'amusement de la malignité et l'affliction
des citoyens vertueux.

J'en tirerai donc encore une fois la conséquence que l'article 1499 doit être appliqué rigoureusement et qu'il a été fait précisément aux fins de ne pas établir, pour le
cas dont il parle, et autres semblables, de
différence entre le mari et la femme.

On trouve dans Sirey un arrêt de la Cour
de Paris du 6 fructidor an 11, dont voici
le dispositif: Dans le cas de non-commu-
nauté, la femme peut réclamer comme lui
appartenant tout le mobilier qui garnit la
maison maritale, encore qu'elle ne justifie
point de son apport par titres notariés. A
cet égard, il suffit de quittances privées, lesquelles ont une date certaine avant la saisie
et les poursuites des créanciers.

La femme présentait des factures d'achats
enregistrées; cet arrêt n'apprend pas quelle
est l'époque de ces achats, il ne dit pas
s'ils sont antérieurs ou postérieurs au mariage.

Du reste il est à remarquer qu'il est antérieur à la promulgation du titre du con-

trat de mariage, qui est du 3o pluviôse an 12. A moins de décider que le régime exclusif n'a pas ses règles dans le titre du contrat de mariage, il faut décider que cet arrêt ne peut faire jurisprudence; les actes dont il parle ne pourraient faire preuve qu'entre les époux. En matière de séparation de biens, la même difficulté se présente; cependant la différence qui existe dans la position de ces deux femmes pourrait peut-être faire décider autrement dans un cas que dans l'autre, et de ce qu'en matière d'exclusion de communauté un état est exigé, cela ne serait pas une raison pour qu'il dût l'être en matière de séparation; mais si en matière de séparation il est exigé, à plus forte raison en régime exclusif.

L'article 1533 rend le mari responsable des obligations d'un usufruitier. C'est qu'il est effectivement usufruitier; ce n'est pas qu'il faille le mettre dans tous les cas sur la ligne d'un usufruitier ordinaire. Par exemple, on ne peut l'obliger à faire emploi des sommes et des capitaux qu'il reçoit; on ne peut le contraindre à donner caution. C'est une des différences qui existent entre lui et un simple usufruitier.

La femme non commune n'a pas droit, comme on l'a vu, d'administrer ses biens, ni de profiter des fruits qu'ils produisent. Cependant l'article 1534 lui permet de stipuler quelle pourra, sur ses simples quittances, toucher certaines portions de ses revenus pour son entretien et besoins personnels.

Une telle stipulation est toujours valable, même hors le cas de l'exclusion de communauté.

Si cette stipulation a eu lieu et qu'il y ait communauté entre les époux, on demande si les acquisitions qu'elle aura faites des épargnes provenant des revenus dont elle s'est réservé la jouissance, tombent dans la communauté établie pour le surplus des biens. On pourrait dire jusqu'à un certain point que ces revenus sont pour elle des propres, partant qu'ils sont exclus de la communauté. Telle semble l'opinion de Pothier, qui voit là une sorte de réalisation de ces fruits. Bourjon n'est pas de ce sentiment, et nous partageons l'opinion de ce dernier. Ces revenus ne sont point des propres; ils ne sont point réalisés par cela seul que la femme s'est réservé de les toucher. La clause donne seu-

lement un droit à la femme, c'est celui de
toucher et de disposer, mais les revenus
qu'elle ne consomme point tombent dans
la communauté sans qu'elle ait le droit d'en
faire la reprise; cette clause est seulement
pour donner quelque aisance à la femme.
L'acquisition est donc faite avec des sommes appartenant réellement à la communauté.

Mais que décider s'il y a exclusion de
communauté? Ce que la femme aura acheté
lui appartiendra-t-il ou bien à son mari? Il
n'y a pas même raison pour ce cas que
pour l'autre; ici il n'y a pas communauté,
c'est pour dédommager la femme de la clause
qui l'exclut du partage des profits que le
mari pourra faire; dans l'autre cas, elle a
l'espérance d'un partage qui peut l'enrichir
considérablement; espoir qu'elle n'a pas
dans le régime exclusif de communauté.
En effet l'exclusion de communauté prive
la femme et ses héritiers de toutes parts
dans les acquisitions, gains et économies
que le mari peut faire pendant le mariage,
même dans les économies qu'il fait des revenus de sa femme. Il ne faut même pas en
excepter ce qui provient non-seulement de

la collaboration commune, mais encore ce qui provient du travail seul de la femme, lors même que c'est son industrie seule qui fournit aux besoins de la famille. Les acquisitions qui seraient faites en conséquence de ces profits, appartiennent en entier au mari. Vous sentez combien un tel régime est désavantageux pour la femme. Dans ces circonstances un bon époux doit dédommager sa femme en l'établissant sa légataire ou sa donataire d'une portion de ses biens.

A la règle que nous venons d'établir et que nous trouvons implicitement renfermée dans les articles 1530 et 1531, il faut excepter cependant les profits que la femme a pu faire en conséquence des risques qu'elle a courus de ses capitaux et de ses biens personnels. Dans notre premier volume nous avons traité cette question relativeme ntà la femme marchande publique, mariée avec exclusion de communauté. Nous persistons dans cette opinion. Nous ferons seulement une remarque qui ne changeant rien à la solution que nous avons donnée, rendra cependant mieux notre idée. Nous avons dit qu'aux termes des articles 1530, 1531, l'industrie de la femme appartenait à son

mari, que ces articles consacraient cela *en
règle générale;* ces articles ne consacrent point
cela en règle générale, car ils ne parlent que
des fruits des biens de la femme et non de son
industrie. Nous devons dire seulement qu'on
pourrait étendre ces articles à l'industrie de
la femme; mais toujours est-il que lorsque le
gain qu'elle peut faire est le prix, la récompense du risque qu'elle a couru, comme lorsqu'elle est marchande publique, il lui appartient exclusivement. S'il en était autrement,
il faudrait aussi décider que si elle eût acheté
un héritage, le mari aurait droit de le
retenir en le payant à l'acquéreur. Un arrêt
de la Cour d'Angers, Sirey, t. 7, 2 p., p.
30, a décidé que l'exclusion de communauté
d'acquêts insérée dans un contrat de mariage
ne doit être entendue que pour les acquêts
faits particulièrement par le mari ou par la
femme, et non pour ceux qu'ils peuvent faire
conjointement. On peut juger par analogie
de la justesse de notre opinion sur la qué-
stion proposée.

Nous n'avons pas besoin de vous dire que
la femme dont nous parlons ne peut acquérir sans le consentement de son mari, lors
même qu'il s'agirait de choses mobilières.

Vous devez voir également que l'exclusion de communauté emporte séparation
de dettes.

Du reste le contrat de mariage dont nous
parlons prend plus ses règles dans le régime
de la communauté que dans le régime dotal. Cependant l'absence de communauté
semblerait bien lui donner plus de rapport
avec le régime dotal.

Ainsi sous le régime exclusif de communauté tous les biens de la femme sont aliénables, même ceux constitués en dot. Il est
vrai qu'il faut le consentement du mari ou
de justice. Rien n'empêche néanmoins qu'en
régime de communauté, ou en régime exclusif de communauté, les époux ne stipulent que la dot de la femme sera frappée
d'inaliénabilité et qu'elle sera régie par les
dispositions du régime dotal. Mais c'est là
une question que nous nous proposons de
revoir en parlant plus spécialement du régime dotal. Ne préjugez rien.

De ce principe que le régime exclusif de
communauté a plus ses règles dans le régime
de communauté que dans le régime dotal,
il suit que l'article 1570, ni l'article 1565 ne
seront point applicables à la femme dont il

s'agit. Mais quelle sera donc l'application
de la loi qu'il faudra lui faire? Nous pensons
que ce ne sera point l'article 1473, mais
bien l'article 1479; car il s'agit ici de créances personnelles de la femme contre son
mari. Il sera du moins très-prudent de la
part de la femme de former une demande
contre son mari ou contre les héritiers de
celle-ci, pour faire courir l'intérêt des sommes qu'elle aura droit de réclamer. Rien
ne parle ici en faveur de l'article 1473 qui
a été fait pour et contre un être qui n'é-
xiste pas dans le cas d'exclusion de communauté.

Appliquerons-nous à la femme mariée
avec exclusion de communauté la disposition de l'article 1465? Nous sommes forcés
de le dire, le législateur a laissé bien des
choses à désirer dans la communauté conventionnelle et dans le régime exclusif de
communauté. L'article 1528 ne peut ici venir
à notre secours; car la rubrique sous laquelle
il se trouve nous apprend que les dispositions dont le législateur va parler sont communes aux huit sections qui précèdent, et
le régime exclusif forme la neuvième. Et en
bonne conscience on ne peut appeler com-

munauté conventionnelle ce même régime
exclusif; car, si on se rapporte à la rubrique
de la deuxième partie, on verra bien que le
législateur a voulu distinguer la communauté conventionnelle de l'exclusion de communauté, puisqu'elle est ainsi conçue: *De la
communauté conventionnelle, et des conventions
qui peuvent modifier ou même exclure la communauté légale.* Il résulte bien que l'exclusion de communauté n'appartient pas à la
communauté conventionnelle. On ne peut
douter de cette vérité si l'on fait sur-tout
attention à la ligne de démarcation qui est
tracée par cette autre rubrique dite *dispositions communes aux huit sections ci-dessus.*

Il faudrait, semble-t-il, conclure de cela
que l'exclusion de communauté n'a de règles
que celles qui lui sont propres. Cependant,
comme il est des questions que ne décident
point le peu d'articles que le législateur
a consacrés à ce régime, il faut bien chercher leur solution quelque part. Or c'est
dans les règles qui régissent le contrat de
mariage. Et, comme c'est le régime de la
communauté légale qui a la prépondérance,
c'est dans ce régime qu'il faut d'abord recourir; mais nous sommes loin de penser

que ce soit là un principe invariable et qui
doit s'appliquer par-tout où la loi est muette;
nous pensons au contraire qu'il doit s'appliquer avec beaucoup de réserve. L'article
1465 en est un exemple. Cet article parle
des délais qui sont donnés à la veuve pour
faire inventaire et délibérer; comment concevoir que la veuve puisse invoquer cette
disposition législative, puisqu'elle n'a ni le
droit d'accepter ni de répudier? Comment
concevoir qu'elle puisse emprunter aux frais
de la masse commune, puisqu'il n'y a aucune
masse commune? Il faudrait donc une autre
disposition qui rendît la femme créancière
de la succession de son mari ; et il n'en
existe pas. Nous conviendrons même que
l'article 1564 reçoit ici mieux son application que tout autre qui se trouve dans le
titre du contrat de mariage, parce que le
cas dont il parle a le plus d'analogie avec
celui qui nous occupe.

Mais en doit-il être de même de l'article
1565? Nous ne le croyons pas. Nous croyons
au contraire que, même en ce cas, la restitution peut être exigée aussitôt la dissolution du mariage. Mais, comme il est possible
que le mari ou ses héritiers n'aient pas la

23.

somme au moment même où elle se trouve
due et exigible, il faut leur laisser un temps
moral qui, en cas de contestation, doit être
arbitré par le juge. De cette manière les
parties se trouvent dans les termes du droit
commun; car en matière de communauté
simple il en est de même, les créances de
la femme sont exigibles de suite. Cependant
il y a cette différence qu'en matière de communauté il y a une liquidation à faire, tandis qu'en matière d'exclusion de communauté il n'y en a pas; du moins les intérêts
et les droits de chaque époux sont beaucoup
plus distincts et séparés. Par la nature même
des choses, ceux de la femme sont fixés dès
le moment de la dissolution de mariage et
elle a une action née actuellement pour se
faire rendre sa dot.

Mais ce qui sur-tout nous détermine à
décider que l'article 1465 n'est pas applicable à la femme mariée avec exclusion de
communauté, c'est que cette femme n'a pas
comme celle de l'article 1465 de communauté à administrer. Il n'est pas juste qu'elle
soit indemnisée comme celle-ci de la peine
qu'elle se donne pour l'intérêt commun
pendant tout le temps que la loi lui accorde

pour prendre un parti, savoir si elle ac=
ceptera ou si elle renoncera.

Cependant, comme il n'est pas juste qu'on
la force de quitter la maison maritale dès
le jour de la mort de son mari, il faut lui
donner le temps de se procurer un loge-
ment; mais, si elle ne fesait ses diligences à
cet égard, les héritiers du mari pourraient
la contraindre à quitter la maison du défunt
ou à leur payer un loyer.

Quant au deuil, même difficulté se présente; mais, si l'on n'admet pas qu'il est à la
charge de la succession du mari, on ne sait
plus où puiser les règles qui doivent régir
les cas que le législateur n'a pas prévus dans
la matière de l'exclusion de communauté.
Si l'on fournit le deuil à femme qui a une
part dans les biens acquis par son mari,
comment le refuser à la femme qui a fait
un contrat de mariage où tout est désavantage pour elle? Pourquoi cette femme ne
mériterait-elle la faveur dont le législateur
a bien voulu gratifier la femme dont il est
question dans les huit premières sections de
la communauté conventionnelle? N'a-t-elle
pas été aussi l'amie, la compagne du défunt?
Ne doit-elle pas aussi assister à ses funérailles?

Souffrez donc qu'elle y assiste d'une manière
digne de l'époux qu'elle pleure peut-être
plus amèrement que celle que la loi protège
si spécialement.

Cependant je ne pense pas que le deuil
lui soit dû; la précaution que la loi a prise
d'indiquer les cas où il est dû, ne permet
pas de croire qu'il le soit dans celui qui
nous occupe. Pour les fruits, la femme reprend ses héritages dans l'état où ils sont,
comme en règle générale un nu propriétaire reprend les siens à la cessation de l'u-
sufruit. Mais devra-t-elle récompense pour
les frais de labour et de semences? Faut-il
suivre dans ce cas les règles de la communauté légale, ou celles de l'usufruit proprement dit? Si l'on décide que la femme doit
récompense pour les frais de labour et semences, on est forcé de convenir qu'il faut
que le mari lui tienne compte de ceux qu'il
en avait coûtés à la femme pour mettre les
lieux dans l'état où ils se sont trouvés lors
du mariage; car ici ce qu'il en a coûté à la
femme n'était pas destiné à tomber dans la
communauté: ils ont dû faire partie de ses
biens et droits mobiliers. Nous croyons donc
que c'est l'article 585 qui est applicable.

Aussi, quand nous disons qu'il faut chercher les règles du régime exclusif de la communauté dans la communauté légale, lorsque la loi est muette au régime exclusif, c'est encore avec cette restriction : *pourvu que cette règle ne soit pas en contradiction avec d'autres dispositions et ne contrarie pas l'harmonie qui règne entre les principes de l'un et de l'autre régime.*

§. 2.

De la Clause de séparation de biens ou séparation contractuelle.

Le contrat de mariage avec séparation de biens est celui où les époux, sans se soumettre au régime dotal, conviennent qu'ils seront séparés de biens. Il ne faut pas dire qu'il n'y aura pas communauté de biens entre les époux, car on se soumettrait à l'exclusion de communauté, à cette clause dont nous venons de parler et qui a des différences si grandes avec la séparation de biens. Ce n'est pas qu'ils n'aient bien quelques caractères communs. Par exemple, ils emportent l'un et l'autre séparation de dettes; les biens ne se confondent pas, les meubles

comme les immeubles restent propres à chacun d'eux.

Mais ce qui les différencie, c'est que la
séparation de biens emporte de plein droit
exclusion de communauté, tandis que l'exclusion de communauté n'emporte pas *de
plano* la séparation de biens. Je m'explique:
la séparation de biens stipulée, il n'y a pas
communauté entre les époux; rien ne se
mêle, pas même les revenus des époux ; c'est
la femme qui administre ses propres biens.
Au contraire y a-t-il exclusion de communauté, il n'y a pas séparation de biens en ce
sens que la femme administre ses propres
biens, et que les revenus des époux se confondent. La séparation de biens proprement
dite ôte la jouissance des revenus de la
femme à son mari; au contraire l'exclusion
de communauté la lui donne. Les observations que nous fesons serviront du moins
à empêcher que vous ne confondiez l'une
avec l'autre.

La séparation dont il s'agit s'appelle contractuelle, pour la distinguer de l'autre qu'on
obtient en justice, et qu'on appelle judiciaire.
L'une comme l'autre a pour effet de donner
à la femme l'entière administration de ses

meubles et immeubles et la libre jouissance
de ses revenus, 1536; ce qui est un des
points, comme on vient de le dire, en quoi
elle diffère de l'exclusion de communauté.

Tous les actes concernant une simple administration, elle a le droit de les faire.
Voyez ce que nous avons dit de la femme
séparée judiciairement. Cependant elle ne
peut appliquer à son profit tous ses revenus personnels, à moins qu'il n'y ait eu à
cet égard une stipulation expresse dans le
contrat de mariage. Le mari peut donc la
forcer à contribuer aux frais du ménage,
soit suivant les conventions qu'ils ont faites
en se mariant, soit suivant la loi; voyez
l'article 1537, qui parle toujours dans le silence des parties. C'est pour un tiers de ses
revenus que la femme y contribue; voyez
aussi l'article 1575. Les juges peuvent même
s'écarter de cette règle; car, si le mari n'a
point de revenus, ou si des malheurs ont
occasionné la perte de sa fortune, la femme
doit fournir à tous les frais de nourriture,
d'entretien, d'éducation des enfans et à toutes
les charges du mariage. L'article 1448 est
applicable également dans le cas d'une séparation contractuelle. Mais il n'y a pas de

doute que la femme, en règle générale, ne puisse être dispensée des frais du ménage par le contrat de mariage; ses biens sont alors comme s'ils étaient paraphernaux; le mari prend sur lui toutes les charges du ménage. Il n'a pas le droit de s'en plaindre et de s'en rétracter, tant que sa fortune lui permet de supporter ces frais; cela peut même avoir été une des conditions sans laquelle le mariage n'aurait pas eu lieu. Cela est contraire, on en convient, aux règles ordinaires des sociétés; mais vous avez dû remarquer combien la faveur due aux contrats de mariage tolère de semblables clauses: celle-ci ne doit donc point étonner, il en est une infinité de plus exorbitantes encore du droit commun.

Maintenant qu'il est reconnu que la femme doit contribuer, sauf stipulation contraire, aux charges du ménage, soit pour un tiers de ses revenus, soit pour la totalité, on peut se demander qui sera chargé, du mari ou de la femme, de faire les dépenses. En matière de séparation contractuelle il nous semble qu'il n'y a point à hésiter à dire que c'est le mari; que la femme doit lui faire remise de ses revenus ou de la portion

qu'indique la loi ou le contrat de mariage.
Le mari est toujours le chef de la maison
maritale; la séparation de biens ne lui ôte
point la puissance comme mari; c'est à lui
de régler les dépenses; c'est à lui de diriger l'éducation des enfans, d'admettre à la
table les personnes qui lui conviennent, de
régler le nombre des domestiques et ce que
vulgairement on appelle le train de la maison. Il y a cependant une remarque à faire.
Si le mari n'a rien, que le femme soit obligée de faire tous les frais, il ne peut dépendre du mari d'y employer tous les revenus
de la femme; il ne doit employer que ceux
qui sont nécessaires, utiles, selon les circonstances où ils sont placés; si le mari et
la femme ne s'entendaient pas à cet égard,
la femme ferait bien de faire régler par le
juge quelle somme elle serait obligée de
fournir à son mari. Elle ne doit tous ses
revenus que lorsqu'il y a nécessité.

Si le contrat de mariage a réglé la somme,
ou si la femme fournit un tiers selon la
loi, le mari en fera ce que bon lui sem-
blera. Mais s'il exige la totalité des revenus,
ou si le juge octroie au mari une somme,
il est à craindre qu'il ne détourne ces som-

mes, du moins en partie; par exemple, il a exigé tant pour l'éducation des enfans, et il ne fait pas ces dépenses. La femme a le droit alors de se refuser à payer. Mais supposons qu'il fasse les dépenses convenues, qu'il se conduise en bon père de famille; s'il ne dépense pas tout ce que sa femme lui donne, sera-t-il obligé de restituer à celle-ci? Cela nous semble juste dans les deux derniers cas que nous venons de prévoir, c'est-à-dire lorsque la femme fournira tous ses revenus, ou que le juge aura octroyé une somme au-delà de ce qui a été convenu par le contrat de mariage ou prévu par la loi: le mari est donc pour ainsi dire obligé de tenir un état de ses dépenses. Le juge ferait bien de prévoir à tout cela.

Il a été rendu par la Cour d'Angers, le 26 mai 1810, un arrêt qui mérite d'être remarqué. D'après la décision de cette Cour, si les époux se sont obligés en se mariant à supporter par égales portions les charges du mariage et qu'ils ne soient pas ensuite d'accord sur les dépenses faites et à faire, les juges doivent prendre pour base de leur décision les revenus du moins riche des époux, n'étant pas présumable qu'il ait voulu

prendre sur son capital. En effet, si l'un des
époux a 20,000 fr. de revenu et l'autre 5,000
fr., les dépenses de la maison peuvent être
considérables. On peut dépenser 15,000 fr.
sans être taxé de prodigalité. Si l'époux le
moins riche était obligé de contribuer pour
moitié aux dépenses qu'une maison riche
de 25,000 fr. serait jugée devoir faire, il ne
pourrait y suffire ; et c'est ce qui arriverait
si on prenait pour règle la fortune de l'époux
le plus riche : ou pour mieux s'expliquer, soit
qu'on prenne pour règle des dépenses les
deux fortunes réunies ou seulement celle
de l'époux le plus riche, la ruine du moins
riche est certaine : donc il faut prendre pour
règle les revenus de ce dernier.

La femme ayant l'administration de ses
biens et touchant ses revenus, elle a le droit
de faire des acquisitions ; mais, pour que ces
acquisitions ne soient pas présumées des
avantages dont les héritiers du mari pourraient se plaindre, il serait nécessaire qu'il
fût justifié par le contrat d'acquisition, par
la quittance du vendeur et par toutes autres circonstances, que le prix en a été
effectivement fourni des deniers de la femme
provenans de ses revenus. Mais remarquez

que la loi n'accorde à la femme que la simple administration de ses biens ; elle lui
défend d'aliéner, d'hypothéquer, d'acquérir
à titre onéreux ou gratuit, sans le concours
du mari dans l'acte ; voyez les articles 217
et 1538. La femme qui est séparée judiciairement, soit de biens, soit de corps, peut
cependant vendre son mobilier, recevoir le
remboursement de ses capitaux, sans le
consentement de son mari. La femme séparée contractuellement n'a-t-elle pas aussi ce
droit? L'article 1538 ne lui défend que les
aliénations d'immeubles ; par conséquent il
lui permet celle de son mobilier, et la place
à cet égard sur la ligne de la femme séparée
judiciairement. Mais que devient alors la
disposition de l'article 217 qui ne fait aucune distinction entre les aliénations de
choses mobilières d'avec les choses immobilières ? A moins que le mot aliéner ne
s'entende que des choses immobilières.
Mais on voit bien que c'est une défense
générale qui est faite à la femme. La loi ne
veut pas dans cet article 217 *que la femme
acquière à titre gratuit ni onéreux* ; ce qui
s'entend de choses mobilières comme de
choses immobilières ; et bien certainement

la femme ne peut faire ni accepter une donation, même de choses mobilières, qu'autorisée de son mari ou de justice.

Au reste le mari a intérêt à ce que sa
femme ne vende pas son mobilier sans son
consentement et ne touche ses capitaux sans
lui. Il a à craindre que la femme ne dissipe l'argent, attendu qu'elle doit contribuer aux charges du mariage.

Il est vrai que la même crainte devrait
avoir lieu quant à la femme séparée judiciairement. Sans doute; mais dans ce dernier cas le mari est présumé par le fait
même du jugement être plus mauvais administrateur et plus dissipateur que la femme.
Il n'y a donc pas tout-à-fait même raison.
D'ailleurs à quel cas appliquer l'article 217,
si ce n'est à celui de la femme séparée contractuellement, qui y est nommément comprise? On peut dire enfin que la femme
séparée contractuellement est dans le cas
d'un mineur émancipé, et le mari dans celui
d'un curateur, mais d'un curateur intéressé.
Il doit comme celui-ci surveiller l'emploi
des capitaux; l'un est la conséquence de
l'autre, car la défense d'aliéner est aussi
dans l'intérêt de la femme.

Voilà ce qu'on peut dire pour soutenir que la femme n'a pas le droit de disposer de son mobilier et de toucher ses capitaux sans l'assistance ou autorisation de son mari. Mais c'est établir une distinction entre ces deux séparations de biens; distinction que la loi ne fait pas et qui ne tendrait qu'à gêner l'administration de la femme et à la mettre sous la curatelle de son mari, curatelle précisément à laquelle elle n'a pas voulu se soumettre et contre laquelle elle a protesté dans son contrat de mariage. Aussi la Cour de Paris, par arrêt du 12 mars 1811, a jugé que la séparation contractuelle donne à la femme, comme la séparation judiciaire, le droit d'administrer ses immeubles et de vendre ses meubles même indépendamment de toute stipulation insérée dans le contrat de mariage ; ajoutez-y de recevoir ses capitaux et donner main-levée des inscriptions hypothécaires.

Il n'est donc pas indispensable de stipuler dans le contrat de mariage que le mari donne pouvoir à sa femme de vendre et d'acheter les choses de nature mobilière. Cela est de droit. Rien n'empêche néanmoins que dans le contrat de mariage il soit parlé de ce

pouvoir laissé à la femme, afin que les parties connaissent toute l'étendue de leur convention. Maïs, en admettant cette proposition que la femme a le droit de vendre son
mobilier, comment pourra-t-elle justifier
qu'elle est réellement propriétaire du mobilier qu'elle vend? Si par hasard le mari
prétend que ce même mobilier lui appartient, cela souffrira d'autant plus de difficulté que les époux habiteront ensemble,
que leurs effets mobiliers seront confondus.
Une fois la vente faite et les choses livrées,
les acquéreurs, pourvu qu'ils soient de bonne
foi, diront, En fait de meubles possession
vaut titre, art. 2279: mais le mari pourra dire
à sa femme qu'elle n'avait pas le droit de
vendre ce qui appartient à son mari. Il y a
même une présomption très-favorable à ce
dernier, c'est qu'il est chef de la maison maritale, que tout ce qui s'y trouve est censé
lui appartenir. Cela met la femme dans la
nécessité de retirer des actes des achats
qu'elle fait et dans lesquels elle fera bien
aussi de faire figurer son mari. Il en est de
même du mobilier qu'elle apporte en se
mariant, elle doit le faire constater. Son
contrat de mariage, les divers inventaires

qui auront eu lieu, les partages passés devant
notaires, tous ces titres-là peuvent servir à
la femme, et vis-à-vis son mari de simples
reconnaissances suffiront; mais vis-à-vis les
créanciers du mari ces simples reconnaissances sont bien suspectes.

Ce que nous disons ici de la femme séparée contractuellement, nous le dirions
de celle séparée judiciairement et de celle
qui est en régime dotal, pour ce qui concerne ses paraphernaux.

Cependant on peut décider en ces cas
qu'un inventaire n'est point indispensable
à l'égard des créanciers de l'un des époux
contre les créanciers de l'autre. Il n'y a pas
même raison que pour l'article 1510. Là il
existe une communauté qui opère la confusion du mobilier. Dans le cas qui nous
occupe le mari est privé de tout droit sur
le mobilier de sa femme; celle-ci doit donc
être admise à prouver, par quelques moyens
que ce soit, quel est le mobilier qui lui
appartient. Le juge peut même se décider
d'après les purs principes de l'équité; car
il s'agit d'une question de fait. D'ailleurs la
loi n'ayant pas en cette matière prescrit l'inventaire, on ne peut suppléer cette disposition qui est rigoureuse.

La Cour de Paris, Sirey, t. 8, p. 2, a jugé
que lorsqu'un contrat de mariage renferme
la clause expresse de séparation de biens,
que ceux de la femme ne consistent qu'en
effets mobiliers, et que la libre administration lui en est laissée, la reconnaissance faite
dans ce même acte par le mari qui a les
objets en sa possession, ne suffit pas pour
autoriser la femme à les répéter contre sa
succession, si elle ne prouve que son mari
en a disposé. Cette clause n'empêche pas
que la femme ne soit nantie de son mobilier.

Une autre différence entre la séparation
contractuelle et la séparation judiciaire,
c'est que dans la première les époux ne peuvent invoquer la disposition de l'article 1451,
ce serait déroger au contrat de mariage,
tandis que les époux séparés judiciairement,
en rétablissant leur communauté, revien-
nent à leur contrat de mariage dont le jugement de séparation les avait écartés.

Nous ne ferons point l'énumération des
divers actes que la femme séparée contractuellement peut faire ; nous renvoyons à ce
que nous avons dit sur la capacité de la femme
séparée judiciairement, où nous en avons
énuméré un certain nombre. Nous rappelle-

24.

rons cependant un arrêt qui, quoique rendu en interprétation de l'ancienne jurisprudence, peut être invoqué sous la nouvelle avec toute confiance. Il est dans Sirey, t. 10, 2 p., p. 313. Le voici: Considérant que l'exception au principe général, faite par l'article 234 de la coutume de Paris, n'est relative qu'à la jouissance et administration donnée à la femme par la séparation, sans néanmoins que la puissance du mari soit détruite; qu'ainsi la capacité de s'obliger est nécessairement restreinte aux actes qui portent eux-mêmes la preuve que l'engagement de la femme séparée est dans les limites du pouvoir qu'elle a reçu de jouir et administrer, comme baux de ses immeubles, transports ou délégation des revenus, arrêtés de mémoires de fournitures; que la considération de la modicité de la somme pour laquelle la femme s'est obligée, et la comparaison avec les revenus dont elle jouit, ne peuvent faire appliquer la disposition d'exception de l'article 234 de la coutume, parce que, d'une part, ce serait consacrer un moyen facile d'échapper à la prohibition de la loi et de soustraire la femme à la puissance maritale, en dissimulant l'étendue de

l'obligation qu'on lui ferait contracter par la
division de la somme en plusieurs billets;

Et d'autre part, ce serait soumettre la
décision sur la validité de l'engagement à
un arbitraire infini et au vague des asser-
tions contradictoires sur le plus ou moins
d'étendue des revenus et ressources mobilières de la femme.

Dans l'espèce il s'agissait de savoir, comme
on voit, si la femme séparée pouvait s'engager par emprunt jusqu'à concurrence de
ses revenus ou de son mobilier, choses dont
elle a la libre disposition. L'emprunt n'était
nullement relatif à son administration ; il
avait eu lieu pour rendre service à un de
ses beaux-frères.

Mais comment concilier cette décision
avec l'arrêt du 18 mai 1819, Sirey, t. 19,
p. 339, que nous avons cité sur l'article 1449,
lequel dispose que les obligations souscrites
sans aucune autorisation par la femme séparée sont valables en ce sens que le créancier peut poursuivre son paiement sur le
mobilier et sur les revenus de la femme?
Ces deux arrêts sont entièrement en opposition, et cependant il faut se décider
pour l'un ou pour l'autre. Nous avons dit

sur l'article 1449, en citant celui de 1819, qu'il jetait un grand jour sur la capacité de la femme séparée. Nous avons dit cela un peu légèrement. Nous allons revoir ici la question :

La loi permet à la femme d'aliéner son mobilier, c'est-à-dire de le vendre ; il est également le gage des obligations qu'elle a pu contracter relativement à son administration, et nous avons dit, avec raison, sur l'article 1449 que pour ces sortes d'engagemens la femme est même tenue sur ses immeubles. Mais de ce qu'il est permis à la femme d'engager ses biens de cette manière et qu'elle puisse vendre son mobilier, même ses créances, sans le consentement de son mari et sans que ce soit pour les causes de son administration, ce n'est pas une raison pour qu'elle puisse les engager à ses créanciers pour des obligations étrangères à cette administration ; ce n'est pas une raison pour qu'ils puissent la poursuivre sur son mobilier et ses revenus. La loi a sans doute beaucoup permis à la femme en lui donnant le droit de vendre son mobilier ; mais lui donnant l'administration de ses biens, elle ne pouvait peut-être faire autrement. Il fallait lui donner une certaine latitude qui ne la mît pas constamment dans la nécessité de recourir à justice, lorsque son mari lui refuserait son consentement pour se procurer des sommes nécessaires, en vendant un héritage. La loi l'a dégagée d'une portion de la dépendance de son mari, en lui permettant de disposer de son mobilier. Maintenant quel inconvénient y a-t-il à cela? La femme en vendant son mobilier en emploiera le prix, ou à l'administration de ses biens, ou dans l'intérêt de son mari, ou dans celui de ses enfans, ou elle le dissipera. Admettons qu'elle le dissipe ; elle n'a dissipé que ce qu'elle avait; elle a pu faire un retour sur elle-même et l'exemple du passé peut être pour elle une leçon utile pour l'avenir. Elle peut penser à l'économie, et ses revenus peuvent lui permettre de réparer les torts qu'elle a faits à ses enfans, à son mari, à elle-même ; elle n'a pas autour d'elle une foule de créanciers qui attendent avec avidité qu'il lui advienne quelque succession mobilière pour la dévorer à l'instant : elle peut se livrer à l'espérance d'une riche récolte, sans redouter qu'elle soit saisie avant même d'être faite.

Si au contraire vous permettez à la femme
de s'obliger sur son mobilier et ses revenus
pour des engagemens étrangers à l'administration de ses biens, et qu'elle ait un revenu
considérable, non-seulement elle vendra
son mobilier, ses créances, ses rentes, mais
encore elle empruntera, parce qu'elle trouvera facilement à le faire. Cette facilité
qu'elle aura à se procurer de l'argent aug-
mentera son goût pour la dépense, rien
ne l'arrêtera; elle pourra emprunter dix,
vingt mille francs au-dessus de sa fortune
mobilière. En vain voudra-t-elle mettre un
terme à ses dilapidations; il ne sera plus
temps; ses revenus sont aliénés pour plusieurs années; de nombreux créanciers l'as-
siègent journellement; aujourd'hui ils font
saisir son mobilier; dans six mois ils feront
vendre ses récoltes; son mariage sera dissous, quelle ne sera pas encore quitte envers ces mêmes créanciers qui pourront lui
dire en tout temps: « Si vous ne pouviez
» vous engager sur vos immeubles, vous
» pouviez vous engager sur votre mobilier
» et sur vos revenus. Nous saisirons tout
» ce qui vous adviendra en fait de biens de
» cette nature jusqu'à parfait paiement. »

Voilà certainement une des conséquences
de ce principe que la femme séparée peut
souscrire des obligations sans le consentement de son mari, pour des causes étrangères à son administration.

On objectera l'article 484 du Code civil,
qui, parlant du mineur émancipé , porte :
« A l'égard des obligations qu'il aurait con-
» tractées par voie d'*achats ou autrement*,
» elles seront réductibles en cas d'excès :
» les tribunaux prendront à ce sujet en
» considération la fortune du mineur, la
» bonne ou mauvaise foi des personnes qui
» auront contracté avec lui, l'utilité ou l'i-
» nutilité des dépenses. » Cet article semble
en opposition avec l'article 1305 qui donne
l'action en lésion au mineur émancipé pour
tout ce qui excède les bornes d'une simple
administration. Certes dans l'article 484 il
s'agit bien d'actes excédant les bornes d'une
simple administration. Les articles 481 , 482,
483, et la première disposition de l'article
484, avaient déjà tracé les bornes de cette
simple administration ; on y voit les actes
qui lui sont permis, ceux qui lui sont défendus. A l'égard des premiers, c'est-à-dire
de ceux qui ne concernent qu'une simple

administration, il a la même capacité qu'un majeur, il n'est restituable à leur égard qu'autant qu'un majeur le serait. Pour les actes qui lui sont interdits par les articles 482, 483 et la première disposition de l'ar-ticle 484, ils sont nuls ; cependant il faut les combiner avec les articles 1305, 1306 et 1312 : car, si l'acte qu'il a fait ne lui a fait éprouver aucune lésion, il n'a pas d'action. Mais, si l'on y fait attention, il est une classe d'actes différens de ceux dont parlent les articles 481, 482, 483 et la première dis-position de l'article 484, pour lesquels il n'est pas toujours réputé majeur et contre les-quels il n'a pas non plus l'action en resci-sion. Ce sont ces actes dont parle la seconde partie de l'article 484. Dans cette dernière disposition, le mineur n'a que l'action en réduction ; certainement il ne s'agit pas d'actes d'une simple administration, autre-ment l'article 481 et l'article 484, seconde partie, seraient contradictoires. L'article 1305 parle aussi nécessairement d'actes autres que ceux dont parle la seconde partie de l'article 484, puisque l'un de ces articles donne l'action en lésion, laquelle, dans cette circonstance, a pour fin de faire annuler

l'acte, tandis que l'article 484 ne donne que
l'action en réduction. La difficulté consiste
alors à pouvoir distinguer ceux qui sont
sous l'empire de l'article 1305 de ceux qui
sont sous l'empire de la seconde partie de
l'article 484. Quels sont donc ces actes que
cette dernière disposition concerne ? Ce
sont les actes d'achats. Le mot *achat*, dans
le sens de cet article, n'est peut-être pas
synonyme de celui *acquisition* ; il semble se
rapporter plus spécialement à ce qui n'est
pas immeuble. On dit bien cependant acheter une maison, une terre ; mais nous
croyons que dans l'article 484 il est question
de choses mobilières plutôt que de choses
immobilières. Nous savons bien que l'acquéreur n'a pas l'action de lésion ; mais nous
croyons que l'action de *simple lésion* peut
être invoquée par le mineur qui s'est rendu
acquéreur. Nous nous fondons sur l'article
483 qui défend d'emprunter, et sur l'article
484, première disposition, qui défend d'hypothéquer. Or le mineur qui achète un immeuble peut avoir fait une bonne affaire
par elle-même ; mais il est possible qu'il n'ait
pas d'argent, qu'il soit obligé d'emprunter,
d'hypothéquer. Par le fait c'est un acte rui-

neux qu'il a fait ; il n'y aura pas réduction ,
il y aura nullité : pris dans un autre sens, le
mot achat sera un acte moins sérieux, moins
ruineux , mais susceptible de se multiplier
plus souvent. Il y a des précautions à prendre
pour une acquisition dont l'oubli peut entraîner la ruine d'une bonne fortune : il n'y
a pas le même danger pour les actes dont
parle la seconde partie de l'article 484. Les
actes que cette disposition permet ne peuvent être considérables , puisque l'acte d'emprunt même est interdit au mineur ; si l'emprunt lui est interdit , à plus forte raison
l'acquisition ; à moins qu'il ait de l'argent
comptant , et que le prix ne soit pas au-dessus de ce qu'il doit être.

Par les mots *ou autrement* l'article 484
entend aussi beaucoup d'actes bien différens
de ceux dont il est question dans les articles
précédens. Ces actes sont ceux de prêt , de
commodat; les obligations de faire ou de
ne pas faire , etc. , etc.

On voit donc que le mineur émancipé a
une capacité qui s'étend au-delà des bornes
d'une simple administration ; qu'il est plus
capable qu'un tuteur, par exemple : on voit
que le législateur a voulu donner une cer-

taine liberté au mineur ; qu'il ne lui a permis
de faire annuler ou rescinder que les actes
ruineux , ou qu'il considère comme tels ;
qu'il en est au contraire beaucoup que le
juge n'est point obligé d'annuler ; qu'il peut
se borner à *réduire.* Dans les uns il n'est
point obligé de consulter la bonne foi des
tiers, il est forcé d'annuler s'il y a préjudice ;
dans les autres , à raison de la bonne foi
des tiers , lors même qu'il reconnaît qu'il
y a préjudice pour le mineur, il se borne à
réduire l'acte , mais il le maintient.

Maintenant ces actes dont parle l'article
484, deuxième disposition , et qui peuvent
être obligatoires pour le mineur, sont-ils
pour lui d'un bien grand inconvénient ? Le
mineur émancipé est maître de sa personne,
à l'exception de bien peu de cas. Son curateur n'a aucune puissance sur lui ; il a le
droit de se choisir un domicile , de dépenser
ses revenus comme bon lui semble. S'il lui
prend fantaisie de faire un voyage , rien ne
peut l'empêcher. Veut-il acheter pour cela
un beau cheval , une voiture , si ses revenus
le lui permettent ? L'obligation qu'il contra-
ctera en cette circonstance sera valable, s'il
n'y a eu ni mauvaise foi de la part du ven-

deur, ni excès dans le prix. Il peut également, sans faire le commerce, se livrer à quelque spéculation , acheter une action dans une compagnie ; il peut lui-même faire partie d'une société en commandite ; il peut, pour son agrément, faire bâtir une maison, et tous les traités de cette nature qu'il aura faits recevront leur pleine et entière exécution, s'il ne se trouve pas sous la protection de l'article 484. De cette manière il fera peut-être beaucoup d'actes qui, n'étant aucuns excessifs , mais seulement malheureux pour lui, auront pu compromettre sa fortune. Cependant il faut qu'ils soient bien multipliés ; car , s'il n'y en a qu'un petit nombre , il n'est guère présumable que sa ruine ne soit pas le fruit de la mauvaise foi de ceux qui auront traité avec lui ; alors on a recours à la loi. D'ailleurs je suppose qu'il fasse de mauvais marchés , de folles entreprises ; je veux que son penchant à la dissipation soit tel que le court intervalle qui sépare son émancipation de sa majorité soit encore assez long pour qu'il y consomme sa ruine ; il y a un remède : on lui retire cette même émancipation et on le replonge sous la tutelle.

La capacité que la loi donne au mineur émancipé n'est donc pas d'un grave inconvénient pour lui-même. On peut dire même que le législateur ne pouvait s'empêcher de lui donner l'étendue que nous lui supposons, parce que le législateur lui donnant la liberté de sa personne a dû lui permettre des actes qui soient analogues à cette même liberté; sans cela il y aurait contre-sens dans la loi. Il ne fallait pas que l'administration que la loi lui confie fût une administration aussi sèche, qu'on me passe l'expression, que celle que donne l'article 481; il fallait qu'elle fût plus étendue que celle du tuteur, qui certainement ne peut faire pour son pupille tous les actes que nous venons d'énumérer, et que le mineur émancipé peut faire pour lui-même. Et la raison de différence est sensible : car celui qui gère pour lui-même, et qu'on reconnaît capable de gérer, ne peut être restreint dans les mêmes bornes que celui qui ne gère pour autrui qu'en vertu d'un mandat.

Maintenant voyons si tout ce que nous venons de voir pour le mineur émancipé, nous pourrons l'appliquer à la femme séparée de biens. Elle a l'administration de

ses biens, elle peut aussi acheter tout ce qui
a rapport à cette administration ; mais pourrait-elle se livrer à des spéculations qui y
y seraient étrangères ? Pourrait - elle faire
partie d'une société, même en commandite ?
Pourrait-elle entrer dans une entreprise de
quelque nature qu'elle fût ? Ira-t-elle dans
une foire acheter un cheval pour son plaisir ?
Ira-t-elle chez le carrossier acheter une belle
voiture ? Ira-t-elle chez un banquier endosser
le billet ou la lettre de change de tel ou tel ?
Contractera-t-elle des obligations de faire
ou de ne pas faire ?

Que résulterait-il de tous ces actes, s'ils
lui étaient permis ? Qu'il n'y aurait plus de
frein pour la retenir ; que la puissance de
son mari serait vaine, et qu'elle pourrait
impunément se jouer de son autorité. Mais
il n'y a pas que cet inconvénient ; elle con-
tractéra des dettes considérables, ou qui
entraîneront sa ruine, ou qui la gêneront
considérablement. Limiterez-vous ses engagemens à son mobilier et à ses revenus ?
Mais les tiers qui contracteront avec elle
sauront-ils si ce mobilier n'est pas déjà
épuisé par d'autres créances ? Ils seront
donc victimes de leur confiance et de leur

bonne foi ! Réduira-t-on les engagemens ?
Appliquera-t-on l'article 484, deuxième disposition ?.... Combien sera - t - on obligé
d'en faire ? Car il n'en sera pas d'elle comme
du mineur émancipé qu'on peut remettre
en tutelle ; on ne fera pas cesser sa capacité
résultante de son contrat de mariage ; on
ne fera pas cesser la séparation de biens :
tout ce qu'on peut faire, c'est d'obtenir
contre elle un jugement d'interdiction, et
il peut n'y avoir pas lieu à la faire prononcer. Lui fera-t-on donner un conseil judiciaire ? Non ; car avec ce conseil elle aurait au moins la même capacité. Ainsi on
ne peut donc l'assimiler au mineur émancipé ; il faut qu'elle soit capable, ou qu'elle
ne le soit pas. L'article 484, deuxième disposition, n'est pas fait pour elle, il ne lui
convient aucunement. Si l'article 484 ne lui
est pas applicable, il faut dire aussi que tous
les actes que suppose cet article lui sont interdits ; que sa capacité est renfermée dans
des bornes infiniment plus étroites ; que la
dépendance dans laquelle elle se trouve vis-
à-vis son mari en est une preuve irréfragable,
parce que cette dépendance serait en opposition continuelle avec les actes qu'elle

ferait ; attendu qu'elle ne pourrait pas veiller à ses intérêts , et qu'il ne tiendrait qu'à un caprice de son mari pour lui causer les pertes les plus considérables. En effet elle entre, malgré son mari, dans une entreprise qui exige de sa part des démarches, un voyage ; le mari se refuse à ce qu'elle quitte la maison maritale , et il peut avoir pour cela des raisons légitimes La femme essuiera indubitablement une perte , ou elle sera obligée de se confier à la bonne foi d'un mandataire dont très-souvent elle ne connaîtra pas la capacité. En lui permettant des actes aussi étendus qu'au mineur émancipé, il faut donc lui donner aussi la liberté de sa personne : voilà un autre danger ; voilà la loi en opposition avec elle - même , puisqu'elle laisse la femme séparée sous l'autorité de son mari. J'en conclus que la femme ne peut point s'engager autrement que pour ce qui est simplement relatif à son administration ; et qu'elle ne peut , soit par des achats, soit par une obligation quelconque qui y serait étrangère, être tenue ni sur son mobilier ni sur ses revenus. Quand il lui est permis de s'engager , elle s'engage sur tous ses biens, quels qu'ils soient.

Le consentement *spécial* dont parle l'article 1538, n'a pas besoin d'intervenir précisément dans l'acte même d'aliénation. Il peut être donné également par acte séparé ; il peut même être donné par contrat de mariage. Donné par contrat de mariage, il est irrévocable : donné pendant le mariage par acte séparé, et tant que la femme n'en a pas fait usage, il est révocable.

Pour savoir si le mari est garant de l'emploi, voyez ce que nous avons dit sur l'art. 1450 et ce que nous disons sur l'art. 1575.

Voyez, avec l'article 1539, les articles 1577, 1578, 1579, 1580, et ce que nous disons sur ces différens articles. Le mari touchant les fruits des biens de la femme est tenu de faire les réparations d'entretien. S'il existe encore des fruits qu'il a recueillis sur les biens de la femme, il doit les lui remettre. S'il en a vendu, et que le prix en soit dû, à qui appartiendra-t-il ? Sont-ils censés consommés du moment où ils sont vendus? Il semble bien que la femme a abandonné ces fruits à son mari pour soutenir les charges du ménage. Cependant la femme n'est pas censée les avoir donnés au mari, puisqu'il lui doit compte de ceux qui ne sont pas consommés. Or, si le prix en est encore dû, ce prix en est la représentation ; n'étant pas lui-même consommé, employé pour l'intérêt du ménage, les fruits ne le sont pas; à moins que par ces mots: *fruits existans*, on n'entende ceux pendans par racines, ce qui n'est pas présumable; à moins encore que le mari ne soit considéré comme usufruitier, ce qui n'est pas. Il est seulement tenu des obligations d'un usufruitier; mais il ne l'est pas pour cela.

Nous avons déjà dit que la séparation contractuelle produisait l'exclusion de communauté; que chacun des époux conservait la propriété de tous ses biens meubles et immeubles qui lui appartenaient au jour du mariage et qui lui sont advenus depuis : nous ne reviendrons plus sur cette matière; mais nous croyons devoir ajouter que ces objets doivent être repris dans l'état où ils sont à la dissolution du mariage, sans indemnité de la part du mari envers la femme, à moins qu'en administrant les biens de celle-ci, il ne les ait détériorés, ou que de toute autre manière il ait porté préjudice à sa femme; par exemple, s'il a brisé ses meubles, s'il les a vendus, etc., etc.

Mais, comme on l'a dit, un état est indispensable, afin de ne pas les confondre avec ceux de l'autre conjoint. S'il s'agit d'effets mobiliers échus à la femme pendant le mariage, et que cela ne soit pas constaté par un état ou inventaire, la femme pourra-t-elle faire la preuve par commune renommée? D'après la loi du 5 septembre 1807, relative au privilége du trésor sur les biens du comptable, elle ne serait point admise à faire cette preuve vis-à-vis le trésor; ce qui ferait croire que vis-à-vis les tiers il en doit être de même; ces objets sont censés appartenir au mari, on peut appuyer cela d'un autre argument tiré de l'article 1510. Voyez aussi les dispositions du Code de commerce, article 544 et suivans. La femme ne peut ici prétexter de sa dépendance; elle n'est pas, en ce qui concerne l'administration de ses biens, sous la loi de son mari; et certes faire dresser inventaire est un acte d'administration. Mais vis-à-vis de son mari pourra-t-elle être admise à faire cette preuve? Si on y admet la femme, il n'y a pas de raison pour ne pas y admettre le mari: ils sont tous les deux en égalité de position; la femme n'est point sous sa dépendance, elle était libre de faire l'inventaire; ne l'ayant pas fait, tout le mobilier qui est dans la maison maritale est censé appartenir au mari, qui en est toujours le chef. Invoquera-t-on l'article 1528? L'article 1528 est sous la rubrique de la communauté conventionnelle : et nous sommes ici sous le régime exclusif de la communauté, qui est un régime tout différent.

Il est vrai que nous avons dit plus haut que le régime exclusif de la communauté était un régime mixte entre celui de la communauté et le régime dotal: par conséquent il doit avoir ses règles dans l'un et dans l'autre, et notamment dans celui de la communauté. Il s'agit bien là d'une séparation de biens, mais la séparation de biens elle-même appartient au régime exclusif de la communauté.

Nous persistons à croire que vis-à-vis les tiers comme vis-à-vis son mari, la femme peut prouver la possession et la propriété de son mobilier par tous les moyens possibles, même par témoins, la loi ne lui prescrivant aucun état. La loi du 5 septembre 1807 et l'article 544 du Code de commerce sont des dispositions exceptionnelles.

Comme il est des choses qui se consomment par le premier usage qu'on en fait, telles que les grains et autres denrées, si les choses de cette nature ont été consommées dans le ménage, la femme aura-t-elle une répétition à faire? D'abord il y a présomption que la femme les a vendues, puisqu'elle en a la disposition. Mais, indépendamment de cette présomption, il nous semble que l'article 1535 répondrait suffisamment à la question: si la femme laisse administrer ses biens par son mari, sans même lui en avoir donné mandat exprès, il n'est point comptable des choses consommées; à plus forte raison quand c'est la femme elle-même qui les fait consommer. Elle devrait donc tirer une reconnaissance constatant que c'est une avance qu'elle a faite à son mari, indépendamment de la contribution à laquelle elle est tenue aux termes de l'article 1537.

Rien n'empêche les époux qui se marient avec séparation de biens de stipuler une société d'acquêts. Dans cette supposition, voyez ce que nous dirons sur l'article 1581.

On a demandé si la femme séparée de biens a une hypothèque sur les biens de son mari. Nous traitons cette question au cha-

pitre du régime dotal : nous y renvoyons.
Nous dirons seulement en passant que, d'après M. Grenier et quelques arrêts, si elle
a cette hypothèque, elle n'est pas indépendante de l'inscription, et qu'elle ne date
que du jour où elle est prise. D'après cela
la femme séparée qui, pour sureté de sa dot
et reprise, prendrait une inscription sur un
immeuble déterminé du mari, serait censée
par cela même restreindre son hypothèque
légale à cet immeuble et renoncer à l'hypothèque des immeubles sur lesquels elle ne
s'inscrit point. L'hypothèque légale se convertit alors en hypothèque spéciale ; c'est
ce qu'a décidé un arrêt de la Cour d'Aix du
1.er février 1811. Voyez Sirey, t. 14, p. 97.
Ces opinions divisant les meilleurs auteurs,
nous dirons au régime dotal quelle est celle
à laquelle nous nous rangeons.

Appliquerons-nous à la femme séparée
la disposition de l'article 1465 ? Voyez ce
que nous avons dit à l'exclusion de communauté. Appliquerons-nous l'article 1481 ?
On devrait aussi demander si la femme séparée judiciairement a droit au deuil. Si
celle-ci y a droit, on ne voit pas pourquoi
celle-là n'y aurait pas droit, et la rubrique

sous laquelle se trouve la femme séparée
judiciairement le ferait croire. Mais nous
ne croyons pas que l'une y ait plus de droit
que l'autre d'après le texte de nos lois.

La femme séparée peut-elle surenchérir
dans la vente d'un bien de son mari, sans
le consentement de celui-ci? Un arrêt tout
récent vient de décider que cela excède la
capacité de la femme; c'est décider que le
mari, quoique présent à l'acte que fait sa
femme , n'est pas censé l'autoriser. Nous
avons sur l'article 1401 agité une question
à-peu-près semblable. Mais nous n'avons
point demandé si le consentement exprès
du mari était nécessaire, s'il ne s'induit pas
du fait que le mari est présent ou présumé
présent à l'acquisition , puisque c'est son
bien qui est vendu. Il nous semble qu'il
y a une grande différence entre un mari
qui assiste sa femme dans un contrat et qui
le signe avec elle, et celui dont le bien est
vendu pour ainsi dire malgré lui. On ne
peut dire ici qu'il y a présomption qu'il a
voulu autoriser sa femme, quoique présent
à la vente, encore n'y est-il pas toujours:
c'est aux fins de défendre ou de veiller à
ses propres intérêts; il n'est pas ici venu

pour diriger les actions de sa femme, ce
n'est pas ici un plan mûrement arrêté entre
eux qu'ils viennent mettre à exécution ; le
mari peut au contraire avoir ignoré le
dessein de sa femme ; l'acte qu'elle fait là
n'est plus le fruit d'un conseil de son mari,
il n'a pu la prémunir contre sa faiblesse,
lors même qu'elle serait créancière de son
mari ; il faut qu'elle soit autorisée de lui ou
de justice.

Nous ne croyons pas très-utile de dire
que la femme séparée, et quel que soit
même le régime sous l'empire duquel elle
se trouve, n'a d'autre domicile que celui de
son mari, lors même qu'elle résiderait dans
un autre lieu. En partant de ce principe,
elle a droit de faire annuler toutes les as-
signations qui lui seraient données ailleurs
qu'au domicile de son mari. L'article 108
lui est applicable. (1)

_____

(1) Voyéz Merlin, Répertoire, v.° domicile, p. 188,
tome 16, où il agite la question de savoir s'il en est
de même de la femme séparée de corps.

La signification du jugement portant condamnation contre le mari et la femme séparée, ne fait
point courir le délai d'appel contre elle, si elle n'a

été faite qu'au mari seulement. Voyez Carré, analyse,
1428.

Lorsque des époux séparés de biens passent un acte
conjointement ou solidairement, ils font bien d'établir
dans cet acte leur qualité d'époux séparés. Par exemple,
s'ils avaient ainsi vendu un immeuble et qu'ils n'eussent pas établi leur qualité, cette omission de leur
part dispenserait le surenchérisseur de signifier à chacun
d'eux copie séparée de l'acte de surenchère prescrite
par le n.º 3 de l'article 2185; encore bien que le surenchérisseur eût pu être instruit d'ailleurs de la qualité des époux. Ainsi décidé par arrêt de rejet 23 mars
1814, Sirey, t. 14, p. 294 Voyez aussi un arrêt de
cassation, 12 mars 1810, Journal des Avoués, t. 1.er,
p. 75; dans l'espèce les époux étaient acquéreurs; ou
Pailliet, note 4 sur l'article 2185.

OBSERVATION.

Nous croyons avoir démontré dans ce volume que la communauté ne pouvait être établie sous condition : cela ne fait pas le moindre doute à nos yeux ; mais en traitant cette question nous semblons avoir insinué que, si une personne vend sous une condition résolutoire un droit incorporel, le débiteur ne peut payer valablement au cessionnaire, *V.* page 16. Nous pensons que ce serait une erreur. Le paiement fait à celui qui est en possession de la créance est valable, art. 1240. Or celui qui possède sous une condition suspensive ou résolutoire est plus que possesseur, il est propriétaire. Ce n'est donc pas de là que viendrait la difficulté que nous avons voulu signaler en cet endroit ; ce n'est pas ce qui prouverait l'impossibilité de se marier conditionnellement sous tel ou tel régime.

Nous avons agité dans ce même volume, page 237 et suivante, une question dont la solution ne manquerait pas de nous faire

accuser de contradiction. Nous avons dit
que le mari peut vendre seul l'héritage que
la femme a mis en communauté, et dont
elle a en même temps stipulé la reprise ; et
à la page 248 nous avons dit le contraire.

Cette espèce de contradiction vient de
l'embarras où nous nous sommes trouvés
pour décider cette question difficile. En ce
moment encore nous hésitons. Les raisons
pour et les raisons contre se multiplient et
se présentent avec force. La femme a mis
un héritage en communauté ; quoiqu'elle en
stipule la reprise, si elle vient à renoncer
à la communauté, il semble que cette faculté n'altère point les droits du mari sur
cet héritage. Pourquoi cet ameublissement ?
C'est pour que la communauté en fasse son
affaire ; c'est un bien qui devient sa propriété : car enfin il n'y a pas que les fruits
qui appartiennent à la communauté, le fonds
même y tombe ; autrement l'ameublissement
ne signifierait rien, puisque les fruits y tombent de plein droit. Comment d'ailleurs le
mari sera-t-il maître des biens de la communauté, s'il n'a pas le droit de vendre les
biens qui en dépendent ? L'ameublissement
donne au mari le même droit sur les im-

meubles que sur les meubles de la communauté.

Quoi qu'il en soit de tous ces raisonne-
mens, et quelque respect que j'attache aux
opinions de Pothier, ce père des juriscon-
sultes, je tiens au sentiment que le mari
n'a pu vendre sans le concours de sa femme;
du moins que la vente ne peut lui être opposée, si elle use de sa faculté de reprendre.
Sans doute elle a mis son héritage en communauté, elle en a conféré la propriété à
son mari; mais cette propriété est-elle pleine
et entière? Elle fait une aliénation; mais ne
se réserve-t-elle pas le droit de la faire résoudre, tel qu'un vendeur à pacte de rachat?
Elle a mis ce bien en communauté; mais
l'a-t-elle mis pour que le mari eût le droit
d'en disposer d'une manière absolue? Y a-
t-il nécessité pour lui de le vendre? Il peut
vendre sans doute, mais sous l'affectation
du droit de sa femme; de même qu'il vend
un conquêt sous l'affectation de l'hypothèque légale de celle-ci. *S'il n'avait pas le droit
de vendre, c'est comme s'il n'y avait pas d'a-
meublissement, puisque le mari n'a alors droit
qu'aux fruits,* dit-on. Cela n'est pas. La clause
d'ameublissement n'en produit pas moins

son effet ; car, si la femme ne renonce pas ,
le mari aura droit à la moitié de l'héritage ,
et la vente qu'il en aura consentie sera valable. Qu'ont voulu les époux en ameublissant ? Former un fonds social et commencer
déjà la communauté ; mais tout cela n'existe-
t-il pas, quoique l'un des associés conserve
un droit sur son apport ? L'ameublissement
ne peut-il exister sans que le mari ait le droit
de vendre tous les héritages ameublis ? Ne
jouira - t-il pas sans cela d'un crédit ? ne
pourra-t-il pas hypothéquer et même vendre?
L'ameublissement et la faculté de reprendre
conditionnellement en nature sont-ils absolument incompatibles ? Non ; il ne faut pas
assimiler ce cas à celui où il s'agirait d'une
société où l'on aurait donné le droit à l'un
des associés d'engager ses co-associés pour
tous les actes relatifs à la société , parce
qu'il n'y a aucune solidarité de plein droit
entre le mari et la femme.

Enfin ce qui nous décide, c'est que si l'héritage ameubli par la femme vient à périr ,
il périra pour elle si elle use de sa faculté.
S'il s'agissait d'une créance de la femme , il
en serait bien ainsi ; cela doit donc être
quand il s'agit d'un immeuble. Si la perte

n'est pas pour le mari, c'est donc que la communauté n'en a pas eu la propriété parfaite.

Dira-t-on que la femme est censée avoir donné pouvoir à son mari de vendre et d'hypothéquer? On ne peut pas tirer cette conséquence de la clause d'ameublissement avec faculté de reprendre, puisque cette conséquence n'est pas nécessaire et qu'elle peut produire son effet sans cela. Notez que le bien ne sera point pour cela frappé d'aucune inaliénabilité, puisque rien n'empêche qu'on obtienne le concours de la femme; et que l'acquéreur qui ne l'aurait pas fait devrait se l'imputer, puisqu'il ne tient qu'à lui de se faire représenter le contrat de mariage.

M. Proudhon, dans son cinquième volume sur l'usufruit, qui vient de paraître, a traité beaucoup de questions qui rentrent dans le domaine du titre du contrat de mariage. Nous avions prévu quelques-unes de ces questions; mais il en est que nous avions omises. Nous allons tâcher de faire une analyse succincte de ce qu'il a dit à partir de la page 473 jusqu'à la page 512. Car pour ce qu'il dit ensuite sur le régime de la do-

talité ne trouverait point ici sa place , et
nous paraît d'ailleurs conforme aux vrais
principes.

Dans la section première du chapitre 52,
M. Proudhon dit que , « si durant le ma-
» riage il a été fait des impenses de répa-
» rations d'entretien sur les propres de l'un
» des époux , mais qu'elles aient été faites
» à raison de dégradations déjà existantes
» à l'époque du mariage , il en sera dû ré-
» compense à la communauté par le pro-
» priétaire dont on aura ainsi augmenté la
» valeur de l'apport , tandis qu'on n'était
» obligé qu'à l'entretenir dans l'état où il
» avait été fait. »

Nous ne partageons pas cette opinion.
Chaque époux apporte ses propres tels
qu'ils sont , afin que la communauté en
puisse jouir ; il n'est point tenu de les remettre en bon état de réparation. Cependant
nous distinguerons les grosses réparations
de celles qu'on appelle d'entretien ; les premières sont toujours à la charge du propriétaire , elles sont inhérentes au droit de
propriété ; les autres sont une charge de la
jouissance. Quoique relatives à un immeuble,
on ne doit pas pour cela les considérer

comme dettes immobilières et , comme
telles , à la charge du conjoint. La communauté doit jouir ; c'est à elle de tirer des
propres le plus de fruits qu'elle pourra et
de faire les dépenses que nécessitent les
circonstances. La communauté doit plus ,
elle doit conserver les biens et les empêcher
de dépérir : les réparations d'entretien sont
pour elle une obligation qui existe dès l'instant du mariage , et les dépenses sont à son
compte , parce qu'elles sont des charges
naturelles des fruits, non-seulement qu'on
espère , mais encore des fruits qui ont été
récoltés antérieurement au mariage , et dont
le produit est présumé avoir été apporté
dans la communauté. D'ailleurs elles sont
faites non - seulement en vue de conserver
l'héritage, mais encore d'accroître les revenus
de la communauté. Elles sont dans l'intérêt
de la communauté plus encore que dans
celui de l'époux , puisque sans cela l'héritage rapporterait moins. Elles sont toutes
dans l'avenir , et non dans le passé. Quoique
les dégradations soient antérieures au mariage , les réparations n'en sont pas moins
une charge de la jouissance actuelle ; et , lors
même qu'elles seraient une charge de la

jouissance passée , elles seraient , comme
on l'a dit , une dette de communauté. Les
deniers qui auraient dû y être consacrés
sont tombés dans la communauté, du moins
dans la communauté légale.

On n'était obligé qu'à entretenir l'héritage
dans l'état où il avait été apporté. Nous pensons que c'est une erreur, sur-tout s'il s'agit
des biens de la femme. Le mari doit entretenir les biens dans un bon état de réparations ; il ne doit pas les laisser comme il les
a pris. La femme est sous sa protection ,
sous sa puissance ; elle n'est pas semblable
à un nu propriétaire qui peut veiller par
lui-même à l'entretien de ses propriétés, à
tel point qu'il serait passible de dommages-
intérêts , s'il ne fesait pas une grosse réparation dont le défaut aurait pu occasionner
une plus grande perte à la femme.

Mais, dira-t-on, si le mari, au moyen des
réparations même d'entretien, conserve l'héritage de sa femme, elle s'enrichit à ses dépens : elle doit donc récompense. Mais
c'est toujours là la question. Il faut voir
quelle est la nature de ces réparations ; si
elles sont grosses , oui, la femme doit récompense. Mais, si elles sont d'entretien ,

26.

elles sont ordinairement bien moins considérables , et le mari ou la communauté
trouve sa récompense dans la perception
des fruits ou du bénéfice qu'il en a retiré
ou qu'il doit en retirer. L'opinion de M.
Proudhon ne devrait s'appliquer tout au
plus qu'au cas où le mariage aurait si peu
duré que la communauté n'aurait pas eu le
temps d'en retirer aucun avantage.

A la page 475, M. Proudhon dit qu'en ce
qui touche à l'indemnité due pour améllio-
rations , on doit distinguer le cas où elles
ont été faites, du consentement de la femme,
sur son fonds dotal, de celui où le mari les
aurait faites sans la consulter.

Nous avons combattu ce système. Nous
persistons dans la même opinion. Ainsi , en
supposant que les impenses ne soient qu'u-
tiles, elles ne seront jamais que du montant
de la plus-value ,. que la femme y ait , ou
non, consenti. Autrement il faudrait décider également que, si elle donnait son consentement à des impenses voluptuaires , elle
devrait en tenir compte à la communauté :
autrement encore le mari devrait dans tous
les cas indemniser la communauté de tout
ce qu'il en aurait coûté à cette dernière

pour les impenses utiles et voluptuaires qui
auraient été faites sur ses propres. Ce qui
n'est pas , aucun auteur ne le pense du
moins. Or le consentement donné par la
femme à ces améliorations ne peut lui donner une condition pire que celle de son mari , qui agit toujours librement et sponta-
nément , et qui est maître de faire ou de ne
pas faire les impenses. La doctrine sur les
impenses doit être observée tout aussi bien
à l'égard de la femme qu'à l'égard du mari.
Le consentement de la femme n'ajoute rien
à la volonté du mari : ces impenses sont toujours un acte d'une bonne administration ,
de laquelle le mari ne doit pas s'écarter. Si
la femme devait indemniser la communauté
de tout ce qu'elles ont coûté, par cela seul
qu'elle y aurait consenti , elle n'en courrait
pas moins les risques d'une ruine totale ; car
quel est le point où le mari s'arrêterait ? Le
consentement obtenu , la femme y veillera-
t-elle ? est-ce elle qui dirigera les travaux ?
C'est son mari qui a mandat légal pour cela ,
et le nouveau consentement ou pouvoir que
la femme donne ne peut rien y ajouter. Décider autrement ce serait renverser de fond
en comble la protection que le mari doit à

sa femme ; car exposer celle-ci à des frais qui ne lui rapportent aucun avantage, c'est mal répondre au vœu de la loi.

A la page 479, M. Proudhon dit encore que , si le mariage a été contracté sous le régime dotal , et que la femme se soit constitué en dot un droit d'usufruit , à raison duquel elle était déjà débitrice de semblables réparations pour dégradations préexistantes, le mari qui en aura acquitté la charge aura aussi un droit de répétition comme ayant acquitté une dette qui n'était pas la sienne. A la page 478 , il établit qu'il en est autrement à l'égard de l'usufruitier ordinaire ; il dit que s'il y a, lors de l'ouverture de l'usufruit , des réparations d'entretien à faire , dont l'omission entraînerait de plus grandes dégradations, le légataire, *id est* l'usufruitier qui entre en jouissance, est obligé de pourvoir à ces réparations , sans espoir de recouvrement contre le propriétaire, quoique leur cause soit préexistante à l'exercice de son droit. M. Proudhon se fonde sans doute sur ce que ce dernier est usufruitier à titre gratuit , et que le mari l'est à titre onéreux. Nous ne pensons pas que cette distinction amène la conséquence qu'il en tire. Du mo-

ment où ces réparations ne sont que d'entretien, elles sont toujours des charges de
la jouissance. Le mari n'est toujours qu'un
usufruitier; la loi l'assimile à ce dernier, et
nous ne voyons pas pourquoi leurs droits
seraient différens, du moins en ce point. Il
ne faut néanmoins pas perdre de vue l'espèce
que se fait M. Proudhon; il suppose que la
femme s'est constitué sous le régime de la
dotalité un droit d'usufruit; il dit qu'il y
avait pour la femme obligation de réparer:
c'était une dette qu'elle avait contractée envers le propriétaire. Ce cas n'est pas tout-à-
fait semblable à celui où la femme se constitue son propre fonds. Ici le mari n'acquitte pas une dette de sa femme, car on
ne se doit pas à soi-même; le mari ni la
communauté n'ayant acquitté une dette de
la femme n'ont point de récompense à réclamer. Mais observez que, si la femme s'é-
tait mariée en communauté, il faudrait décider autrement que M. Proudhon : du
moins c'est notre sentiment.

Le même auteur pense que l'article 1509
n'est point applicable au cas où l'un des
époux aurait ameubli un usufruit immobilier; il pense que cet époux doit toujours

retenir l'usufruit ameubli, en le précomptant sur sa part, parce que le droit d'usufruit reste toujours sur la tête de l'usufruitier ; qu'en le laissant dans le lot des héritiers de l'époux prédécédé , ou en le parta-
geant avec eux, les parties s'engageraient
envers le propriétaire du fonds dans des
difficultés de cautionnement et de responsabilité ; que l'une comme l'autre doit avoir
droit d'écarter , en laissant à l'usufruitier
son usufruit.

L'auteur ajoute: Au reste l'indemnité due
par l'époux usufruitier ne devrait consister
que dans une jouissance égale, laissée aux
héritiers de l'autre, et non pas dans un prix
unique qui ne pourrait être déterminé que
par un forfait qu'on ne peut être obligé de
souscrire, parce qu'on ne peut sans nécessité être forcé de jouer son bien.

Sans doute on ne peut être forcé de faire
ce contrat à forfait; et pour l'ordinaire on
laissera l'usufruit à l'usufruitier. Mais M.
Proudhon fait une distinction que ne fait
point l'article 1509. Il n'y a rien de tellement
personnel dans cet usufruit que la jouissance
qui en est l'objet soit inhérente à l'usufruitier. L'usufruit peut être cédé, vendu, donné,

En le mettant en communauté l'époux fait
une aliénation absolument semblable à celle
où il met un immeuble proprement dit. La
difficulté qu'entrevoit M. Proudhon ne
nous en semble pas une : le cautionnement
a déjà été fourni. Le propriétaire est parfaitement tranquille. L'ameublissement n'efface point l'obligation de la caution. Les
parties sont dans les mêmes termes que si
l'usufruitier eût vendu son droit à un étranger ; alors quelle difficulté fera naître le
cautionnement? Ne pourra-t-il pas d'ailleurs
arriver que la communauté n'aura que ce
seul usufruit à partager? Dans ce cas les
parties seront bien forcées de jouir en
commun jusqu'à la mort de l'usufruitier ;
s'il y a beaucoup de biens et qu'il soit facile
de faire deux lots des autres héritages, la
jouissance en commun de l'usufruit sera
encore ce qui aura lieu, cette jouissance
commune est ce que semble même le plus
exiger l'égalité du partage; mais enfin, quelles
que soient les circonstances, nous pensons
que l'article 1509 peut être invoqué par la
femme, même en ce cas.

Le même auteur demande si un droit
d'usufruit immobilier ayant été acquis à

titre onéreux durant la communauté, ou s'il
a été légué un droit d'usufruit mobilier à
l'un d'eux, il devient conquêt de communauté; il décide qu'il n'y a de commun que
la valeur estimative de l'usufruit, et que l'é-
poux usufruitier doit conserver l'usufruit
en payant aux héritiers de l'autre la moitié
de cette valeur estimative.

Ici M. Proudhon tombe dans l'inconvénient qu'il signale à la fin de son n.º 2664;
car il force l'une des parties à faire un *forfait* et à jouer son bien. (1) En effet chaque époux est propriétaire; car c'est un
véritable conquêt que cet usufruit, c'est la
propriété de la communauté, c'est de ses
deniers qu'il a été acheté et payé. Elle n'est
pas usufruitière en titre, dit l'auteur; elle
est usufruitière en titre tout aussi bien que
celui qui tient son droit d'usufruit de celui
sur la tête duquel il est établi et qui s'en
est dessaisi en vertu de telle ou telle convention. Il y a bien, selon lui, *acquêt de communauté*, mais non dans le droit en lui-même,
mais dans l'estimation du prix qu'il vaut,

_____

(1) Et le tempérament qu'il apporte dans son n.º
2668, n'est rien moins que satisfesant; car c'est encore
un *forfait* dont il parle.

comme lorsqu'il s'agit *d'un office de notaire acquis par le mari durant le mariage.* Il n'y a point de comparaison à faire entre cet office et l'acquisition d'usufruit. L'office est tout inhérent à la personne ; le notaire ne peut céder son droit qu'avec l'autorisation du Gouvernement, à un autre individu qui est apte aux mêmes fonctions. La femme ne pouvant être notaire, et les fonctions de notaire ne pouvant se partager, ce droit étant tout personnel, il ne peut tomber en communauté ; il n'y a, comme le dit M. Proudhon, que la valeur estimative de l'office qui y tombe.

Si, dit M. Proudhon, l'autre époux exige sa part en nature dans l'usufruit, il doit au moins fournir caution à l'époux usufruitier. Celui qui vend ou qui donne son droit d'usufruit a-t-il le droit d'exiger ce cautionnement ? Quelle est la loi qui le lui donne ? Pour prouver que l'époux usufruitier a le droit de retenir l'usufruit, l'auteur argumente de l'article 1509 : voyez son n.° 2666, dernier alinéa. Mais l'article 1509 n'est relatif qu'au cas d'ameublissement ; or il s'agit ici d'un conquêt, d'une acquisition faite pen- le mariage.

M. Proudhon combat l'opinion de Pothier sur une question que nous avons décidée d'après ce dernier. La voici : Si, lors de la célébration du mariage, l'un des époux possède un droit d'usufruit ou de rente viagère qu'il se réserve propre, et que ce droit soit vendu ensuite durant la société conjugale, comment devra-t-il être pourvu à l'indemnité du propriétaire, lorsqu'il faudra liquider la communauté? Voyez notre second volume, p. 380, à l'alinéa.

M. Proudhon pense que la somme versée dans la communauté est entièrement propre au conjoint, et que la communauté en doit la récompense tout entière. Nous conviendrons avec M. Proudhon que l'époux propriétaire du droit ne s'est point obligé à garantir le produit intégral de la rente ou de l'usufruit pendant la durée du mariage. Cela est tellement vrai que si le conjoint a perdu ou donné son droit, il n'en doit plus compte à la communauté ; mais ce que la loi ne veut pas, c'est que l'un des conjoints fasse aucun traité où il tire un avantage personnel au préjudice de la communauté; elle ne veut pas qu'il s'enrichisse de la moindre chose à ses dépens. Sans doute que l'époux qui vend un droit d'usufruit qui lui rapporte 1,000 fr. de revenus pour 12,000 fr., fait un contrat aléatoire. Mais, s'il est permis à cet époux de jouer avec un tiers, il ne lui est pas permis de jouer avec l'être moral qu'on appelle communauté. Ainsi ce contrat de vente peut porter un préjudice à celle-ci, et ce préjudice aura pour cause l'intérêt réel ou espéré du conjoint. Elle n'en doit donc pas souffrir. En effet ces 12,000 fr. ne produisent plus qu'un revenu de 600 fr., la communauté perd donc 400 fr. par an. La communauté dure deux ans encore, elle aura perdu 800 fr.; l'usufruitier meurt, sa succession gagnera à la vente 12,000 fr., et la communauté en aura souffert jusqu'à concurrence de 800 fr.

L'usufruit était établi sur la tête d'un tiers; ce tiers meurt un an après la vente de l'usufruit ou de la rente, c'est la même chose. La communauté aura fait une perte de 400 fr.; il est vrai qu'elle profitera indirectement à la vente, car elle aura la jouissance de 12,000 fr., quoique l'usufruit soit éteint; jouissance qu'elle n'aurait pas sans la vente. Cela ne fait rien; car le conjoint y gagne toujours 12,000 fr., et comme la communauté y contribue pour 400 fr., il faut lui en tenir compte sans prendre en considération la jouissance future de ces 12,000 fr. qu'il tient de la loi et indépendamment du fait du conjoint, le contrat n'ayant pu être aléatoire pour elle.

Il est vrai que si le mariage a duré trente ans depuis la vente, la reprise des 12,000 fr. sera absorbée. Que cela fait-il? Pour un cas particulier faut-il détruire un principe? L'événement a été défavorable à l'époux sous ce rapport; mais il ne doit s'en prendre qu'à lui. La communauté n'en peut souffrir. Il n'en a pas moins couru une chance favorable, car le mariage pouvait se dissoudre plutôt ou l'usufruit finir plutôt. Il avait un avantage possible; le contrat était tout dans son intérêt, du moins on le présume, malgré que la communauté ait fait usage des 12,000 fr. Le cas est semblable à celui où l'on aurait fait une réparation *nécessaire* à un propre, et que pendant dix ans on eût retiré de gros revenus de ce propre; s'il se trouve ne plus exister à la dissolution de la communauté, l'époux propriétaire n'en devra pas moins récompense à celle-ci pour tout ce qu'elle aura dépensé pour la réparation.

M. Proudhon assimile la vente d'un droit
d'usufruit ou d'une rente à la vente d'un
héritage ; nous ne voyons pas la chose ainsi :
en vendant un héritage , la communauté
n'éprouve aucun préjudice , parce que la
jouissance du prix tient lieu de celle de
l'héritage et qu'elle est légalement la même.
Mais la vente d'un usufruit ou d'une rente
viagère se fait sur un autre pied ; le prix
qu'on en retire ne procure jamais un aussi
gros revenu. Nous avons d'ailleurs répondu
à cette objection dans notre second volume : M. Proudhon part de ce principe. Les
époux ne sont point garans des revenus de
leurs propres : quand ils périssent ou dimi-
nuent, tant pis pour la communauté. Nous,
nous partons de ce principe : Les époux ne
pevuent faire de contrat qui puisse leur être
avantageux au préjudice de la communauté,
le contrat fût-il même aléatoire.

On trouvera la réponse à la question posée par M. Proudhon dans son n.º 2675, à
notre second volume, p. 394, à l'alinéa.

L'un des époux acquiert un droit d'usufruit avec des deniers qui lui sont propres.
Il y a emploi et subrogation : mais on a stipulé la réversion intégrale sur la tête du

survivant des deux. L'usufruitier survit à son conjoint. M. Proudhon prétend, n.º 2676, qu'il n'a droit à aucune reprise; nous soutenons qu'il a droit à une reprise par les raisons déduites à la page 394 de notre second volume, autrement la communauté s'enrichirait à ses dépens; car en aliénant le fonds de son argent pour n'acquérir qu'une simple jouissance, il double les revenus de la communauté et à ses propres dépens, de ce surplus des revenus de l'usufruit, sur l'intérêt que produisaient les deniers du conjoint. Cet excédant est considéré comme l'équivalent de l'aliénation qu'il a faite de ses deniers.

Si le conjoint de l'usufruitier survit, c'est un don qu'il a reçu de ce dernier. Mais M. Proudhon pense que les héritiers du décédé n'auraient aucune répétition à faire; *car, attendu la stipulation de remploi, l'usufruit n'est pas un conquêt de communauté*. Non, ce n'est pas un conquêt, c'est un remploi, mais qui ayant enrichi la communauté pendant tout le temps qu'a duré le mariage depuis ce remploi jusqu'à la dissolution de la communauté, donne lieu à une récompense. Tout cela tient au même principe, principe que n'admet pas M. Proudhon.

L'un des époux possède un héritage, il
l'échange pour un droit d'usufruit: il y a
subrogation. L'échange étant fait de but à
but, l'usufruit doit être d'un revenu au
moins double. Selon M. Proudhon il ne sera
dû aucune récompense à cet époux; selon
nous il y aurait injustice à lui en refuser
une. La communauté reçoit un accroissement de revenu; et comment? Par le sacrifice que fait le conjoint, c'est-à-dire par
l'aliénation de son fonds. C'est véritablement
aux dépens de ce conjoint qu'elle s'enrichit
ainsi. Cet accroissement affecte une portion
de la propriété aliénée par lui; il en est le
prix. Or l'article 1437 ordonne la récompense. Une pareille question ne doit donc
pas se décider par les principes que la communauté a le droit de jouir des revenus des
époux tels qu'ils soient, sans avoir égard à
leur augmentation ou diminution. Cette règle ne s'applique que lorsque cette diminution ou augmentation enrichit le conjoint
sans nuire à la communauté, *et vice versâ*,
lorsqu'elle enrichit la communauté sans ap-
pauvrir le conjoint. Toutes les fois que l'un
tire un bénéfice qui est au détriment de
l'autre, l'indemnité est de droit. Cela soit

dit sans qu'il y ait aucune garantie de l'un envers l'autre. Leur position est celle de deux associés dont les pertes et les profits doivent toujours être communs, mais jamais l'un gagner lorsque l'autre perd. Telle est la base de cette société établie dans le contrat de mariage : la changer, c'est déroger à celui-ci, c'est l'anéantir.

M. Proudhon ne reconnaît-il pas lui-même cette règle dans son n.º 2679 : « Si, dit-il, » durant le mariage, les époux ont vendu » à un tiers l'usufruit d'un fonds propre à » l'un d'eux, ou ont établi *unico pretio* un » bail à vie sur ce fonds, et que le tiers » acquéreur soit déjà mort lors de la dis- » solution de la communauté, il ne sera » dû aucune reprise à l'époux propriétaire, » puisque par l'événement *il n'y aura eu* » *d'aliéné qu'une jouissance qui appartenait* » *à la communauté, et que d'ailleurs cet époux* » *ne ressentira aucun dommage particulier* » *d'une telle aliénation.*

» Mais si l'acquéreur de l'usufruit ou du » bail à vie survit à la dissolution de la » communauté des époux vendeurs, le pro- » priétaire du fonds ou ses héritiers auront » le droit d'exiger en préciput, sur la masse

» des acquêts, une jouissance égale à la
» valeur de celle du fonds dont ils restent
» privés pendant la vie de l'usufruitier ou
» du preneur par bail à vie, à moins que
» les parties ne conviennent d'une indem-
» nité à forfait. »

Pourquoi cette indemnité ? C'est parce
que le conjoint a fait une aliénation qui lui
préjudiciant augmente d'autant la communauté, et de laquelle aliénation le prix étant
tombé dans la communauté, a été attribué
pour moitié à l'autre conjoint. Hé bien !
n'en est-il pas ainsi lorsque l'un des conjoints donne une propriété d'un revenu de
500 fr. pour un usufruit qui rapporte 1,000
fr.? le conjoint propriétaire ne fait-il pas
une aliénation de la nue propriété de son
héritage, dont l'équivalent est l'excédant des
revenus de l'usufruit sur les revenus de
l'héritage ?

M. Proudhon, n.º 2681, dit : Lorsque le
fonds propre de l'un des époux est grévé
d'usufruit au profit d'un tiers, et que le rachat de ce droit est fait par eux durant le
mariage, il n'y a pas *ipso facto* extinction
de l'usufruit par confusion, parce qu'on ne
peut pas dire que les droits de propriété

et de jouissance soient réunis sur la même tête, tandis que c'est seulement l'un des époux qui est saisi de l'un, et que c'est seulement l'être moral que nous appelons communauté qui vient d'acquérir l'autre. L'usufruit sera donc en ce cas un véritable acquêt de communauté, comme il serait une acquisition immobilière pour tout autre qui l'aurait acheté.

M. Proudhon renvoie à cet égard aux développemens qu'il a donnés à son n.º 2065, et l'on voit qu'il assimile la société entre époux à la société ordinaire. Si une rente due personnellement par l'un des époux était remboursée durant la communauté, il en serait sans doute de même. Cependant nous avons dit ailleurs que cela n'était pas. Le cas de M. Proudhon est-il différent ? C'est le propre du mari qui est grévé d'un droit d'usufruit ; il le rachète. Ce n'est point une libération qu'il s'est procurée, ce n'est point un affranchissement qu'il a procuré à son héritage ; c'est un acquêt. L'article 1437 ne nous permet pas de le croire ; c'est là une des charges personnelles dont il entend parler. A quoi se rapporterait ce mot charges ? Ce n'est pas à une dette pécuniaire, puisque le mot *dettes* précède ; le mot *charges* ne peut s'entendre que de rentes, pension, usufruit personnel à l'un des époux. Or, s'il s'applique à une rente foncière ou viagère, si le conjoint qui a racheté une rente foncière qu'il devait de 2,000 fr., pour un capital de 25 ou 30,000 fr., il devrait donc s'appliquer au rachat d'un usufruit, *vice versâ.* Si l'usufruit racheté devient conquêt pour la communauté, la rente doit subir le même sort. Nous ne voyons pas de différence. D'ailleurs on voit bien que l'article 1437 n'est pas limitatif, et qu'il est conçu de manière à être étendu jusqu'à l'usufruit. C'est la femme qui devait le droit d'usufruit. Si elle comparaît au contrat de rachat, il n'y a pas de doute qu'il y a encore confusion. Si le mari le fait seul, il faut voir alors si la femme y accédera ou non. La question de savoir s'il y a eu confusion est encore plus importante pour les tiers, tels que les cautions, que pour les époux.

FIN DU TOME TROISIÈME.

N. B. *Le Traité du Contrat de Mariage aura
4 volumes au lieu de 3, ce qui oblige de porter
le prix de l'ouvrage entier à vingt-et-un francs;
mais cette augmentation de prix ne sera que
pour ceux qui ne se seront point encore procuré
les deux premiers volumes à la publication de
celui-ci.*

*La table sera à la fin du 4.ᵉ volume qui est
sous presse.*

www.ingramcontent.com/pod-product-compliance
Lightning Source LLC
Chambersburg PA
CBHW060952220326
41599CB00023B/3686